विसंगति
(कहानी-संग्रह)

विसंगति

डॉ. जगदीश प्रसाद सिंह

राजकमल प्रकाशन

ISBN : 978-81-267-1272-4

मूल्य : ₹695

पहला संस्करण : 2006
दूसरा संस्करण : 2024

प्रकाशक : राजकमल प्रकाशन प्रा.लि.
साइंस कॉलेज के सामने, अशोक राजपथ
पटना-800 006

प्रधान कार्यालय : 1-बी नेताजी सुभाष मार्ग, दरियागंज
नई दिल्ली-110 002
शाखाएँ : पहली मंजिल, दरबारी बिल्डिंग, महात्मा गांधी मार्ग, प्रयागराज-211 001
1, अनमोल सोराबजी संतुक लेन, धोबी तलाव, मरीन लाइंस, मुम्बई-400 002
वेबसाइट : www.rajkamalprakashan.com
ई-मेल : info@rajkamalprakashan.com

मुद्रक : बी.के. ऑफसेट
नवीन शाहदरा दिल्ली-110 032

VISANGATI
by Dr. Jagdish Prasad Singh

अनुक्रम

विसंगति

हरिद्वार के दिव्य ज्योति आश्रम के उपमहन्थ स्वामी गोविन्दानन्द अपने दैनिक प्रवचन के लिए तैयार बैठे थे। उनका प्रवचन पाँच बजे से होना था और पाँच बजने में पन्द्रह मिनट बाकी थे। गोविन्दानन्द समय के पाबन्द थे। वे निश्चित समय पर अपना प्रवचन आरम्भ करते थे और ठीक एक घंटे के बाद उसे समाप्त कर देते थे। उनकी बातों में ऐसी विविधता थी, आवाज में ऐसा ओज था और व्यक्तित्व में ऐसी प्रभावोत्पादकता थी कि श्रोता मन्त्र-मुग्ध होकर उनके प्रवचन को सुनते थे और उनके हर शब्द को हृदय में बिठा लेते थे। जब उनका प्रवचन समाप्त होता था तब श्रोताओं की तन्द्रा टूटती थी और तब वे मानव सम्बन्धों और भौतिक बन्धनों की दुनिया में लौटते थे। उनके लिए उनकी तन्द्रा का टूटना एक कष्टदायक अनुभव था और वे ईश्वरीय तत्त्व की उस दुनिया में लौटना चाहते थे जिसका सृजन स्वामी गोविन्दानन्द के प्रवचनों से होता था।

गोविन्दानन्द बीस वर्ष पहले उस आश्रम में आए थे और इन वर्षों में उन्होंने साधुता, विद्वत्ता और ईश्वरभक्ति की ऐसी त्रिवेणी बहाई थी कि दिव्य ज्योति आश्रम भक्तों का प्रयाग बन गया था। उनकी ख्याति देश में दूर-दूर तक फैल गई थी और उनके प्रवचन सुनने के लिए भक्तों की भीड़ लग जाती थी। उनके प्रवचनों के कैसेट भी अत्यन्त लोकप्रिय थे और हजारों की संख्या में बिकते थे। जब से गोविन्दानन्द आश्रम में आए थे, उसकी लोकप्रियता दिन दूनी रात चौगुनी बढ़ी थी और उसके दर्जनों नये केन्द्र देश के भिन्न-भिन्न भागों में खुल गए थे।

गोविन्दानन्द के प्रवचनों का प्रधान विषय था : मानव-जीवन में ईश्वरीय तत्त्व के सन्निवेश की आवश्यकता। जगत मिथ्या है और सारी भौतिक उपलब्धियाँ मिथ्या हैं। मानव-सम्बन्धों का बन्धन सत्य के मार्ग से स्खलित करनेवाला है। दुनिया में यदि कोई सत्य है तो वह है प्रभु की भक्ति, क्योंकि वह मनुष्य को प्रभु से जोड़ती है। प्रभु की भक्ति मनुष्य का सबसे बड़ा और सबसे पवित्र कर्तव्य

है और उसके प्रति तभी न्याय हो सकता है जब भौतिक उपलब्धियों और मानव-सम्बन्धों के बन्धन को पानी के बुलबुले से अधिक महत्त्व नहीं दिया जाए।

आश्रम में आने के पहले की गोविन्दानन्द की जिन्दगी का किसी को कोई पता नहीं था और उस सम्बन्ध में तरह-तरह की कहानियाँ प्रचलित थीं। उन्होंने आश्रम में आने के पहले की अपनी जिन्दगी के बारे में किसी को कुछ नहीं बताया था और प्रश्नों को मुस्कुराकर टाल दिया था। आश्रम में आने के कुछ ही दिनों में उनकी साधुता, अध्ययनशीलता और सदाचार ने सबको प्रभावित किया और दस वर्ष बीतते-बीतते उन्हें आश्रम का उपमहन्थ बना दिया गया। लेकिन इससे उनके चरित्र में दम्भ ने प्रवेश नहीं किया। इसके विपरीत वे अधिक विनयशील, अध्ययनशील और कर्तव्यनिष्ठ हो गए। ऐसा लगता था कि उनकी जिन्दगी का एक ही उद्देश्य था—ईश्वरभक्ति का प्रसार और भौतिक उपलब्धियों और मानव-सम्बन्धों के महत्त्व का निराकरण। उनके प्रवचन दिनोंदिन अधिक प्रभावोत्पादक होते गए और उनके व्यक्तित्व में एक ऐसी गरिमा आ गई कि उनकी उपस्थिति ही भक्ति-रस की गंगा बहाने के लिए पर्याप्त थी।

गोविन्दानन्द ने दीवाल पर टँगी घड़ी की ओर देखा, खिड़की के पास कुर्सी खींच ली और बैठ गए। अभी पाँच बजने में पन्द्रह मिनट बाकी थे, इस कारण वे पन्द्रह मिनटों तक बैठकर प्रवचन में समाहित किए जानेवाले विचारों को एक प्रभावकारी रूप दे सकते थे। यह कमरा दिव्य ज्योति आश्रम के मुख्य भवन के दूसरे तले पर था और बाहर खुलनेवाली खिड़कियों से हिमगिरि की अनेक चोटियाँ दृष्टिगोचर होती थीं। उनमें से कुछ वृक्षों से ढँकी थीं और खिड़की से ऐसा प्रतीत होता था, मानो पहाड़ों के सिरों को गहरे हरे रंग की चादर से ढँक दिया गया हो। बहुत दूर पर कुछ ऐसी चोटियाँ भी थीं जिन्होंने सफेद चादर ओढ़ रखी थी और नीले आसमान की पृष्ठभूमि में ठिठकी संन्यासिनियों की तरह लगती थीं। गोविन्दानन्द को ये विचार कुछ अटपटे लगे। अतएव उन्होंने अपने सिर को झटककर उनसे मुक्त होने की कोशिश की और अपनी दृष्टि बाहर से हटाकर कमरे में कर ली।

कमरा एक बड़े धर्माश्रम के उपमहन्थ के बदले अध्यात्म और योगशास्त्र के किसी विद्यार्थी का लगता था जिसकी स्वाध्याय के सिवा अन्य किसी वस्तु में दिलचस्पी नहीं थी। कमरे की एक तरफ एक चौकी, एक कुर्सी और एक मेज थी और तीन तरफ लकड़ी की खुली अलमारियाँ थीं जिनमें किताबें भरी थीं। गोविन्दानन्द ने इन्हीं किताबों में जीवन का सच्चा आनन्द ढूँढ़ निकाला था और इसके प्रचार और प्रसार के लिए अपना सारा जीवन लगाने का निश्चय किया था। जब वे किताबों से भरी इन अलमारियों को देखते थे तो सत्य की तह तक जाने

और उसका अधिकाधिक प्रचार करने का उनका निश्चय दस गुना दृढ़ हो जाता था और उनके उत्साह में बीस गुना वृद्धि हो जाती थी।

उन्होंने दीवाल पर टँगी घड़ी की तरफ देखा। अभी भी पाँच बजने में पाँच मिनट की देरी थी। नहीं, वे पाँच बजने के दो मिनट बाद ही सभा-भवन में जाएँगे। सभा-भवन इसी मकान की निचली मंजिल पर था और उनके कमरे से वहाँ पहुँचने में डेढ़ मिनट से अधिक नहीं लगते थे। वे अपने प्रवचन का प्रारम्भ ठीक समय पर करते थे, लेकिन देर से आनेवालों को दो मिनट का समय अवश्य देते थे। वे नहीं चाहते थे कि श्रोता उनके प्रवचन के किसी अंश से वंचित हो जाएँ और उसके प्रभाव में किसी तरह की कमी हो। आखिर उनके प्रवचन का उद्‌देश्य भी तो यही था कि लोग भौतिक उपलब्धियों और मानव-सम्बन्धों की निस्सारता को समझें और अपने व्यवहार और कार्य को नया रूप दें।

गोविन्दानन्द ने फिर खिड़की के बाहर दृष्टिपात किया। आश्रम के अहाते के फाटक की तरफ से अभी भी इक्के-दुक्के लोग आ रहे थे। उनकी गति की तेजी और हाव-भाव की बेचैनी को देखकर कोई भी अनुमान लगा सकता था कि वे प्रवचन सुनने के लिए आ रहे थे, और सभा-भवन में पहुँचने में होनेवाले विलम्ब से बचना चाहते थे। गोविन्दानन्द की दृष्टि एक दम्पती पर टिक गई जिसके पीछे चौदह-पन्द्रह वर्ष की दो लड़कियाँ भी थीं। उन्हें यह दम्पती परिचित-सी लगी और उसे उन्होंने ध्यान से देखा। उनकी आँखें भय से फैल गईं और इस डर से कि वे कुर्सी से गिर न जाएँ, उन्होंने कुर्सी की बाँहें पकड़ लीं।

ये लोग वे ही थे जिनके कारण उन्होंने सोलह वर्ष पहले घर छोड़ दिया था।

वे कुर्सी से उठे और चौकी पर लेटकर उन्होंने आँखें बन्द कर लीं। दो-तीन मिनटों के बाद आश्रम के एक प्रशिक्षु ने आकर कहा, "स्वामीजी, प्रवचन का समय हो गया है। सभा-भवन में आपकी प्रतीक्षा हो रही है।"

गोविन्दानन्द ने आँखें बन्द किये ही कहा, "आत्मानन्द, मेरी तबियत अचानक खराब हो गई है। मैं आज प्रवचन नहीं कर सकूँगा। स्वामी जगदीशानन्द से कहो कि आज वे ही प्रवचन करें।"

तीस पर्ष पहले, जब गोविन्दानन्द पन्द्रह वर्ष के थे और जब वे गोविन्दानन्द नहीं बल्कि माधव बसु थे, उन्हें अपना गाँव छोड़ना पड़ा था। माधव बसु का परिवार उस गाँव में न जाने कितनी पीढ़ियों से रह रहा था। अपना मकान था, खेती की जमीन थी जहाँ परिवार के खर्च के लिए पर्याप्त अनाज उपजता था। एक बगीचा था जिसमें आम और लीची के पेड़ थे। परिचितों, मित्रों और रिश्तेदारों की जमात

थी। कोई कल्पना भी नहीं कर सकता था कि एक दिन, अचानक, एक ऐसी घटना घटेगी कि सबकुछ छूट जाएगा और विपत्ति उसे उठाकर एक हजार मील दूर, एक अपरिचित स्थान पर पटक देगी। लेकिन यही हुआ। अगल-बगल के एक दर्जन गाँवों के लोगों ने बमों, बन्दूकों और अन्य हथियारों से लैस होकर शिवाला ग्राम पर आक्रमण किया और अपने ईश्वर से भिन्न ईश्वर की पूजा करनेवालों का नरसंहार किया, उनके घर जला दिए और हतों और आहतों को आग में फेंककर उनके अस्तित्व को पूरी तरह से नष्ट करने की कोशिश की। लेकिन दो-चार किसी तरह बच निकले और जीवनरक्षा के लिए न सिर्फ अपना गाँव छोड़ दिया बल्कि एक बिलकुल अनजान जगह पर नई जिन्दगी शुरू करने के लिए सैकड़ों मील दूर चले गए।

माधव बसु अपने चचेरे भाई सुशील बसु के साथ, जो उससे चार वर्ष छोटा था, एक हजार मील दूर स्थित कुसुमपुर में आ गया। उसने कुछ दिनों तक एक होटल में नौकरी की, फिर उसे एक शिक्षण-संस्था में चपरासी की नौकरी मिल गई। चपरासी की नौकरी करते हुए उसने बी.एस-सी. की परीक्षा पास की और तत्पश्चात् उसे एक दवा बनानेवाली ख्यातिप्राप्त कम्पनी में विक्रय-अधिकारी की नौकरी मिल गई। दवा कम्पनी उसकी कार्यकुशलता से इतना प्रभावित हुई कि उसने उसे कुसुमपुर में ही एक फ्लैट खरीदने के लिए कर्ज के रूप में पैसे दिए और माधव बसु ने पद्मावती के तट से सौ गज की दूरी पर बने एक अपार्टमेंट में तीन कमरे का एक फ्लैट खरीद लिया। उसने एक कमरा मिलने आनेवालों के लिए रखा, दूसरे कमरे में स्वयं रहने लगा और तीसरा कमरा अपने चचेरे भाई सुशील बसु को रहने के लिए दे दिया। अब उसकी सबसे बड़ी चिन्ता सुशील बसु के लिए कोई रोजगार ढूँढ़ने की थी। भाग्य ने उसका साथ दिया और जिस कम्पनी में वह विक्रय-अधिकारी था, उसी ने सुशील को अपनी दवाओं की एजेंसी दे दी। अपार्टमेंट के निचले तले में एक कमरा किराए पर लेकर सुशील के लिए दवाओं की दुकान खोल दी गई। ये माधव बसु के लिए अच्छे दिन थे, क्योंकि फ्लैट खरीदने के सालभर के अन्दर उसकी शादी एक सुसंस्कृत परिवार की सुयोग्य लड़की से हो गई और पत्नी उसके फ्लैट में आ गई।

उसके बाद की घटनाओं को माधव बसु अपने मानस-चक्षुओं के सामने नहीं आने देना चाहता था, क्योंकि वे अत्यन्त कष्टकर थीं और उन्होंने उसके जीवन की दिशा बदल दी थी। गोतिन्दानन्द बन जाने के बाद उसे धीरे-धीरे विश्वास हो गया था कि इस कायाकल्प के पहले की उसकी जिन्दगी एक भ्रम के सिवा कुछ नहीं थी। यह अच्छा ही हुआ कि उसका भ्रम टूट गया, सत्य और मिथ्या का अन्तर स्पष्ट हो गया। इस कारण वे पुरानी घटनाएँ, जो खाली क्षणों

में एक के बाद एक उसकी आँखों के सामने उपस्थित हो जाती थीं, उतना कष्टकर नहीं रह गई थीं जितना वे पहले थीं, लेकिन आज एकाएक अपनी पत्नी, अपने चचेरे भाई सुशील बसु और उनकी दोनों पुत्रियों को देखकर, जो सम्भव था, उसकी ही पुत्रियाँ हों, वह एकाएक इतना अस्थिर हो गया कि उसके सारे विचार गड्ड-मड्ड हो गए और उसके अन्दर अपने प्रिय विषय पर प्रवचन करने की शक्ति नहीं रह गई।

वह चौकी से उठा और अपना मानसिक सन्तुलन ठीक करने के लिए कमरे में टहलने लगा। अपनी प्रिय पुस्तकों से भरी अलमारियों की तरफ देखने को उसकी इच्छा नहीं हुई। उसकी दृष्टि दीवालों पर टँगी महान धर्मगुरुओं और विचारकों की तसवीरों पर गई, लेकिन उसकी आँखों ने उन्हें नहीं देखा। उसकी आँखें उन पुरानी तसवीरों को देख रही थीं जो उसके मस्तिष्क में उसी तरह के रेल-पेल में अधिकांश तसवीरें खंडित हो जाती थीं लेकिन इससे सम्पूर्ण घटनाचक्र के सामने आने में किसी तरह का व्यवधान नहीं होता था।

माधव बसु फिर उस खिड़की के पास आकर खड़ा हो गया जहाँ से उसने सुशील बसु, मीनाक्षी बसु और उनकी दोनों पुत्रियों को सभा-भवन की तरफ आते हुए देखा था। वह जानता था कि अब तक वे सभा-भवन में आ गए होंगे, लेकिन उन्हें बाहर नहीं देखकर उसे आघात पहुँचा, क्योंकि वह अपने अतीत को एक बार फिर जीवित देखना चाहता था। उसे लगा कि उसने एक बड़ा अवसर खो दिया है और वह जिस महाजाल में फँस गया है, उससे मुक्त होने की शक्ति उसके अन्दर नहीं रह गई है। लेकिन उसका विचार अस्पष्ट था और वह समझ नहीं पाता था कि वह किस महाजाल से मुक्त होने के लिए अशान्त है। वह खिड़की के पास खड़ा हो गया और पहाड़ों की ऊँची चोटियों को देखने लगा, जहाँ अभी भी सूरज की रोशनी चमक रही थी।

लेकिन उसकी आँखें सामने के दृश्य को नहीं देख रही थीं, वे पन्द्रह साल पहले घटी उन घटनाओं को देख रही थीं जिन्होंने उसकी जिन्दगी की दिशा बदल दी थीं। यद्यपि वे उसके हृदय पर एक बोझ बनकर छाई हुई थीं, जबकि वह पिछले पन्द्रह वर्षों तक इस भ्रम का शिकार रहा था कि वह उन्हें भूल चुका है। यह अच्छा हुआ कि उसने ठीक समय पर सत्य और मिथ्या का भेद समझ लिया और सत्य का मार्ग पकड़ लिया। वे घटनाएँ उसकी आँखों के सामने जब कभी उतरती थीं, उसके हृदय में तेज पीड़ा होती थी, मानो किसी ने भाले से वार किया हो। लेकिन वह इस पीड़ा को भी भ्रम मानकर मुस्कुराने की कोशिश करता था। इस समय उसके मन में एक ऊहापोह की स्थिति थी और वह इस बात का निर्णय करने में असमर्थ था कि क्या सत्य है और क्या मिथ्या। जो सत्य था वह मिथ्या के

सामने फीका लग रहा था और कुछ दृश्य, जो मिथ्या की पृष्ठभूमि पर अंकित थे, उसकी आँखों के सामने ऐसी मोहकता से बार-बार उपस्थित हो रहे थे कि वह उन पर नजरें गड़ाए रखने के मोह का सँवरण नहीं कर पाता था।

वह फ्लैट के एक कमरे में अपनी पत्नी के साथ रहता था और दूसरे कमरे में उसका चचेरा भाई सुशील बसु रहता था। उसकी ड्यूटी ऐसी थी कि वह महीने में दो-चार दिनों के लिए ही परिवार के साथ रह पाता था। बाकी दिन वह कुसुमपुर से बाहर रहता था। लेकिन उसका मन हमेशा उस फ्लैट में लगा रहता था जिसमें उसकी पत्नी रहती थी, जो उसकी सभी रोमांटिक वृत्तियों का केन्द्र बन गई थी और जिसमें उसका चचेरा भाई सुशील बसु रहता था जिसे उसने बड़े भाई का ही नहीं, बल्कि पिता का भी स्नेह दिया था। जब कभी वह अपने परिवार के बारे में सोचता, उसकी दुनिया मानसी और सुशील पर सिमट जाती और उसे लगता कि वे ही उसकी सारी उपलब्धियों के केन्द्र हैं।

शादी के सालभर के अन्दर मानसी ने एक पुत्री को जन्म दिया और माधव बसु ने पुत्री के जन्म की खुशी मनाने के लिए एक तीन सितारा होटल में भोज दिया। अब उसके प्रेम के क्षेत्र का विस्तार हो गया था और जब वह अपने परिवार के बारे में सोचता, उसका अन्तर्मन एक प्रकाश से आलोकित हो जाता। पहली पुत्री के जन्म के एक साल बीतते-बीतते मानसी ने एक और बेटी को जन्म दिया। यद्यपि इससे माधव बसु को कुछ निराशा हुई—वह इस बार एक पुत्र चाहता था, लेकिन उसका अपने परिवार के प्रति लगाव बढ़ गया और जीवन में उपलब्धि की भावना अधिक प्रगल्भ हो गई।

एक दिन जब वह हफ्तेभर से अधिक तक कुसुमपुर से बाहर रहने के बाद घर लौटा तो अपनी पत्नी को बहुत उदास पाया। उसकी बड़ी बेटी, जो अब दो साल की हो गई थी, उसकी गोद में इस तरह चिपक गई जैसे उसकी अनुपस्थिति में उसे प्रताड़ित किया जाता रहा हो। छोटी बेटी भी माँ की गोद में सटी हुई अपनी व्यथा अभिव्यक्त करने के लिए रोने लगी। माधव बसु ने बच्चियों को पुचकारकर चुप कराया, लेकिन उस समय अपनी पत्नी से कुछ नहीं पूछा।

रात में जब बच्चियाँ सो गईं, उसने अपनी पत्नी से कहा, "प्यारी मानसी, मैं देख रहा हूँ कि घर में सबकुछ ठीक नहीं है। क्या कोई समस्या खड़ी हो गई है?"

मानसी कुछ बोली नहीं, लेकिन सुबक-सुबककर रोने लगी। माधव बसु ने उसका सिर थपथपाकर उसे शान्त करने की कोशिश की, लेकिन वह रोती रही। उसने पूछा, "आखिर क्या बात हुई? बताओगी नहीं तो समस्या को सुलझाने का उपाय कैसे हो सकता है?"

मानसी ने रोते-रोते ही कहा, "मैं मर जाना चाहती हूँ। मैं पापिन हूँ।"

माधव बसु ने पूछा, "आखिर क्या बात हुई?"

मानसी ने अधिक जोर से रोते-रोते कहा, "आपके भाई ने मुझसे दस हजार ऐंठ लिए और मेरी सोने की चेन भी बेच दी। अब कहता है कि दस हजार रुपये और दो, नहीं तो भंडाफोड़ कर दूँगा। उसे बिजनेस में घाटा लग गया है।"

माधव बसु ने पूछा, "ऐसा कौन कहता है? क्या सुशील?"

"हाँ, वही।"

"किस बात का भंडाफोड़ कर देगा?"

मानसी जोर-जोर से रोने लगी।

माधव बसु का हृदय आशंका से भर उठा। उसने कुछ अनिश्चित आवाज में पूछा, "आखिर वह किस बात का भंडाफोड़ करेगा?"

मानसी अधिक जोर-जोर से रोती हुई बोली, "वह शादी के आठ दिन बाद से ही मेरे साथ जबर्दस्ती करता रहा है।"

"कैसी जबरदस्ती?"

"हमारी शादी के बाद जब आप कम्पनी के काम से टूर पर गए, वह रात में मेरे पास आया और बोला, मेरा सिर दुख रहा है। दबा दो। जब मैं सिर दबाने लगी तो उसने मेरे साथ जबरदस्ती की। तब से वह बराबर मेरे साथ जबरदस्ती करता आ रहा है।"

माधव बसु को ऐसा लगा कि उसकी आँखों के सामने अँधेरा छा गया है और वह कुछ भी देख पाने में असमर्थ है। वह कुछ मिनटों तक निःशब्द बैठा रहा, फिर उठता हुआ बोला, "मानसी, मेरे सिर में दर्द हो रहा है। मैं थोड़ी देर के लिए बाहर जा रहा हूँ। लौटने पर तय करेंगे कि क्या किया जाए।"

यह घटना पन्द्रह वर्ष पहले हुई थी। उस दिन के बाद गोविन्दानन्द ने आज पहली बार अपनी पत्नी को दोनों पुत्रियों और सुशील बसु के साथ देखा। वे एक ऐसी सुखी परिवार की तरह लग रहे थे जिसे पाप की छाया ने कभी स्पर्श नहीं किया था। उन्हें देखकर गोविन्दानन्द के हृदय में एक तीर गड़ गया था और उन्हें असह्य पीड़ा हो रही थी। वे इस मानसिक स्थिति में नहीं थे कि वे तय कर पाएँ कि यह ईर्ष्या का तीर था या अवसर खो जाने के पश्चात्ताप का था। लेकिन खिड़की के बाहर धीरे-धीरे घनीभूत होते हुए अन्धकार की तरफ दृष्टि गड़ाए उन्हें ऐसा लग रहा था कि उनके अन्तर्मन में भी अन्धकार भर गया है और जो कुछ देर पहले स्पष्ट था, अब अस्पष्ट हो गया है। सत्य और असत्य की परिभाषा,

उचित और अनुचित का भेद, ब्रह्म और माया का अन्तर—सबकुछ गड्ड-मड्ड हो गया था। उन्हें लगा कि प्यास से उनका गला सूख रहा है, इस कारण उन्होंने कमरे के एक कोने में रखे ताम-पात्र से एक गिलास पानी निकाला, लेकिन पानी को पीने के बदले उससे अपनी जलती आँखों को धोने लगे, जो कुछ भी देख नहीं पा रही थीं।

प्रीतम सिंह का ढाबा

फरवरी का तीसरा सप्ताह था और अपराह्न के तीन बजे थे। प्रीतम सिंह के ढाबे के सामने खड़े युक्लिपटस के दोनों पेड़ों की डालियाँ हवा में झूम रही थीं और उनकी पत्तियों के सम्पर्क से हवा में तीखा स्वर भर गया था। ढाबा के दाएँ और बाएँ खड़े आम के दोनों पेड़ों में मंजर निकलने लगे थे और उनकी मीठी गन्ध ने हवा को, विवाहित औरत के गर्भ की तरह, भारीपन प्रदान कर दिया था। प्रीतम सिंह का इन पेड़ों से बहुत लगाव था और वह नियमित रूप से उनकी जड़ों में पानी दिया करता था। उन क्षणों में, जब उसके ढाबे के सामने ट्रकों की भीड़ नहीं रहती थी, वह उनमें से किसी एक पेड़ के नीचे प्लास्टिक की कुर्सी पर बैठ तरह-तरह के विचारों में डूबा रहता, जिनमें आधे से अधिक परलोक से सम्बन्धित होते थे। यह उसके लिए ऐश की वस्तु थी जिसके लिए वह अवसर ढूँढ़ा करता था।

लेकिन इस समय ढाबे के सामने, सड़क पर, दो दर्जन से अधिक ट्रक खड़े थे और प्रीतम सिंह के पास विचारों की सुरसरि में गोते लगाने का समय नहीं था। ट्रकवालों की खातिर से ही गृहस्थी चलती थी और स्वभावतः उसकी पूरी कोशिश रहती थी कि उन्हें शिकायत का अवसर न मिले। उसके सातों बच्चे—पाँच पुत्रियाँ और दो पुत्र—गुरुद्वारा के स्कूल में गए हुए थे और उसकी पत्नी हरवंश कौर अभी तक अपने कमरे से नहीं निकली थी। प्रीतम सिंह अपने दोनों सहायकों, रामदास और भगवानदास, के साथ ट्रकवालों की जरूरतें पूरी करने में लगा हुआ था।

प्रीतम सिंह का ढाबा बहुत नामी था। यहाँ खाने की मेज पर आनेवाली हर वस्तु लाजबाब थी, लेकिन अधिक प्रिय वस्तु थी खीर, जिसे हरवंश कौर अपनी निगरानी में बनवाती थी। हरवंश कौर खीर की तारीफ सुनकर फूली नहीं समाती थी और अच्छी से अच्छी खीर बनाने में सुबह से शाम तक इस तरह लगी रहती थी मानो वही उसके जीवन का चरम उद्देश्य हो। चालीस वर्ष की होने के बावजूद उसकी देह में असाधारण शक्ति और स्फूर्ति थी और औसत से बड़ी कद-काठी

की औरत होने पर भी बिना थके काम में लगी रहती, मानो उसके अंग शरीर की ऊर्जा से नहीं बल्कि विद्युतशक्ति से संचालित होते हों।

हरवंश कौर का लगाव ढाबा में बननेवाले खीर से तो था ही, लेकिन अपनी गृहस्थी से सर्वाधिक था। वह मुँह-अँधेरे ही उठ जाती और अपने सातों बच्चों के लिए नाश्ता बनाती। उसमें रामदास और भगवानदास उसकी मदद करते, लेकिन वह अपने बच्चों में से किसी से मदद नहीं लेती, यद्यपि बड़ी लड़की सुखवीर जो अब सत्रह साल की थी, उसकी मदद के लिए तैयार रहती थी। बच्चों को स्नान कराना, उनके कपड़े धोना और दस बजते-बजते खाना खिलाकर स्कूल भेजना–सबकुछ वह इस मनोयोग से करती जैसे इसके लिए उसे कोई पारितोषिक मिलता हो। शाम पाँच बजे जब वे स्कूल से लौटते, वह उनके लिए नाश्ता तैयार रखती और तब तक उनके चारों तरफ़ मँडराती रहती जब तक वे सुचारु रूप से नाश्ता कर अपने काम में लग नहीं जाते।

वस्तुतः हरवंश कौर की नजर गृहस्थी के हर काम पर रहती थी। सोलह वर्ष पहले, जब प्रीतम सिंह ने यह ढाबा खोला था, वह रोहितपुर में सास-ससुर का मकान छोड़, एक वर्ष की सुखवीर को गोद में लिए हुए यहाँ इस निश्चय से आयी थी कि वह एक भरा-पूरा घर बनाएगी–इसके लिए उसे चाहे जितना भी त्याग करना पड़े। उसने दिन को दिन और रात को रात नहीं समझा और अनवरत परिश्रम करती रही। घर और ढाबे की सफाई, ढाबे में तैयार होनेवाली खाद्य-सामग्री की हर अवस्था में जाँच, फिजूल खर्च पर नियन्त्रण, बच्चों का–हर दो वर्ष के अन्तराल पर आनेवाली सन्तान का–पालन-पोषण हरवंश कौर हर काम में बिना थकान के मशीन की तरह लगी रहती। ढाबे की लोकप्रियता बढ़ती गई और फलस्वरूप आमदनी भी बढ़ी, लेकिन साथ ही सन्तान-वृद्धि के चलते परिवार का खर्च भी बढ़ा। प्रीतम सिंह ने ढाबे के पीछे की चार कट्ठे जमीन खरीद ली, चार कमरोंवाला पक्का मकान बनवा लिया और पार्श्व में एक ऐसा कमरा बनवा दिया जिसमें किराया देकर कोई भी ट्रकवाला दो दिनों तक ठहर सकता था। इससे ढाबे की लोकप्रियता और बढ़ गई।

जब हरवंश कौर के सात बच्चे हो गए, तो परिवार का खर्च कम करने के लिए और बच्चों की और अच्छी तरह देखभाल के लिए उसने बन्ध्याकरण करा लिया। अब वह अधिक एकाग्रता से गृहस्थी को उन्नत बनाने में अपने-आपको लगा सकती थी और यही उसके अस्तित्व का उद्देश्य भी था।

लेकिन इस बीच प्रीतम सिंह के चरित्र में कुछ अजीब परिवर्तन होने लगे थे। वह अपना अधिक समय गुरुद्वारे में, जो उसके ढाबे से एक किलोमीटर की दूरी पर जी.टी. रोड के किनारे ही था और जो मुख्यतः ट्रक मालिकों और ट्रक-

ड्राइवरों के सहयोग से बना था, अपना अधिक समय बिताने लगा। वह सवेरे वहाँ पहुँच जाता और दस बजे तक वहाँ पर ही रहता। वह कमरों और बरामदों में झाड़-पोंछा लगाता और गुरुद्वारे में भजन-कीर्तन के लिए आनेवाले लोगों की खातिर करता। इस बीच उसका ध्यान लाउडस्पीकरों पर प्रसारित होनेवाले भक्ति-गीतों में लगा रहता जो उसे अमृत की तरह मधुर और प्राणदायी लगते। घर और ढाबे के काम में उसकी रुचि कम होती गई, जिस कारण उनकी व्यवस्था और आमदनी-खर्च के हिसाब का भार हरवंश कौर पर आ गया। हरवंश कौर अधिक मनोयोग से इन कामों में लग गई मानो उसके लिए यह एक परीक्षा हो। उसके कपड़े साफ नहीं होते, केश सँवारे नहीं होते, लेकिन इनकी परवाह किए बिना वह काम में लगी रहती।

•

लेकिन एक साल से, जब से गुरदीप सिंह अपने ट्रक के साथ रोहितपुर आने लगा था और प्रीतम सिंह के ढाबे में रुकने लगा था, तब से हरवंश कौर में भारी परिवर्तन आ गया था।

गुरदीप सिंह एक ऐसे कोयला-विक्रेता का ट्रक चलाता था जो कोल इंडिया से कोयला खरीदकर दूरदराज के शहरों में कोयले की आपूर्ति करता था। कोल इंडिया से जो कोयला खरीदा जाता था, उसकी आधी कीमत चुकाई जाती थी। इसमें कोल इंडिया के अफसरों का प्रशंसनीय सहयोग रहता था और जब सुदूर-स्थित शहरों के कोयला-विक्रेताओं के यहाँ इसकी आपूर्ति होती थी तब भी तरह-तरह की कतर-ब्योंत होती थी, इस कारण गुरदीप सिंह को अच्छी ऊपरी आमदनी हो जाती थी। गुरदीप सिंह अपनी तनख्वाह का एक बड़ा भाग बैंक में जमा करता था, लेकिन जो ऊपरी आमदनी होती थी, उसे अपनी सुख-सुविधा के ऊपर खर्च करता था। जब उसे रोहितपुर के कुछ गोदामों में कोयला की आपूर्ति का काम मिला, तो उसने प्रीतम सिंह के ढाबे में ही रुकने का निश्चय किया। यहाँ सुविधा और सुरक्षा दोनों ही थी और उसके उद्देश्य के लिए रोहितपुर में ऐसा दूसरा स्थान पाना मुश्किल था।

गुरदीप सिंह कोयले से भरा ट्रक लेकर हर हफ्ते आता था। प्रीतम सिंह के ढाबे में अतिथियों के लिए बना कमरा किराये पर लेकर एक या दो दिन रुकता और गोदामों से बिके माल की कीमत लेकर लौट जाता। उसके साथ उसका खलासी और सहचालक बलविन्दर सिंह भी रहता जो अपने काम के प्रति उसी की तरह समर्पित था।

गुरदीप सिंह तीस वर्ष का सुन्दर जवान था, लेकिन अभी तक उसकी शादी

नहीं हुई थी। उसने तय किया था कि वह और पाँच वर्षों तक रुपए कमाएगा, मोटी रकम लेकर गाँव लौटेगा और किसी सुन्दर लड़की से शादी करेगा। लेकिन तब तक दूसरी औरतों से सम्बन्ध रखने से उसे कोई परहेज नहीं था, क्योंकि इससे देह और दिमाग दोनों को ताकत मिलती थी, काम में मन लगता था और दिमाग में तरक्की के लिए नई-नई योजनाएँ आती थीं। प्रीतम सिंह के ढाबे में उसकी दृष्टि हरवंश कौर पर पड़ी और उसने तत्क्षण निश्चय किया कि वह उसे अपनी प्रेमिका बनाएगा। उसे रोहितपुर से छह मील की दूरी पर पहाड़ों की गोद में बने उस पुराने प्रासाद का स्मरण हो आया जिसके गलियारों और कमरों में प्रवेश करते समय उसे रोमांच हो गया था। वह उस प्रासाद में सिर्फ एक बार गया था लेकिन उसकी याद उसके अन्दर एक विचित्र किस्म की गुदगुदी पैदा करती थी। हरवंश और उससे दस वर्ष बड़ी थी, लेकिन उसके मांसल शरीर, अंडाकार चेहरे और तेज आँखों में ऐसा आकर्षण था कि गुरदीप सिंह को नशा-सा हो गया और वह खाने की प्लेट पर से आँखें उठा एकटक उसे देखने लगा। उस समय हरवंश कौर रामदास भगवानदास की मदद से, ड्राइवरों और खलासियों को खाना खिला रही थी। उसने गुरदीप सिंह की नजरों की गर्मी को महसूस किया और उसकी तरफ देखकर मुस्कुरा पड़ी।

शाम को गुरदीप सिंह ने एक किलो मिठाई लाकर हरवंश कौर के सबसे छोटे लड़के को दी और बोला, "लो बेटा, गुरुद्वारे का प्रसाद लाया हूँ। आपस में बाँटकर खाना।"

बच्चा खुशी से मिठाई लेकर चला गया।

दूसरे दिन गुरदीप सिंह ने लक्ष्य किया कि जब हरवंश कौर ढाबे में बैठी, तो उसके कपड़े अधिक साफ-सुथरे थे, उसके केश सँवारे हुए थे और उसके ललाट पर बिन्दी थी। गुरदीप सिंह की आँखें चमक उठीं और वह मूँछों पर हाथ फेरता हुआ बुदबुदाया, "वाह गुरु की खालसा, वाह गुरु की फतह!"

गुरदीप सिंह अब अक्सर बच्चों के लिए मिठाइयाँ और कपड़े लाने लगा। एक दिन उसने बिल भुगतान करते समय कागज के टुकड़े में लिपटी सोने की चेन हरवंश कौर के सामने रख दी और हरवंश कौर ने तत्क्षण उसे मुट्ठी में बन्द कर लिया। उस दिन से उनका सम्बन्ध बहुत घनिष्ठ हो गया और हरवंश कौर, समय देखकर, बाहरवाले कमरे में उससे मिलने लगी। उसकी आँखों में एक नई चमक और चाल में नई फुर्ती आ गई और साज-शृंगार में उसकी गहरी दिलचस्पी हो गई। बच्चों और घर-गृहस्थी में उसका लगाव कम होता गया। पहले वह मुँह-अँधेरे में ही उठ जाती थी, अब उसके उठने का समय आगे की तरफ खिसकते-खिसकते नौ बजे हो गया था। बच्चों की तरफ से उसका ध्यान हट जाने से उनके

खाने-पहनने के स्तर में गिराव तो आया ही, पढ़ाई-लिखाई में भी पहले जैसी गम्भीरता नहीं रही।

प्रीतम सिंह गुरुद्वारे में होनेवाले सत्संग और भजन-कीर्तन में इतना डूबा हुआ था कि हरवंश कौर में होनेवाले परिवर्तन का कारण ढूँढ़ने का विचार उसके मन में नहीं आया। लेकिन अब उसकी अपनी दिनचर्या बदल गई, क्योंकि उसे ढाबे और गृहस्थी को सँभालना था। अब उसे गुरुद्वारे जाने का अवसर कम मिलता था, लेकिन वह गृहस्थी और ढाबे के कामों में लगा हुआ ही गुरुग्रन्थ साहब के भजन गाया करता था। ट्रकवाले अब उसे 'सरदारजी' के बदले 'गुरुजी' कहने लगे थे। ढाबे में मिलनेवाली खीर पहले जैसी स्वादिष्ट नहीं रह गई थी, लेकिन किसी कारणवश, ट्रकों की भीड़ कम नहीं हुई थी। प्रीतम सिंह का काम बहुत बढ़ गया था, लेकिन वह भजन गाता हुआ बिना थकान के काम में लगा रहता था। धार्मिक तन्मयता में अभिवृद्धि के कारण पत्नी में उसकी दिलचस्पी कम हो गई थी और वह उसके नए सम्बन्धों को देखने में पूरी तरह असमर्थ था। गुरदीप सिंह हर हफ्ते उसके ढाबे पर आता और मकान के बाहरी कमरे में दो दिनों तक रुकता, लेकिन प्रीतम सिंह के दिमाग में यह बात कभी नहीं आयी कि उसके यहाँ रुकने का कारण कोयला के व्यापार के अलावा कुछ और भी हो सकता है। हरवंश कौर के नौ बजे तक बिछावन पर लेटे रहने से, गृहस्थी या ढाबा के कामों में अरुचि से या साज-शृंगार में असाधारण दिलचस्पी से उसे शिकायत नहीं थी। गुरुद्वारे में होनेवाले भजन-कीर्तन और सत्संग से अलग होने के कारण उसे असुविधा अवश्य थी, लेकिन इसे पत्नी में हुए परिवर्तनों से जोड़ने में वह असमर्थ था।

गुरदीप सिंह को प्रीतम सिंह के ढाबे में आते एक साल से ऊपर हो गया था। इस बीच उसकी हरवंश कौर से घनिष्ठता बहुत बढ़ गयी थी और वे अपनी जिन्दगी को एक सूत्र में बाँधने की कसम खा चुके थे। गुरदीप ने सोचा, 'जितनी जल्दी हो, प्रीतम सिंह को रास्ते से हटाना जरूरी है। मैं बिना मेहनत के एक बड़े ढाबे का मालिक बन जाऊँगा और जिन्दगी मजे से कटेगी। रहा हरवंश कौर के बच्चों का सवाल, तो कौन जानता है कि कल क्या होगा? हरवंश की बड़ी बेटी सुखवीर की शादी बलबिन्दर से कर देना ठीक होगा, क्योंकि मुझे बलबिन्दर की मदद की जरूरत होगी।'

हरवंश कौर ने सोचा, 'मैं गुरदीप के बिना नहीं रह सकती। मैं अपनी बाकी जिन्दगी उसी के साथ बिताना चाहती हूँ, चाहे जिस तरह मुझे रखे। जब तक मेरा खसम जिन्दा है, यह मुमकिन नहीं। बच्चों से मेरी कोई शिकायत नहीं। बड़ी

बेटी सुखवीर के सिवा उनमें से कोई नहीं समझता कि गुरदीप के साथ मेरा क्या सम्बन्ध है। रास्ता साफ हो जाने के बाद हम सुखवीर की शादी गुरदीप के खलासी बलबिन्दर के साथ कर देंगे। यह सबके लिए अच्छा होगा।'

फरवरी का महीना था। रात के दस बजे थे, लेकिन प्रीतम सिंह अभी भी रामदास और भगवानदास के साथ ट्रक-चालकों और खलासियों की सेवा में लगा हुआ था। चिकेन, फिश, छह प्रकार की मशालेदार सब्जियाँ, तीन प्रकार की दालें और ढाबे की सबसे प्रसिद्ध वस्तु खीर खानेवाले स्वाद ले-लेकर चटखारे भरते हुए खा रहे थे और प्रीतम सिंह उनकी सेवा में इसे प्रार्थना का अंग मानते हुए जुटा था। जिस ड्राइवर या खलासी को शराब की आवश्यकता थी, उसे शराब की बोतल भी उपलब्ध थी, लेकिन ढाबे के अन्दर शराब पीने की मनाही थी। इस कारण पीनेवाले बोतल और गिलासों को अपनी गाड़ियों में ही ले जाते थे।

गुरदीप रिंह के खलासी बलबिन्दर ने पराँठा, चिकेन और खीर खाई और शराब की बोतल लेकर गाड़ी में चला गया, लेकिन गुरदीप सिंह तबियत खराब होने का बहाना कर अतिथि-कक्ष से बाहर नहीं निकला था। नौ बजते-बजते हरवंश कौर वहाँ आ गई थी और आधे घंटे तक चक्रवात में थपेड़े खाने के बाद वे एक-दूसरे की बाँहों में लिपटे अपने-अपने विचारों में डूब गए थे।

कुछ देर के बाद हरवंश कौर ने मौन तोड़ा, "गुरदीप, तुमने बलबिन्दर से बातें कर ली हैं न? क्या आज रोड़ा दूर हो जाएगा?"

गुरदीप सिंह ने जवाब दिया, "भाग्यवान, मैंने अपना काम कर दिया है। बलबिन्दर भी साथ देने को तैयार है। लेकिन उसे अपने साथ रखने के लिए उसे नजदीक लाने का रास्ता अपनाना होगा।"

हरवंश कौर को बलबिन्दर सिंह के चेहरे से ही घृणा थी और उसके साथ सुखबीर की शादी एक कड़वी घूँट थी। लेकिन प्रीतम सिंह को रास्ते से हटाने के लिए और आगे की परेशानी से बचने के लिए यही एकमात्र रास्ता था। उसने कहा, "प्यारे, अब अधिक सोचने का समय नहीं है। बलबिन्दर सिंह से कहो कि हम उसकी बात मानने के लिए तैयार हैं।"

गुरदीप सिंह ने उसे अपनी छाती से सटाते हुए कहा, "हरवंश, बाकी सब इन्तजाम हो गया है न?"

हरवंश कौर ने किंचित् अनिश्चित आवाज में कहा, "सबकुछ वही होगा जो हमने सोचा है। मेरी तरफ से किसी को कोई शिकायत नहीं होगी।"

गुरदीप ने कहा, "प्यारी हरवंश, आज का दिन शुभ है। आज काम को पूरा कर लेना है। तुम ढाबे में जाओ और आगे का इन्तमाम करो।"

हरवंश कौर रात्रि के इस पहर में अक्सर ढाबे में खाना खाने जाती थी और

कभी-कभी प्रीतम सिंह खाने की मेज पर उसका साथ देता था। आज भी जब वह देर से खाना खाने गयी तो किसी को आश्चर्य नहीं हुआ। चूँकि ढाबा बन्द होने में देर नहीं थी, अतएव प्रीतम सिंह ने भी उसके साथ ही खाना खाया। हरवंश कौर ने खीर की बड़ी तारीफ की और जब जाने लगी तो अपने साथ एक डेकची खीर लेती गयी, मानो उसे अगले दिन के लिए बचाकर रखना चाहती हो। जब ढाबे को बन्द कर प्रीतम सिंह सोने गया तो हरवंश कौर ने अत्यंत आग्रह के साथ एक कटोरी खीर उसे खाने के लिए दी। प्रीतम सिंह के चेहरे पर व्यंग्यपूर्ण मुस्कुराहट की छाया उभर आई, मानो वह पत्नी की योजना से परिचित हो! खीर खाने से पहले एक क्षण के लिए उसका हाथ काँपा, लेकिन दूसरे क्षण वह सारी खीर खा गया और मुस्कुराकर कहा, "वाह गुरु की खालसा, वाह गुरु की फतह!" खीर खाने के आधे घंटे बाद उसने जोर की नींद आने की बात कही और बिछावन पर लेटते ही गहरी नींद में सो गया। खीर में तेज जहर मिला हुआ था।

ठीक एक घंटे के बाद गुरदीप सिंह और बलबिन्दर सिंह कमरे में आए। उन्होंने प्रीतम सिंह को एक कम्बल में लपेटा और ढाबे से आधा किलोमीटर दूर जी.टी. रोड के समानान्तर चलनेवाली रेलवे लाइन पर इस तरह रख दिया कि उसकी गर्दन एक परती पर थी। थोड़ी ही देर में एक एक्सप्रेस ट्रेन आयी और प्रीतम सिंह की गर्दन पर होती हुई चली गई।

गुरदीप सिंह और बलबिन्दर जब लौटकर आए तो हरवंश कौर उनकी प्रतीक्षा में अतिथि-कक्ष में बैठी थी। उसने इस अवसर के सम्मान में दो कटोरों में खीर और दो बोतलों में शराब रख छोड़ी थी। वह वही खीर थी जिसे खाकर प्रीतम सिंह ने अन्तिम बार हरि-नाम लिया था। हरवंश ने आग्रह कर गुरदीप सिंह और बलबिन्दर को खीर खिलाई और शराब पिलाई। जब बलबिन्दर अपने ट्रक में चला गया तो उसने गुरदीप से कहा, "प्यारे, आज हमारे लिए छुटकारे का दिन है। अब तुम सोओ और मैं भी सोने जा रही हूँ। कल सोचेंगे कि आगे क्या करना है।"

कर्ज की वापसी

मनमोहन जायसवाल का परिवार एक सामान्य मध्यवर्गीय परिवार था जिसके सदस्य एक-दूसरे की चिन्ताओं और इच्छाओं से परिचित थे और सुख-दुख में एक-दूसरे का साथ देना अपना कर्तव्य समझते थे। पचासवर्षीय मनमोहन जायसवाल एक ऐसी सरकारी ऑफिस में किरानी थे जहाँ दो नम्बर की कमाई नहीं थी, लेकिन वेतन, जो परिवार का खर्च चलाने के लिए पर्याप्त था, समय पर मिल जाता था। उनकी पत्नी माधुरी देवी, जो उनसे पाँच साल छोटी थी, हर समय गृहस्थी के कामों में लगी रहती थी। यद्यपि वह बी.ए. तक पढ़ी थी और शादी के समय अनेक लोगों के आकर्षण का केन्द्र रही थी, लेकिन शादी के बाद परिवार के दैनन्दिन कार्यों में केन्द्रित हो गई थी। दोनों बेटे—बाईसवर्षीय रमेश और बीस वर्षीय सुरेश—कॉलेज में पढ़ते थे और तीसरी सन्तान—सोलहवर्षीय पूनम—स्कूल की छात्रा थी। माधुरी देवी पति और बच्चों की सेवा में दिन-रात लगी रहती थी और परिवार के खर्च को इस तरह व्यवस्थित रखती थी कि कभी किसी चीज की कमी का भान नहीं होता था। मनमोहन जायसवाल का परिवार एक सरकारी क्वार्टर में ऐसे मुहल्ले में रहता था जहाँ दर्जनों सरकारी क्वार्टर थे और अन्य परिवारों से उसी तरह घुल-मिल गया था जिस तरह पानी में रंग मिल जाता है।

शादी के बाद माधुरी देवी में एक उल्लेखनीय परिवर्तन यह हुआ था कि देवी-देवताओं में उसका विश्वास बढ़ गया था। वह शादी के पहले किसी मन्दिर में देवता को सिर नवाने या साधु-सन्तों के दर्शन करने की बात सुनकर बिदक जाती थी, लेकिन शादी के बाद देवी-देवताओं में उसका विश्वास बढ़ता गया था और मुहल्ले के चौराहे पर स्थित वीर हनुमान मन्दिर में हर मंगलवार को सवा रुपये का लड्डू चढ़ाने जाने लगी थी। वह कभी कभी मूर्ति के सामने सिर झुकाए देर तक बैठी रहती और यह कहना कठिन था कि वह देवता की प्रार्थना में लीन रहती थी या पुरानी यादों में खोई रहती थी।

मनमोहन जायसवाल का परिवार हर दृष्टि से एक आदर्श परिवार था जिसमें

परिवार के लोग पारस्परिक स्नेह के बन्धन में बँधे हुए थे और एक-दूसरे की मदद के लिए हमेशा तैयार रहते थे। माता-पिता गृहस्थी सँभालते थे और दोनों पुत्र ओर पुत्री पूरी तन्मयता से पढ़ाई में लगे रहते थे ताकि माता-पिता उनके भविष्य की चिन्ता से मुक्त रह सकें।

एक रविवार को पूनम ने अपनी माँ से कहा, "माँ, तुम दिन-रात घर में बन्द रहकर मशीन की तरह काम करती हो और कहीं घूमने-फिरने भी नहीं जाती हो। आज चलो, वनस्पति उद्यान देख आया जाए। वहाँ का चिड़ियाघर इस प्रान्त में ही नहीं, इसके बाहर भी मशहूर है। वनस्पति उद्यान में एक पायलट बाबा रहते हैं जिनके दर्शन से ही हर मनोकामना पूरी होती है।"

माधुरी देवी ने निर्णय लेने में देरी नहीं लगाई, बोली, "आज मेरी इच्छा भी घूमने-फिरने की है। आज घर के पहरे का काम तुम्हारे पापा, रमेश और सुरेश के जिम्मे रहेगा।"

वह कुसुमांचल प्रान्त के सबसे बड़े चिड़ियाघरों में से एक था। वह एक वनस्पति उद्यान में था जो एक हजार एकड़ में फैला हुआ था। वह अपने ऊँचे पेड़ों, लम्बे जलाशयों और असमतल जमीन के कारण किसी जंगल की तरह लगता था। पायलट बाबा, जिनका असली नाम सिर्फ उन्हें ही मालूम था, बीस वर्षों से उस उद्यान के मध्य में स्थित तालाब के किनारे मिट्‌टी और ईंट की दीवालोंवाला एक कमरा बनाकर रहते थे। अपनी अतिमानवी शक्तियों के लिए वह प्रसिद्ध थे। उनका नाम पायलट बाबा इस कारण पड़ गया था क्योंकि लोगों के बीच, न जाने कैसे, यह बात फैल गयी थी कि साधु बनने के पहले वे पायलट थे और आसमान की ऊँचाइयों से स्वर्ग और नरक के दर्शन के बाद उन्हें सांसारिक उपलब्धियों की महत्त्वहीनता का ज्ञान हुआ था।

पायलट बाबा इस तरह पचास से ऊपर के थे, लेकिन खेतों में बेराक-टोक घूमनेवाले साँढ़ की तरह उनकी देह बुलन्द थी। जब वे सिर और मूँछ-दाढ़ी के घने बालों को कंघी से सँवारकर ललाट में लाल टीका लगा लेते थे तो उनके व्यक्तित्व में एक ऐसी गरिमा आ जाती थी जो पुरुष और औरत दोनों को समान रूप से प्रभावित करती थी। पायलट बाबा हर रोज सुबह में जलाशय के किनारे खड़े विशाल अश्वत्थ वृक्ष के नीचे बैठकर, दो घंटों तक ब्रह्म का ध्यान करते थे और उसके बाद ही अन्न-जल ग्रहण करते थे। उनके कमरे का दरवाजा हमेशा खुला रहता था और भक्त-जन कभी भी उनके दर्शन कर सकते थे। वे अपने भक्तों को सिर्फ आशीर्वाद देते थे—भस्म, इलायचीदाना, या अन्य कुछ नहीं और जिस भक्त की आस्था जितनी बलबती होती थी, उसकी इच्छा की पूर्ति की सम्भावना उतनी ही अधिक रहती थी। पायलट बाबा के व्यक्तित्व से पुरुषों की

अपेक्षा महिलाएँ अधिक प्रभावित थीं, क्योंकि उनका विश्वास था कि बाबा के आशीर्वाद से सन्तानेच्छा को पूरी करने की असाधारण क्षमता है। सन्तान-प्राप्ति की इच्छा से उनके दर्शन करनेवाली औरतों का उनके कमरे में आना-जाना हर समय लगा रहता था। ऐसी औरतों की कमी नहीं थी जो भक्ति के आधिक्य के कारण रात में भी उनके कमरे में रुक जाती थीं। पायलट बाबा के आशीर्वाद में प्रेत-बाधा से मुक्ति कराने की भी क्षमता थी, और उस कष्ट से मुक्ति पाने की इच्छा रखनेवाली औरतों का उनके कमरे में ताँता लगा रहता था।

पायलट बाबा के आकर्षण का एक कारण यह भी था कि वे भक्तों को निर्व्याज आशीर्वाद देते थे, किसी से एक पैसे की भी माँग नहीं करते थे। उनके कमरे में लोहे का एक दान-पात्र अवश्य था, जिसमें लोहे का बड़ा ताला लगा रहता था। लेकिन दान-पात्र में किसने कितना दिया, यह जानने की कोशिश वे नहीं करते थे और न इस बात में ही दिलचसपी रखते थे कि किसने कुछ दिया अथवा नहीं दिया। इस निस्पृहता के बावजूद वे हर मंगलवार को स्टेट बैंक की निकटतम शाखा में जाते थे जहाँ उन्होंने ब्रह्मदेव के नाम से खाता खोल रखा था। खाते में दान-पात्र के पैसों को जमा करते थे, समीप-स्थित हनुमान मन्दिर में सवा किलो लड्डू चढ़ाते थे और लौटकर लड्डू को भक्त-जनों में बाँटते थे।

माधुरी देवी अपनी परिचित औरतों के बीच पायलट बाबा के सम्बन्ध में होनेवाली चर्चा को ध्यान से सुनती थी, लेकिन वह स्वयं चुप ही रहती थी। वैसे वह बोलती भी कम थी और उसकी परिचिताओं ने उसकी इस कमजोरी पर ध्यान देना छोड़ दिया था। पायलट बाबा के सम्बन्ध में कही गई बातें माधुरी देवी की आँखों में चमक ला देती थीं और उसका चेहरा रक्तिम हो जाता था। लेकिन वह शब्दों के माध्यम से मन के भावों को प्रकट करने से परहेज करती थी।

बेटी का प्रस्ताव सुनकर माधुरी देवी के रंगों का लहू तेज हो गया। पूनम को ऐसा लगा कि यह चिड़ियाघर के जीवों को देखने की उत्सुकता के कारण है।

चिड़ियाघर में बड़ी भीड़ थी जिसमें स्त्रियों और बच्चों की संख्या अधिक थी, खासकर जंगली और खतरनाक जानवरों के पिंजड़ों के सामने दर्शनार्थियों की संख्या सर्वाधिक थी। शेर, चीते, लकड़बग्घे, भेड़िये, भालू, बन्दर, अजगर, घड़ियाल और अन्य अनेक जीव थे, जिनको देखते ही रोंगटे खड़े हो जाते थे और पैर बँध जाते थे। पूनम हर पिंजड़े के सामने जाती और भय और विस्मय की आवाजें निकालती हुई खड़ी हो जाती और वहाँ से हटने का नाम नहीं लेती। लेकिन माधुरी देवी इस तरह शान्त थी जैसे उसका ध्यान दूसरी तरफ हो, और जब पूनम किसी

पिंजड़े के सामने देर करने लगती, वह उसका हाथ पकड़ धीरे से उसे आगे खींच लेती।

पायलट बाबा के दर्शन सबसे बाद में करने की योजना थी। यह चिड़ियाघर के दर्शन की परिणति के रूप में होनी थी। पायलट बाबा की कुटिया के दरवाजे उनके भक्तों के लिए हमेशा खुले रहते थे, लेकिन जनसाधारण को वे शाम चार बजे से छह बजे तक ही दर्शन देते थे। चार बजने के पहले ही माँ-बेटी उनकी कुटिया के सामने पहुँच गईं और दर्शनार्थियों की पंक्ति में खड़ी हो गईं।

ठीक चार बजे पायलट बाबा की कुटिया का दरवाजा दर्शनार्थियों के लिए खुला और कुछ देर बाद माधुरी देवी की नजरें चौकी पर बिछी मृगछाला पर बैठे पायलट बाबा से मिलीं। उसे ऐसा लगा कि आँखों के रास्ते उसकी देह में विद्युत का प्रवाह संचारित हो गया, और वह आत्म-विस्तृत-सी, बिना हिले-डुले उनकी तरफ ताकती रही। जब उसके पीछे खड़े दर्शनार्थियों ने प्रतिवाद किया तब पूनम ने उसका हाथ पकड़ उसे हटाया।

उस दिन से माधुरी देवी का अपनी गृहस्थी और अपने परिवार के प्रति लगाव कम हो गया और उसका सामान्य व्यवहार आत्मविस्मृति के जलाशय में डूबते-उतराते व्यक्ति की तरह हो गया। वह घर के कामों में लगे रहने पर भी कभी-कभी ऐसी भूलें कर बैठती थी कि लगता था कि उसका मस्तिष्क कहीं अन्यत्र है और उसके अंग मस्तिष्क के निर्देश के बिना ही काम कर रहे हैं।

एक हफ्ता बाद एक दिन माधुरी देवी ने पूनम से कहा, ''बेटी, जिस दिन हम लोग चिड़ियाघर देखने गए थे, उस दिन से ही मेरे सिर में भयंकर दर्द हो रहा है। मुझे लगता है कि यह पायलट बाबा के जादू-टोने के कारण हुआ है। चलो, आज चिड़ियाघर चलकर पायलट बाबा से विनती करें कि मेरा कष्ट दूर करें।''

पूनम बोली, ''माँ, मैं आज नहीं जा सकती। मुझे स्कूल के लिए होम टास्क करना है। नहीं करने पर डाँट पड़ेगी।''

माधुरी देवी ने उससे चलने के लिए दुबारा नहीं कहा। शायद वह यही चाहती थी कि पूनम जाने से इनकार कर दे और वह पायलट बाबा से मिलने अकेले जाए।

पायलट बाबा की सेवा में दो चेले रहते थे। उन्होंने कहा कि यदि उसे किसी विशेष रोग का निदान चाहिए तो वह बाबा से छह बजे शाम के बाद मिले।

उस दिन पायलट बाबा से मिलनेवालों में दो भक्त और चार भक्तिनें थे। बाबा अपने भक्तों और भक्तिनों से अकेले में मिलते थे और उनकी समस्याओं का समाधान करते थे। माधुरी देवी की बारी सबसे अन्त में आई। पायलट बाबा

ने प्यार से उसे अपने पास चौकी पर बैठाया और उससे विस्तार से बातें कीं।

माधुरी देवी जब घर लौटी तो ग्यारह बज चुके थे। लेकिन उसके मन में अपराध-बोध का नामोनिशान नहीं था। उसके अंग-अंग में बिजली प्रवाहित हो रही थी और उसके पाँव सातवें आसमान पर थे।

माधुरी देवी ने हर दूसरे या तीसरे दिन पायलट बाबा के पास जाना शुरू कर दिया। वह शाम को जाती और बहुत रात बीते वहाँ से घर लौटती। किसी-किसी दिन वह सारी रात पायलट बाबा की कुटिया में ही बिता देती। अब उसके मन में साज-शृंगार से मोह उत्पन्न हो गया था। वह इस तरह सज-सँवरकर चिड़ियाघर जाती कि घरवालों को शर्म आती थी। लेकिन वे इसकी चर्चा करने से कतराते थे, क्योंकि वे घर के वातावरण को कटु नहीं बनाना चाहते थे। लेकिन जब एक दिन पड़ोस की कुछ लड़कियाँ पूनम से इसकी चर्चा कर व्यंग्य से हँसने लगीं तो पूनम ने यह बात अपने भाइयों से कही और भाइयों ने पिता से कही।

मनमोहन जायसवाल पत्नी के झक्कीपन से किंचित् भयभीत रहते थे और वैसा कुछ भी कहने और करने से डरते थे जो उसे बुरा लगे। लेकिन वे इज्जतदारों के मुहल्ले में रहते थे जहाँ कानाफूसी संचार का सशक्त माध्यम थी और यह माध्यम बुरी खबरों के लिए अत्यन्त उपादेय था। इस कारण जब कभी-कभी पत्नी की कुछ बातें नागवार लगती थीं, तब भी वे चुपचाप सह लेते थे और कोई ऐसा काम नहीं करते थे जिससे कानाफूसी के माध्यम को अनेक सम्भावनाओं से भरी सूचना मिल जाए। लेकिन इस बार उन्हें पत्नी की हरकत बहुत बुरी लगी और उन्होंने उसे चिड़ियाघर जाने से मना कर दिया। माधुरी देवी ने कोई विरोध नहीं किया, लेकिन दूसरे दिन ही नींद की एक शीशी गोलियाँ ले आई और खाकर सो गई। तीन दिनों तक मौत से जूझते रहने के बाद वह होश में आई और एक पखवाड़े के बाद चलने-फिरने लायक हुई। उसके बाद परिवारवालों ने उसकी मर्जी के खिलाफ कुछ कहने या करने का विचार छोड़ दिया।

इस घटना के बाद माधुरी देवी का नशा कम होने की बजाय और गहरा गया। वह लोक-लाज के बन्धनों से ऊपर उठ गई। वह हर शाम नियमित रूप से पायलट बाबा की कुटिया में जाने और अक्सर रातें वहाँ पर ही बिताने लगी। घर के काम वह पहले से अधिक कुशलता से सुलटाती, लेकिन उसके व्यवहार से हमेशा यह लगता कि उसका मन कहीं अन्यत्र है। उसकी आँखों में एक रहस्यमय प्रकाश था और होंठों पर एक अबोधगम्य मुस्कान थी। यद्यपि वह दुबली हो गई थी और आँखों के नीचे काली छाया का अर्द्ध-वृत्त बन गया था, लेकिन उसके अंगों

में एक नई स्फूर्ति आ गई थी और ऐसा लगता था कि क्लांति उसकी देह का स्पर्श करने में असमर्थ है। पायलट बाबा की सेवा के लिए वह कभी-कभी कुछ रुपए घर से ले जाती थी, लेकिन वह इसकी सूचना अपने पति को दे देती थी।

छह महीने बीत गए और माधुरी देवी के जीवन ने एक क्रम पकड़ लिया। परिवार के लोगों ने परिस्थिति से समझौता कर लिया और मुहल्लेवालों ने भी नाक सिकोड़ना बन्द कर दिया। लेकिन माधुरी देवी के व्यवहार में एक बेचैनी प्रवेश करती जा रही थी मानो वह किसी अप्रिय घटना की आशंका से ग्रस्त हो। वह किसी भी प्रश्न को समझने या उसका उत्तर देने में देरे करती, मानो उसका मस्तिष्क सुप्तावस्था में हो।

एक दिन उसने पूनम से कहा, "बेटी, तुम्हारा सालाना परीक्षा समीप है। कल चलकर पायलट बाबा का आशीर्वाद ले लो। वे एक सिद्ध पुरुष हैं। उनके आशीर्वाद से बहुतों का कल्याण हुआ है, तुम्हारा भी होगा।"

पूनम स्वयं भी अपनी परीक्षा के कारण चिन्तित थी। अर्द्धवार्षिक परीक्षा का परिणाम मनोनुकूल नहीं रहा था और वार्षिक परीक्षा में वह अपमानजनक स्थिति से बचना चाहती थी।

उस रात पूनम अपनी माँ के साथ पायलट बाबा की कुटिया में ही रुक गई। जब सवेरे वह घर लौटी, उसने मौका पाते ही बिजली के पंखे से फाँसी लगाकर आत्महत्या कर ली।

पूनम की मृत्यु के बाद माधुरी देवी ने तीन दिनों तक कुछ खाया नहीं और न घर से बाहर निकली। वह या तो अपने कमरे में लेटी रहती या घर के कामों में व्यस्त रहती। लगता था, वह पाप का प्रायश्चित्त कर रही है और अपनी जिन्दगी को पूरी तरह से बदलने का निश्चय कर चुकी है। लेकिन चौथे दिन शाम को उसने पहले से अधिक साज-शृंगार किया, भड़कीले कपड़े पहने और चिड़ियाघर चली गई। घरवालों ने कुछ नहीं कहा, क्योंकि वे जानते थे कि इससे बात बनने के बदले बिगड़ेगी।

दूसरे दिन सुबह जब वह देर तक घर नहीं लौटी, तो परिवारवाले चिन्तित अवश्य हुए लेकिन उन्होंने इस सम्बन्ध में कुछ कहने की जरूरत नहीं समझी। जब कुछ देर बाद पुलिस इंस्पेक्टर माधुरी देवी के सम्बन्ध में पूछताछ करने आया तो उनकी चिन्ता बढ़ गई। माधुरी देवी पायलट बाबा की हत्या के आरोप में थाने की हाजत में थी। उसने रसोईघर के चाकू से गोद-गोदकर पायलट बाबा की हत्या कर दी थी।

संक्रमण

पिछले बीस वर्षों से कुसुमपुर की आबादी दुगुनी हो गई है और यह कुसुमांचल की राजनीतिक राजधानी ही नहीं बल्कि आपराधिक राजधानी भी हो गया है। यह हत्या, अपहरण, लूट, बलात्कार और अन्य सभी तरह के अपराधों का सुदेश में सबसे बड़ा केन्द्र बन गया है।

नगर के उत्तर में—पश्चिम से पूरब—पद्मावती नदी बहती है, इस कारण उस दिशा में नगर का फैलाव नहीं हुआ है और न यह पूरब में बढ़ पाया है क्योंकि उस तरफ उसे पुन्या ने घेर रखा है। लेकिन दक्षिण और पश्चिम में यह मीलों बढ़ गया है और हजारों एकड़ कृषि-योग्य भूमि नगर की हर दिन लम्बी होती ओक्टोपसीय बाँहों में समा गई है। बरसात के दिनों में नगर के दक्षिण में बनी बाईपास रोड से, जो पुराने नगर और नई कॉलोनियों के बीचोबीच पूरब से पश्चिम किसी विशालकाय राक्षस की रीढ़ की तरह है, देखने में ऐसा लगता है कि मीलों तक फैली किसी झील में हजारों छोटे-बड़े मकान बिना किसी क्रम या व्यवस्था के खड़े कर दिए गए हैं। हर मकान अपने-आप में एक टापू है जिसकी अलग स्वतन्त्र जीवनशैली है और अलग हित-अहित है। स्वभावतः इन कॉलोनियों के निवासियों में आत्मीयता की भावना नहीं है और वे एक-दूसरे को एक परिवार के अंग के रूप में नहीं बल्कि परस्पर विरोधी कबीलों के सदस्यों के रूप में देखते हैं।

इसी काल में नगर का विस्तार एक अन्य दिशा में भी हुआ है। नगर की बाहरी सड़कों के किनारे बस-पड़ावों और रेलवे स्टेशनों के अगल-बगल, पुराने पार्कों के आस-पास, गन्दे नालों के—जो छोटी नहरों की तरह हैं और जिनसे पूरा शहर पटा हुआ है—किनारे-किनारे, गाँवों से रोजी-रोटी की तलाश में आए लोगों की बस्तियाँ बस गई हैं। इन बस्तियों में रहनेवाले लोग नगर में रिक्शे और ठेले चलाने, नए मकानों का निर्माण करने और पुराने मकानों की मरम्मत में राजमिस्तरी और मजदूर का काम करने या ऐसे ही अन्य छोटे-मोटे कामों में लगे रहकर अपनी जीविका चलाते हैं। इन बस्तियों के घर बाँस की खपचियों की

दीवालवाले और टीन के टुकड़ों तथा प्लास्टिक की चादरों की छप्परवाले होते हैं और प्रत्येक घर एक कमरे का ही होता है। उसी कमरे में परिवार के सभी लोग रहते हैं और जब आसमान साफ नहीं रहता, खाना भी उसी में बनाते हैं। ऐसी हर बस्ती में रहनेवाले लोग अक्सर एक ही इलाके के होते हैं और उस बस्ती को अपने इलाके के सबसे प्रिय गाँव के नाम से मिलता-जुलता कोई नाम दे देते हैं। ये बस्तियाँ सरकारी या अर्द्धसरकारी जमीन पर हैं, इस कारण हर बस्ती का निकटस्थ पुलिस थाना बस्ती के हर मकान से हर माह एक निश्चित रकम लेता है। यद्यपि सरकारी खजाने में इस रकम का कोई हिसाब नहीं रहता, लेकिन इसका भुगतान किए बिना कोई मकान बहुत दिनों तक टिक नहीं सकता। धीरे-धीरे ये बस्तियाँ छोटे-मोटे अपराधों का केन्द्र बन जाती हैं जिससे पुलिसथानों की आमदनी में ज्यामितिक गति से वृद्धि होती है। कालान्तर में ये बस्तियाँ प्रशासन की रीढ़ बन जाती हैं और इनमें राजनीतिक सत्ता भी केन्द्रित होने लगती है।

जब देवीलाल चार बच्चों का बाप बन गया और गाँव में मजदूरी कर परिवार का पेट भरना कठिन हो गया, तब उसके सामने कुसुमपुर जाकर बसने के सिवा अन्य कोई रास्ता नहीं रहा। उसे अपने गाँव चैनपुरा से, जो कुसुमपुर से आठ किलोमीटर की दूरी पर था, बहुत प्यार था और सोलह साल पहले, जब उसका बापू बैल का मांस खाकर मर गया था, उसने जूते बनाने का खानदानी काम छोड़ मजदूरी कर ही परिवार का खर्च चलाने का निश्चय किया था। लेकिन उस समय उसने गाँव को नहीं छोड़ा था, यद्यपि उस समय भी मजदूरी से परिवार चलाने में कठिनाई थी। उसकी तीनों बेटियाँ सीता, गीता और नीता क्रमशः पन्द्रह, चौदह और बारह वर्ष की हो गई थीं और बेटा दुर्गालाल के भी दस लगनेवाले थे और गाँव में काम इतना कम हो गया था कि वहाँ महीने-दो महीने में दो दिन भी मजदूरी मिलना कठिन था। इसके बावजूद साल-दो साल और चैनपुरा में टिक जाता, यदि वह एक शाम गाँव के एक धनी काश्तकार अभिराम शर्मा के बड़े बेटे बलराम शर्मा को अपने घर से निकलते नहीं देखता। घर में उसकी पत्नी और बेटियाँ थीं—बेटा दुर्गालाल चमारी साह की दुकान से नमक लाने गया था—लेकिन उनमें से किसी ने बलराम शर्मा के आने का सन्तोषप्रद उत्तर नहीं दिया। इस घटना से देवीलाल को इतना मानसिक क्लेश हुआ कि उसने तीसरे ही दिन घर में ताला लगा दिया और सपरिवार कुसुमपुर चला गया। उसने एक बड़े नाले के किनारे बसी चैनपुरी नामक बस्ती में डेरा डाला और बाँस की खपचियों और पुरानी टाट से एक कमरा बनाकर रहने लगा। चैनपुरी में उसके परिचित पन्द्रह परिवार पहले से रह रहे थे। उनकी

मदद से एक रिक्शे की खटाल के मालिक से उसका परिचय हो गया और वह रिक्शावान बन गया। मकान के तीस रुपए और रिक्शा चलाने के तीस रुपए—साठ रुपए प्रतिमास थाने के सिपाही शनीचरी गोप को, जो चैनपुरी में स्थान खोजने में उसका सहायक था, देकर वह शान्तिपूर्वक रह सकता था। उसने चैन की साँस ली। उसे इस बात से अधिक राहत मिली कि शनीचरी गोप, जो स्थानीय पुलिसथाने की तरफ से चैनपुरी बस्ती के निवासियों से रुपए वसूलने का काम करता था, अपनी टाँगीनुमा नाक के बावजूद एक जिम्मेवार व्यक्ति था और परिवार के मुखिया की अनुपस्थिति में बस्ती के किसी घर में किसी पराये व्यक्ति को घुसने नहीं देता था।

देवीलाल चैनपुरा गाँव को छोड़ चैनपुरी बस्ती में जब से रहने लगा, उसके दस वर्ष पहले से मल्लू गोप कुसुमांचल का मुख्यमन्त्री था। मल्लू के ग्यारह भाई और बारह साले थे और ये सभी ख्यातिप्राप्त अपराधकर्मी और नेता थे। प्रशासन और पुलिस का पूरा तन्त्र उनकी मुट्ठी में था और वे अपनी आपराधिक गतिविधियों में उसका पूरा उपयोग करते थे। प्रान्त में हत्या, अपहरण, लूटपाट, व्यभिचार और ऐसी ही अन्य आपराधिक घटनाओं का संचालन वे ही करते थे और काल-क्रम से अपराधकर्म शक्ति और प्रतिष्ठा का सबसे बड़ा स्रोत बन गया था। मल्लू के भाई और साले हर क्षण इस बात के लिए प्रयत्नशील रहते थे कि अपराधकर्मी के क्षेत्र में उनके बीच जो प्रतियोगिता थी, उसमें वे एक दूसरे से आगे निकल जाएँ। इससे आम जनता के बीच उनका आदर बढ़ता था और भय का ऐसा वातावरण कायम होता था जिसमें लोग उनकी हर इच्छा को पूरी करने के लिए स्वयमेव तैयार रहते थे।

कुसुमपुर में हर दूसरे या तीसरे दिन किसी प्रतिष्ठित व्यक्ति की हत्या होती थी और हत्या के दूसरे दिन हत्या के विरोध में नगर को बन्द रखा जाता था। शिक्षण-संस्थाएँ बन्द हो जाती थीं, सरकारी और अर्द्धसरकारी कार्यालय बन्द हो जाते थे, बाजार और दुकानें बन्द हो जाती थीं और सड़कों पर दोपहिया सवारियों के सिवा अन्य सभी तरह की सवारियों का चलना बन्द हो जाता था। नगर बन्द का आह्वान उन्हीं लोगों की तरफ से आता था जो हत्या के सूत्रधार होते थे। बन्द के उल्लंघन का दोषी घोषित कर वे किसी परिवार या व्यावसायिक संस्थान को आसानी से लूट सकते थे और अपने विरोधियों को खुलेआम दंडित कर सकते थे—सड़कों के सुनसान हो जाने के कारण विरोधियों के पक्ष में आवाज उठानेवाला वैसे भी कोई नहीं रहता था। वे बन्द के समय रात के अँधेरे में नगर की सड़कों और गलियों को अपने आपराधिक तांडव नृत्य की रंगभूमि में बदल देते थे।

देवीलाल को रिक्शाचालन से प्रतिदिन तीस-चालीस रुपयों की बचत हो जाती

थी और इससे थाने के सिपाही शनीचरी गोप को साठ रुपए प्रतिमाह देने के बाद भी परिवार को दो जून रोटी मिल जाती थी। लेकिन जब कुसुमपुर बन्द रहता था तब कष्ट बढ़ जाता था। वह सारा दिन बेकार बैठा रहता और ईश्वर से प्रार्थना करता कि जल्दी रात हो और वह दो-चार सवारी उठाए। रात में सवारियाँ कम मिलती थीं और कभी ऐसी भी सवारियाँ मिल जाती थीं जिन्हें मुफ्त ढोना पड़ता था। लेकिन दस-बीस रुपए बच ही जाते थे। लड़कियाँ सयानी हो रही थीं और चैनपुरी ऐसी बस्ती नहीं थी कि किसी पर भरोसा किया जा सके—चैनपुरा गाँव की बात दूसरी थी। वहाँ मर्दों की आँखों में लाज-शर्म थी और वे पड़ोसियों के परिवार को अपना परिवार समझते थे। लेकिन उसे शनीचर गोप पर भरोसा था। वह पैसे के मामले में सख्त जरूर था, लेकिन उसके परिवार के प्रति विशेष खयाल रखता था और जब कभी उसके घर के सामने से गुजरता था, वहाँ दो मिनट रुककर हाल-चाल जरूर पूछ लेता था। जब एक बार मल्लू गोप के बँगले पर गरीब औरतों के बीच कम्बल बाँटा जा रहा था, उसने बाँस की लाठी से बीसों औरतों का माथा फोड़कर एक कम्बल छीनने में उसकी घरवाली की मदद की थी।

कुसुमपुर का जाड़ा भी तो गजब का था! लगता था कि पद्मावती हिमगिरि से न सिर्फ इतना पानी लाती है कि सातों सागर ऊपर तक भर जाते हैं, बल्कि इतना जाड़ा भी लाती है कि देह की हड्डी काठ बन जाती है। जाड़े के दिन में रिक्शा चलाना बहुत मुश्किल नहीं, लेकिन यदि रात में चलाना पड़ा तो ऐसा लगता है कि लकवा मार देगा। भला हो शनीचर गोप का कि दो-चार घूँट का इन्तजाम कर देता है, नहीं तो जाड़े की रात में भी दस-बीस की जो कमाई कर लेता है, वह बन्द हो जाती और चैनपुरा गाँव को छोड़कर चैनपुरी बस्ती में बसना घाटे का सौदा हो जाता। किसी-किसी रात को वह उसे ऐसी पार्टी के साथ कर देता जो नगर की मजदूर-बस्तियों में दारू की आपूर्ति करती थी। नगर में गैरकानूनी रूप से दारू की आपूर्ति का पूरा धन्धा मल्लू गोप के एक साले मुश्टंड गोप के हाथों में था और उसकी देख-रेख में दो दर्जन अपराधकर्मी पूरी व्यवस्था को सँभाले हुए थे। ये अपराधकर्मी अपने-अपने क्षेत्र में अत्यन्त प्रभावशाली थे और उनके हर आदेश का पालन अविलम्ब होता था। शनीचर गोप का यही प्रयत्न रहता कि नगर बन्द की रातों को देवीलाल को किसी ऐसे आपूर्तिकर्त्ता के साथ कर दे जो चैनपुरी बस्ती से दूर स्थित बस्तियों में शराब की आपूर्ति करता हो। देवीलाल इसे अपने प्रति शनीचर गोप की विशेष कृपा का एक अतिरिक्त प्रमाण मानता था और थाने के सिपाही से अन्तरंगता उसके अन्दर एक ऐसी शक्ति का संचार करती थी कि नई जगह के अपरिचय के कारण उत्पन्न बेचारेपन की भावना क्षीण हो जाती थी।

उस रात भी गजब का जाड़ा था। लगता था कि हड्डियाँ गलकर पानी बन जाएँगी। लेकिन भला हो भट्ठीवाले का कि उसने उसके हाल पर तरस खाकर ठेला खड़ा करने के पहले एक ऐसी बोतल दी जो कम से कम आधी भरी हुई थी। उसने बोतल को चार घूँट में खाली कर उसे भट्ठीवाले को लौटाया और हाथ जोड़कर कृतज्ञता प्रकट की। ऐसे भट्ठीवाले कम मिलते थे। उसे आधा गिलास के लिए दाँत निपोरकर अक्सर घंटे भर तक खड़ा रहना पड़ता था। पचास नम्बर का दारू कंठ के अन्दर जाते ही नस-नस में जोश भर गया और वह ठेले को, जिस पर कोलतार के ड्रम के बराबर तीन ड्राम लदे थे, इस तरह खींचने लगा मानो वे खाली हों! रोम-रोम को छेदनेवाली पूस की सर्द हवा चल रही थी और झीने ओवरकोट से, जिसे उसने रेलवे स्टेशन के पास फुटपाथ पर पन्द्रह रुपए में खरीदा था, हवा इस तरह प्रवेश कर रही थी मानो वह खुली खिड़की हो। लेकिन पचास नम्बर की आधी बोतल की गर्मी ने उसे छोटी-मोटी असुविधाओं से ऊपर उठा दिया था और जिस गति से उसका मस्तिष्क उड़ान भर रहा था, उसी गति से वह ठेले को, जिस पर आठ मन शराब लदी थी, उड़ा ले चला।

मल्लू के मुख्यमन्त्रित्व काल में कुसुमांचल की जिन दिशाओं में विशेष प्रगति हुई थी, उनमें से एक दिशा थी सड़कों का सुधार। देहातों में एक स्थान को दूसरे स्थान से जोड़नेवाली पक्की सड़कें बैलगाड़ी की लीकों में बदल गई थीं। इनमें स्थान-स्थान पर इतने बड़े-बड़े गड्ढे थे कि उन्हें पार करने के लिए बैलगाड़ियों को भी रास्ता बदलना पड़ता था। बरसात के दिनों में ये सड़कें सँकरी नहरों में बदल जाती थीं जो बैलगाड़ीवालों और पैदल चलनेवालों के लिए समान रूप से खतरनाक थीं। नगरों की सड़कें भी, जिनकी मरम्मत वर्षों तक नहीं होती थी, उतनी ही विस्मयकारी थीं, और उन पर किसी भी तरह की गाड़ी को चलाना वैसा ही साहस का काम था जैसा सर्कस में जीप का एक चौकी से दूसरी चौकी पर उछलना। प्रान्त की राजधानी होने के कारण कुसुमपुर की सड़कों की मरम्मत साल-दो साल में कर दी जाती थी, लेकिन मरम्मत होने के पन्द्रह दिनों के अन्दर रोड़े और पत्थर अधिक उद्दंडता से सिर उठा लेते थे और उन्हें पार करने का साहस बहुत कम लोग कर पाते थे।

रोड़े, पत्थरों और गड्ढों से भरे इन्हीं सड़कों पर देवीलाल पचास नम्बर की दारू से भरे ड्रमों का बोझ खींचता हवा की गति से चल पड़ा। सड़कों पर कहीं रोशनी नहीं थी, इस कारण उसे इस बात का ज्ञान नहीं था कि उसके पैर लहूलुहान हो रहे थे। उसके मस्तिष्क में चक्कर काटते पचीस रुपए, जो दारू के ड्रमों को भकोल गोप के अड्डे पर पहुँचाने के बाद मिलने थे, अन्य सभी खयालों को बाहर खदेड़े हुए थे। भकोल गोप के अड्डे पर पहुँचने की जल्दी में उसके मन में यह

विचार भी नहीं आया कि उसे सड़क पर अँधेरे में जहाँ-तहाँ डुबकी लगाए गड्ढों से सावधान रहना चाहिए। पूरे वेग से ठेले को खींचते हुए वह एक गड्ढे में कमर तक समा गया। दूसरे क्षण ठेले का एक पहिया भी गड्ढे में समा गया। देवीलाल ठेले और उस पर लदी दारू के ड्रमों के साथ सड़क के किनारे बहनेवाले नाले में, जो बीस फीट चौड़ा और दस फीट गहरा था, उलट गया और गन्दे पानी में प्रविष्ट हो गया।

देवीलाल जिस स्थान पर दारू के ड्रामों से लदे ठेले के साथ नाले में प्रविष्ट हो गया था, वह स्थान भकोला गोप के अड्डे से दो फर्लांग की दूरी पर था। जब देवीलाल को अड्डे पर पहुँचने में देर हुई तब भकोला गोप ने अपने एक दर्जन अनुयायियों को टॉर्च, रिवॉल्वर और लाठियों के साथ उसकी तलाश में भेजा। वे टार्चों से दाएँ-बाएँ रोशनी करते हुए आगे बढ़े—उन्हें आशंका थी कि वह रास्ते में कहीं बैठकर ड्रमों से दारू निकाल छककर पी रहा होगा। जब उन्होंने ठेलागाड़ी और देवीलाल को नाले में बहते हुए देखा तो उनकी आशंका विश्वास में बदल गई। उन्होंने ड्रमों को खोजने के लिए चारों तरफ टॉर्च से रोशनी की, लेकिन वे कहीं नहीं थे। स्पष्ट था कि उसने उन्हें कहीं छिपा दिया था और बेहोश होने का नाटक कर रहा था।

उन्होंने पानी पर बहते हुए देवीलाल को नाले के किनारे खड़े होकर लाठियों से पीटा और तब उसे खींचकर बाहर निकाला। उन्होंने उससे दारू के भरे ड्रमों के बारे में बार-बार पूछा, लेकिन वह मूक बना रहा। एक लाठी उसके सिर पर लगी थी जिससे खून बह रहा था और चेहरा रक्त-रंजित था और पूरी देह शिथिल थी मानो वह मर चुका हो। एक ने उसकी नाड़ी टटोली और क्रोध से आगबबूला होता हुआ बोला, "साला नाटक कर रहा है, मारो चार लाठी!"

लेकिन एक दूसरे ने कहा, "नहीं, अभी मत पीटो। उसे कुछ हो गया तो सारा माल चला जाएगा। उसे नेताजी के पास ले चलो।"

उन्होंने देवीलाल को ठेले पर लादा और उसे भकोला गोप के अड्डे पर ले आए। भकोला गोप उस समय अपने कमरे में था। उसने बाहर आकर कहा, "यह ठेलावाला चैनपुरी बस्ती का है न? शनीचर गोप का आदमी है। शनीचर गोप यहाँ पर ही कहीं होगा। बुलाओ उसे।"

शनीचर गोप अड्डे के एक कमरे में बैठा अन्य तीन सिपाहियों के साथ पचास नम्बर की दारू चढ़ा रहा था। उसने भकोला गोप के प्रश्न के उत्तर में कहा, "अच्छा आदमी है, हुजूर। चैनपुरी बस्ती का है। आपकी खिदमत में जिन तीन लड़कियों को ले आया हूँ, वे इसी की बेटियाँ हैं।"

भकोला गोप के कमरे से सीता, गीता और नीता को बुलाया गया—पचास

नम्बर की दारू से भरे ड्रमों का पता लगाना जरूरी था, हजारों का माल था उनमें। सीता ने देवीलाल के चेहरे पर झुककर कहा, ''पापाजी, मैं हूँ आपकी बेटी सीता! नेताजी पूछ रहे हैं कि आपने ड्रमों का क्या किया।''

देवीलाल की चेतना एक क्षण के लिए लौट आई। उसने आँखें खोलकर सीता को देखा, दूसरे क्षण उसे जोर से हिचकी आई और उसका सिर एक तरफ लुढ़क गया।

दाँत का दर्द

पिछले दस वर्षों से कुसुमांचल प्रान्त में अपहरण और हत्या की घटनाएँ इतनी बढ़ गई हैं कि यदि कोई व्यक्ति बिना पूर्वसूचना के दो घंटों से अधिक घर से बाहर रुक जाए तो पूरे परिवार में बेचैनी हो जाती है और यदि वह बारह घंटों के अन्दर घर नहीं लौटे तो उसके परिवार में, रिश्तेदारों में और मित्रों में घबड़ाहट हो जाती है, हर जगह उसकी तलाश होने लगती है और अक्सर पुलिस को सूचना दे दी जाती है। लेकिन यदि बारह घंटों के अन्दर अपहर्त्ताओं के पास से फोन आ जाता है और वापसी के पैसे की माँग की जाती है, तो अपहृत व्यक्ति के परिजन पुलिस में सूचना देने से परहेज करते हैं। क्योंकि अपहर्त्ता पुलिस के सहयोग से ही अपहरण करते हैं और वापसी के पैसे में पुलिस का बड़ा हिस्सा होता है। अपहर्त्ताओं की माँग पूरी करने के बदले पुलिस में सूचना देने का परिणाम यह होता है कि अपहृत व्यक्ति की हत्या कर दी जाती है और तब पुलिस मामले को इतना उलझा देती है कि उलझन से मुक्ति के लिए पीड़ित परिवार को अपहर्त्ताओं द्वारा माँगी गई रकम से कई गुना बड़ी रकम चुकानी पड़ती है। अपहर्त्ताओं के अलग-अलग दल होते हैं और हर दल का संचालन एक ऐसे राजनीतिज्ञ के द्वारा होता है, जो स्वयं एक बड़ा अपराधकर्मी होता है।

लेकिन अपहरण की कुछ घटनाएँ ऐसी भी होती हैं जिनमें पुलिस अपहृत व्यक्ति या व्यक्तियों के परिवारों की मदद करने का प्रयत्न करने के लिए बाध्य हो जाती है। ऐसी घटनाओं में वह किसी बाहरी दबाव के कारण नहीं बल्कि एक सोची-समझी नीति के अन्तर्गत काम करती है। ऐसी ही एक घटना कुछ दिन पहले कुसुमपुर में घटी जब दन्त-चिकित्सक राजेश राज एक दिन पहले सुबह नौ बजे अपनी क्लीनिक के लिए घर से निकले थे और वे अपराह्न में खाना खाने घर में नहीं आए, रात में भी घर नहीं लौटे। उनकी पत्नी मेधावती ने उनके गुम हो जाने की सूचना रिश्तेदारों, परिचितों और मित्रों को दी, और जब सबने तय किया कि पुलिस को खबर करने का समय आ गया है तो थाने में रिपोर्ट लिखाई

गई। उनके कम्पाउंडर ने बताया कि वे उस दिन अपनी क्लीनिक में आए ही नहीं। एक और बात जो दिमाग में तरह-तरह के प्रश्न उठाती थी वह यह थी कि वे उस दिन अपनी गाड़ी से, जो ससुराल से मिली थी, क्लीनिक के लिए नहीं निकले थे, बल्कि रिक्शे से निकले थे क्योंकि गाड़ी में कोई खराबी आ गई थी।

राजेश राज तीस वर्ष से कम के थे, उनकी प्रैक्टिस अच्छी थी और उससे भी बड़ी बात यह थी कि वे पुलिस के लोगों की चिकित्सा निःशुल्क करते थे। पुलिस ने अपहर्त्ताओं के विभिन्न गिरोहों से बातचीत की। लेकिन हर गिरोह ने इस अपहरण के सम्बन्ध में पूरी तरह अनभिज्ञता प्रकट की। यह एक अजीब बात थी क्योंकि ऐसा पहले कभी नहीं हुआ था कि अपहरण की कोई घटना हो जाए और पुलिस को अपहृत व्यक्ति और उसके अपहर्त्ताओं से सम्पर्क करने में कठिनाई का सामना करना पड़े। पुलिस की कठिनाई और बढ़ गई जब राजेश राज के अपहरण के तीसरे दिन मनसाबाग मुहल्ले के थाने में एक हड्डी विशेषज्ञ डॉक्टर अनुपम प्रसाद ने अपनी बहन सुशीला के, जिसका विवाह दो महीने पहले सर्वोच्च न्यायालय के एक अभिवक्ता से धूमधाम से हुआ था, अपहरण की सूचना दी। पुलिस का सुशीला के अपहरण से भी कुछ लेना-देना नहीं था। उसने इन उलझनों से दूर रहना ही उचित समझा। घर का आटा गीला करने से क्या लाभ!

लेकिन राजेश राज के अपहरण के तीसरे दिन कुसुमपुर के सारे दन्त-चिकित्सक और सुशीला के अपहरण के दूसरे दिन हड्डी रोगों के सारे चिकित्सक अनिश्चितकालीन हड़ताल पर चले गए और घोषणा कर दी कि वे तब तक काम पर नहीं लौटेंगे जब तक दोनों अपहृत व्यक्तियों को अपहर्ताओं के चंगुल से मुक्त नहीं किया जाता।

कुसुमपुर के बड़े राजनीतिज्ञों में से अधिकांश ऐसे थे जो खैनी खाने के अभ्यस्त थे और किसी-न-किसी दन्तरोग से पीड़ित थे। वहाँ हड्डी का विकार भी एक आम बीमारी थी, क्योंकि वहाँ हर खाद्य सामग्री प्रदूषित थी, यहाँ तक कि शुद्ध जल भी उपलब्ध नहीं था। दन्तरोग और हड्डी रोग के चिकित्सकों की हड़ताल के तीन दिन बीतते-बीतते पूरे कुसुमपुर में और बाहर भी कुहराम मच गया और पुलिस पर दबाव पड़ने लगा कि वह अपहृत व्यक्तियों का यथाशीघ्र पता लगावे ताकि हड़ताल समाप्त हो।

पुलिस ने टालमटोल की नीति अपनाई, लेकिन जब राजनीतिज्ञों का दबाव बढ़ता गया और पुलिस के कुछ ऊँचे अफसरों के निलम्बित होने का खतरा उत्पन्न हो गया, तो पुलिस हरकत में आ गई। पूरे आठ दिन बीत चुके थे और अपहृत व्यक्तियों का कोई अता-पता नहीं था। एक बात और थी। ससुराल के लिए सुशीला की विदाई तीन दिनों के बाद होनेवाली थी और सम्भावित अपमान

से बचने के लिए उसके भाई डॉक्टर अनुपम प्रसाद पुलिस अधीक्षक रणवीर गोप को एक लाख रुपए दे आए थे।

पुलिस ने पूरी व्यावहारिकता से काम करने का निश्चय किया और इसके लिए आवश्यक था कि अपहृत व्यक्तियों के सम्बन्ध में विस्तृत जानकारी प्राप्त की जाए। दन्तरोग चिकित्सक राजेश राज और हड्डी रोग विशेषज्ञ अनुपम प्रसाद मित्र थे और एक समय वे कॉलेज में साथ पढ़ते थे। सजातीय होने के कारण उनकी मित्रता औसत से अधिक गहरी हो गई थी। राजेश राज ने दन्त चिकित्सा में डिग्री लेकर अनुपम प्रसाद से दो वर्ष पहले ही प्रैक्टिस शुरू कर दी थी और चूँकि उसे दाँत उखाड़ने में असाधारण कुशलता प्राप्त हो गई थी, इस कारण उसकी प्रैक्टिस जमने में बहुत अधिक समय नहीं लगा। प्रैक्टिस जमते ही उसकी शादी पी.डब्ल्यू. डी. के इंजीनियर सुदामा लाल की पुत्री मेघावती से हो गई और राजेश राज को दहेज में न सिर्फ मारुति कार, रंगीन टी.वी., विदेशी कैमरा और अन्य कीमती सामान मिले, बल्कि पाँच लाख रुपए भी मिले ताकि वह अपनी प्रैक्टिस को यथासम्भव बढ़ाने के लिए उचित कार्रवाई कर सके। लेकिन ससुर की तरफ से मिले सारे दान-दहेज के बावजूद राजेश राज सन्तुष्ट नहीं था, क्योंकि उसकी पत्नी मेघावती के दाँत वर्गाकार और सुपुष्ट थे और उसकी आवाज सरगम के पहले सुर की तरह प्रभावकारी थी, लेकिन सारे असन्तोष के बावजूद राजेश राज घर में अपने चेहरे को भावरहित रखने के लिए बाध्य था क्योंकि मेघावती की काया भादों के मेघ के हाथी की तरह भयकारिणी थी। परिणाम यह हुआ कि राजेश राज अपना अधिकाधिक समय क्लीनिक में लगाने लगा और इससे उसके मरीजों की संख्या और उनसे होनेवाली आय में असामान्य रूप से वृद्धि हुई।

इस बीच राजेश राज के मित्र अनुपम प्रसाद ने भी हड्डी विशेषज्ञ बनकर, ससुराल से मिले पैसे से मनसाबाग मुहल्ले में एक मकान खरीदा और उसके एक हिस्से में क्लीनिक बनवाकर प्रैक्टिस करने लगा। राजेश राज के लिए घर से बाहर समय बिताने के लिए एक अच्छी जगह मिल गई। जब वह अपनी क्लीनिक से निकलता तो घर लौटने के बदले अनुपम प्रसाद के यहाँ देर तक बैठा रहता। यदि अनुपम प्रसाद घर पर नहीं होता तब भी राजेश राज के स्वागत में कोई कमी नहीं होती, अनुपम प्रसाद की पत्नी सोनावती, जिसका रंग पके दसहरी आम का था और जिसकी आवाज में तरबूज के गूदे की मिठास थी, उसकी आवभगत में इस तरह लग जाती मानो उसकी कमाई से ही घर की रोजी-रोटी चलती हो। यदि वह घर के कामों में व्यस्तता के कारण राजेश राज के पास बैठने में असमर्थ होती तो

अपनी ननद सुशीला को उसके पास बैठा देती ताकि उसके मन में किसी तरह की छिलन न हो। वह जानती थी कि मर्द अजीब प्राणी होते हैं, जरा-सी चूक हुई तो गाँठ बाँध लेते हैं और औरत की मजबूरी को समझने से इनकार कर देते हैं।

जब सोनावती की ननद सुशीला का परिचय राजेश राज से हुआ, उसके एक साल पहले उसने मनोविज्ञान में एम.ए. पास किया था और पुरुष मन का गहरा अध्ययन किया था। वह इस निष्कर्ष पर पहुँची थी कि नारी को चाहिए कि वह पुरुष मन को, जो एक सिक्के की तरह है, पहले अपनी मुट्ठी में ले, फिर उसे बटुए में रखकर अच्छा ताला लगा दे और उसे हवा भी तभी लगने दे जब यह आवश्यक हो। सुशीला के दाँत भी आयतकार थे, जिस कारण थोड़े ही दिनों में उनके प्रति राजेश राज का विशेष आकर्षण हो गया और सोनावती ने इस बात की समुचित व्यवस्था की कि वह उसके साथ किसी कमरे में बैठकर निर्विघ्न उनकी परीक्षा कर सके। सुशीला के लिए शादी की प्रतीक्षा के सिवा अन्य कोई विनियोजन नहीं था, इस कारण उसने राजेश राज द्वारा उसके दाँतों में दिखाई गई अभिरुचि को प्रोत्साहित किया और उसे अपनी जिज्ञासा को शान्त करने का पूरा अवसर दिया। वह उससे सटकर या उसकी गोद में बैठ जाती और राजेश राज हिलने-डुलने से बचने के लिए उसे अपनी गोद में भरकर, देर रात तक उसके दाँतों की परीक्षा करता। यदि किसी दिन अनुपम प्रसाद के घर में किसी कारणवश सुशीला के दाँतों की परीक्षा में बाधा होती, वह राजेश राज की क्लीनिक में जा धमकती और अकेले में देर तक दन्त-परीक्षा कराती। अनुपम प्रसाद को थोड़े ही दिनों में अपनी बहन के दाँतों में राजेश राज को दिलचस्पी की जानकारी हो गई थी, लेकिन इससे उसे खुशी ही हुई थी, क्योंकि इससे बहन के स्वास्थ्य से सम्बन्धित उसकी चिन्ता दूर हो गई थी।

राजेश राज से घनिष्ठता के दो वर्ष बाद सुशीला की शादी हुई। उसका पति विहंगम कुमार सर्वोच्च न्यायालय में अधिवक्ता था और अपने साथियों के बीच नियमों और कानूनों की विस्तृत व्याख्या करता था और यद्यपि न्यायालय में उसे नियमों और कानूनों की व्याख्या के लिए कम ही अवसर मिलते थे, उसके साथी इस बात के सम्बन्ध में एकमत थे कि वह कानूनी पेशे के मैदान में बहुत लम्बी दूरी तय करेगा और यश और धन की ऊँची-ऊँची चोटियों को पार करेगा। सुशीला की शादी में राजेश राज ने दिन-रात एक कर दिया, वह विहंगम कुमार के व्यक्तित्व से इतना प्रभावित था कि उसने न सिर्फ उसकी विस्तृत कानूनी व्याख्याओं को ध्यान से, ऊब का कोई लक्षण प्रकट किए बिना, सुना और सराहा, बल्कि सुशीला के दाँतों की परीक्षा, शादी के दो महीने पहले से, उसके साथ अलग कमरे में अकेले बैठकर बार-बार की, ताकि उनमें किसी गड़बड़ी के चलते विहंगम

कुमार को कोई कष्ट न हो। एक महीने तक पति के घर में रहने के बाद सुशीला कुसुमपुर में देवी-देवताओं की पूजा-अर्चना के लिए भाई के घर आ गई, उसने इन देवी-देवताओं से शादी के पहले जो वादे किये थे, उन्हें पूरा करना आवश्यक था।

पुलिस ने विभिन्न सूत्रों से यह सूचना भी प्राप्त की कि ससुराल से अपने भाई के यहाँ आने के बाद सुशीला ने किसी देवी-देवता की पूजा-अर्चना नहीं की, बल्कि अपना अधिक समय राजेश राज से अपने दाँतों की परीक्षा कराने में बिताया। इस मुकाम पर पहुँचने के बाद पुलिस की तलाश की गाड़ी रुक गई। यदि किसी अपहर्त्ता ने राजेश राज और सुशीला का अपहरण नहीं किया तो क्या वे धरती में समा गए? क्या किसी ने उनकी हत्या कर दी? पुलिस को अपने अनुसंधान से ऐसे किसी व्यक्ति का पता नहीं लगा जिससे राजेश राज या सुशीला की व्यक्तिगत रूप से दुश्मनी हो। लेकिन असफलता के बावजूद पुलिस ने तलाश जारी रखी और लोगों का दाँत का दर्द और हड्डी की पीड़ा बढ़ती गई। इस कारण बहुतों ने राजेश राज और सुशीला की अविलम्ब वापसी के लिए देवी-देवताओं से प्रार्थना की और अन्य लोगों ने रेलवे स्टेशन के पास स्थित वीर हनुमान के मन्दिर में पूजा की और गेंदे के फूलों की माला और लड्डू चढ़ाए।

सुशीला की विदाई का समय अब सिर्फ अड़तालीस घंटे दूर था और अभी तक उसका कोई अता-पता नहीं था। इस कारण हड्डी विशेषज्ञ अनुपम प्रसाद बहुत घबड़ाया हुआ था। वह सुशीला के ससुरालवालों से कोई बहाना कर विदाई का दिन बढ़ा सकता था, लेकिन इसमें बदनामी का डर था। राजेश राज और सुशीला के एक साथ गायब होने के कारण कुछ आशा बँधती थी, लेकिन समय बीतने के साथ-साथ धैर्य लुप्त हो रहा था। उसने अपनी पत्नी से कहा, ‘‘प्यारी सोनावती, लगता है कि सुशीला के कारण परिवार की इज्जत धूल में मिल जाएगी। आठ दिन हो गए और उसका कोई अता-पता नहीं। मेरा दिल इतना भारी है कि यदि उसकी हत्या भी हो गई हो तो मुझे खुशी होगी। यदि वह परसों के बाद घर लौटी तो हम कहीं मुँह दिखाने लायक नहीं रहेंगे।’’

सोनावती ने मुस्कुराकर कहा, ‘‘तुम बेकार घबड़ाते हो, डियर। मेरे भीतर कोई कह रहा है कि सुशीला कल तक जरूर आ जाएगी और परसों हम धूमधाम से उसकी विदाई करेंगे। यह दाँत के दर्द का चक्कर है।’’

अनुपम प्रसाद पत्नी का संकेत समझ रहा था, लेकिन उसके मुँह से ही सारी बात सुनने के लिए कहा, ‘‘क्या मतलब?’’

सोनावती हँसकर बोली, ‘‘डियर, दाँत का दर्द बहुत बुरी चीज़ है। जिसे यह होता है, वही इसकी तकलीफ जानता है। क्या हम एक उपाय करें?’’

‘‘कौन-सा उपाय?’’

"आज शनिवार है। आज वीर हनुमान की पूजा का दिन है। भक्त शिरोमणि पंडित शिवानन्द तिवारी से रेलवे स्टेशन के पास के हनुमान मन्दिर में पूजा करा दो। पंडित शिवानन्द तिवारी खानदानी पंडित हैं और उनसे पूजा कराने से तुरत लाभ होता है।"

अनुपम प्रसाद को पत्नी की बात जँच गई। पंडित शिवानन्द तिवारी से वीर हनुमान की पूजा कराने में खर्च कुछ अधिक था, लेकिन लाभ अविलम्ब होता था। वह स्वयं ही गाड़ी से पंडित शिवानन्द तिवारी के घर जाकर उन्हें हनुमान मन्दिर ले गया, उनकी पसन्द की दुकान से पूजा की सामग्री खरीदी, वीर हनुमान की पूजा कराई और मन्दिर के इर्द-गिर्द बैठे भिखारियों के बीच लड्डू बाँटे। पूजा का प्रभाव अविलम्ब हुआ। शाम को सुशीला एक अतिरिक्त अटैची लिए हुए घर लौट आई।

उसे देखकर अनुपम प्रसाद की आँखों में आनन्दातिरेक से आँसू आ गए और गला रुँध गया। लेकिन सोनावती ने मुस्कुराते हुए पूछा, "बेबी, दाँत का दर्द पूरी तरह ठीक हो गया न?"

सुशीला ने बाएँ गाल पर इस अंदाज से हाथ रखा मानो वह बताना चाहती हो कि दर्द उसी तरफ था और बोली, "हाँ, भाभी। अब करीब-करीब ठीक है। डॉक्टर राजेश राज बहुत नेक इनसान हैं। उन्होंने जैसे ही मेरे दाँत को देखा, बोले, इसे कोलकाता के डॉक्टर भट्टाचार्या को दिखाना होगा। चलो मेरे साथ। अनुपम प्रसाद से भी नहीं कहेंगे, नहीं तो वह चिन्तित होगा। डॉक्टर भट्टाचार्या ने आठ दिनों के कोर्स का सुझाव दिया। हम लोग एक होटल में ठहर गए और हर रोज डॉक्टर भट्टाचार्या को दिखाया। अब दर्द नहीं के बराबर है।"

सोनावती ने समझाया, "बेबी, इस बात को किसी से मत कहना कि तुम डॉक्टर राजेश राज के साथ आठ दिनों तक कोलकाता के एक होटल में थीं। तुम कहना कि तुम्हारा अपहरण अपराधकर्मियों के एक गिरोह द्वारा कर लिया गया था और अपहर्त्ताओं ने पुलिस के दबाव के कारण तुम्हें मुक्त किया।"

दूसरे दिन दस बजते-बजते दन्त चिकित्सकों और हड्डी विशेषज्ञों की हड़ताल समाप्त हो गई। दाँत और हड्डी के रोगों के हजारों मरीजों ने देवी-देवताओं के मन्दिरों में धन्यवाद-ज्ञापन के लिए पूजा की और मिठाइयाँ चढ़ाईं। पुलिस के बड़े अफसरों ने प्रेस कान्फ्रेन्स कर यह घोषणा की कि पुलिस के दबाव के कारण अपहर्त्ताओं ने डॉक्टर राजेश राज और सुशीला देवी को मुक्त किया है। पुलिस द्वारा आयोजित प्रेस कान्फ्रेन्स में राजेश राज और सुशीला देवी भी मौजूद थे। उन्होंने वहाँ अपने अपहरण की ऐसी हैरतअंगेज कहानी सुनाई कि सुननेवालों की आँखें

फैल गईं। पुलिस के जिन दो इंस्पेक्टरों ने अपनी असाधारण प्राण-शक्ति और असाधारण क्षमता से राजेश राज और सुशीला के मुक्ति-अभियान का नेतृत्व किया था, उनमें से प्रत्येक को, प्रोत्साहन राशि के रूप में, दस-दस हजार रुपए के चेक दिए गए। अनुपम प्रसाद को इस घटना के सुखद अन्त से इतनी राहत मिली कि दूसरे दिन ही रेलवे स्टेशन के पास स्थित वीर हनुमान के मन्दिर में जाकर शुद्ध घी का पाँच किलो लड्डू चढ़ाया और पंडित शिवानन्द तिवारी के घर जाकर उन्हें कुर्ते के लिए सिल्क का ढाई गज कपड़ा, धोती और चादर दिया।

नियत तिथि को सर्वोच्च न्यायालय का अधिवक्ता विहंगम कुमार पत्नी की विदाई के लिए दल-बल के साथ अनुपम प्रसाद के घर पहुँचा। जब उसने पत्नी के अपहरण और पुलिस की सफल कार्रवाई से उसकी बिना किसी क्षति के वापसी की कहानी सुनी तो उसने ईश्वर को धन्यवाद दिया और पत्नी के साथ जाकर हनुमान मन्दिर में लड्डू चढ़ाए। विदाई के शुभ अवसर पर शहनाई बजी और अनुपम प्रसाद ने क्लार्क होटल में पार्टी दी। पार्टी में विहंगम कुमार का विशेष स्वागत हुआ, लेकिन नायक राजेश राज रहा, क्योंकि उसने आठ दिनों तक अपहर्त्ताओं का सामना सफलता से किया था।

सुशीला की विदाई के बाद जब राजेश राज घर गया तो उसने पाया कि उसकी पत्नी दाँत के दर्द से कराह रही है। राजेश राज को आश्चर्य हुआ क्योंकि मेघावती के दाँत कैमूर के पत्थरों की तरह ठोस थे और उनमें दर्द होने की सम्भावना नहीं थी। लेकिन उसने उसका मन रखने के लिए लाल रंग की पेस्ट का एक ट्यूब देकर कहा, "डियर, इससे दाँतों को दिन में दो बार धोओ। सारी तकलीफ दूर हो जाएगी।"

मेघावती ने ट्यूब को अलग फेंका और कराहती हुई बोली, "नहीं डियर, दर्द ज्यादा है। मुझे भी डॉक्टर भट्टाचार्या से दिखाने के लिए कोलकाता ले चलो। एक हफ्ते तक किसी अच्छे होटल में रहकर दिखाएँगे।"

राजेश राज का चेहरा पीला पड़ गया। उसने सोचा, यह जरूर सोनावती की करतूत होगी। क्या मैंने कभी उसका दिल दुखाया कि उसने ऐसा किया?

जब वह कुछ देर चुप रहा तो मेघावती ने अपनी आवाज को सपाट बनाते हुए पूछा, "क्या कहते हो, डियर?"

राजेश राज ने मुस्कुराने की कोशिश करते हुए जवाब दिया, "जरूर चलेंगे, डियर। पहले जान तब जहान।"

वानप्रस्थ

जब पैंतीस साल की नौकरी के बाद साठ वर्ष की उम्र में भूपेन्द्र सिंह सेवा-निवृत्त हुए तो उनका जी हलका था। अपने सहकर्मियों और विद्यार्थियों से अलग होते हुए उनका मन मसोस उठा था, लेकिन उन्हें इस बात की खुशी थी कि उन्होंने अपने जीवन की सारी जिम्मेवारियों का निर्वहन सन्तोषप्रद ढंग से कर दिया था और वह सब प्राप्त कर लिया था जो उनकी तरह के एक साधारण आदमी की जिन्दगी में सम्भव था। उनके पुत्र महेन्द्र की, जो जिला अदालत में वकील था, परिवार चलाने के लिए अच्छी आमदनी थी और पुत्री मानसी का पति लालदेव पी.डब्ल्यू.डी. में इंजीनियर था। एक प्राइवेट स्कूल का शिक्षक होते हुए भी उन्होंने अपना मकान बनवा लिया था और यद्यपि उस मुहल्ले में, जो नया बस रहा था, सड़क और बिजली नहीं थी, वहाँ बसे लोग उनकी तरह ही निम्न मध्यवर्ग के सम्मानित सदस्य थे और वहाँ शायद ही कोई ऐसा था जो किसी दूसरे के घर में ताक-झाँक करने की हिम्मत रखता हो। भूपेन्द्र सिंह जानते थे कि यह बात हिम्मत की उतनी नहीं जितनी सुविधा की थी। कोई किसी दूसरे के घर में पत्थर फेंकने का साहस कैसे कर सकता है जब उसका अपना घर शीशे का हो? प्राइवेट स्कूल की नौकरी के कारण पेंशन नहीं मिलती थी, लेकिन उनका पुत्र महेन्द्र वैसा नहीं था कि उस पर भरोसा नहीं किया जा सके और कुछ नहीं हो तो इस बात का खयाल उसे अवश्य होगा कि उन्होंने उसके प्रति पिता के रूप में अपने कर्तव्य का पूरी तरह पालन किया था और आज वह जो कुछ था, उसमें उनका बहुत बड़ा योगदान था। जब महेन्द्र वकील बन गया था और थोड़ी-बहुत कमाई करने लगा था, तब भी वे अपनी पूरी तनख्वाह गृहस्थी के खर्च पर भी लगा देते थे और अपने लिए कुछ भी नहीं बचाते थे। जब वे सेवानिवृत्त हुए तो उन्हें भविष्य की कोई चिन्ता नहीं थी। उन्होंने उसके लिए एक मनोनुकूल योजना बना ली थी। उन्होंने तय किया था कि वे अपना अधिकांश समय धार्मिक पुस्तकों के पाठ में लगाएँगे, ताकि परलोक में भी कष्ट-मुक्त रह सकें और अपनी पत्नी सगुना देवी को भी,

जिनकी सारी जिन्दगी चूल्हा-चौकी में बीती थी, धर्म-चर्चा से लाभान्वित होने का अवसर देंगे।

सेवानिवृत्ति के समय उन्हें स्कूल की तरफ से जो पैसे मिले, उसे अपने पुत्र को देकर अपनी होशियारी पर फूले हुए अपनी पत्नी सगुना देवी से बोले, "महेन्द्र की माँ, अब हम दोनों के लिए हर उलझन से ऊपर उठ जाना ही ठीक है। हम पूरी जिन्दगी गृहस्थी के बोझ से दबे रहे हैं। अब जब उससे मुक्ति का अवसर मिला है तो चूकना ठीक नहीं। गृहस्थी का पूरा भार बेटा और बहू को छोड़कर हम बेफिक्री की जिन्दगी बिताएँगे।"

पत्नी ने सन्देह प्रकट किया, "महेन्द्र के बाबूजी, काली माँ करें कि आप जो कह रहे हैं, वह सही हो। लेकिन जब आदमी अशक्त हो जाता है तो अपने भी मुँह मोड़ लेते हैं। सबके लिए यही अच्छा है कि चलते-फिरते ही बुलावा आ जाए।"

भूपेन्द्र सिंह बोले, "कैसी बात करती हो, महेन्द्र की माँ? तुम मेरे घर में लक्ष्मी बनकर आईं और यहाँ कभी किसी चीज की कमी नहीं हुई। क्या हमारे ऊपर दुख की छाया भी कभी पड़ी? यह ईश्वर की कृपा है। जब तक तुम इस घर में हो, इस पर ईश्वर की कृपा बनी रहेगी और हमारा बाल बाँका नहीं होगा।"

सगुना देवी ने हँसकर कहा, "आप जिन्दगीभर मेरी चापलूसी में रह गए मानो मैं आपकी कमाई नहीं खाती, आप मेरी कमाई खाते हैं। लेकिन मैं आपका साथ छोड़नेवाली नहीं। मेरा इरादा न इस जन्म में आपसे अलग होने का है और न अगले जन्म में। आप जो करेंगे वह मेरे लिए देवता का आशीर्वाद होगा। फिर भी मैं कहूँगी कि कोई कदम उठाने के पहले फलाफल पर विचार कर लेना चाहिए।"

भूपेन्द्र सिंह को लगा कि उनकी पत्नी द्वारा दी गई चेतावनी में दम है और उन्हें कम-से-कम उन पैसों को अपने पास जरूर रखना चाहिए था जो उन्हें सेवानिवृत्ति के समय मिले थे। उन्होंने जो कुछ कमाया था, उसे घर-गृहस्थी पर खर्च कर दिया था और उस समय के लिए कुछ भी नहीं बचाय था जब उनके लिए आय का कोई साधन नहीं रह जाएगा। लेकिन उनका कोई भी निर्णय ऐसा नहीं हुआ था जिसके कारण उन्हें पश्चात्ताप करना पड़ा हो। भविष्य के सम्बन्ध में लिया गया यह अन्तिम निर्णय, जिसे उन्होंने पूरे होश-हवास में, कर्तव्य और अकर्तव्य पर पूरे विचार के बाद लिया था, गलत कैसे हो सकता था?

मकान के एक कमरे में महेन्द्र और उसकी पत्नी महामाया रहते थे, दूसरे कमरे में उनके पुत्र त्रिलोकी और समरेश, जो क्रमशः दस और आठ वर्ष के थे, रहते थे और तीसरे कमरे में भूपेन्द्र सिंह अपनी पत्नी सगुना देवी के साथ रहते

थे। लेकिन भूपेन्द्र सिंह का अधिकांश समय बाहर के कमरे में बीतता था जो पूरे घर के लिए बैठक भी था। सेवानिवृत्ति के बाद उनकी अभिरुचि धर्म-पुस्तकों में बढ़ गई और वे सुबह में, स्नानादि के उपरान्त, बैठक के एक कोने में रखी चौकी पर पालथी मार इन पुस्तकों का पारायण करते थे। बैठक की दूसरी तरफ महेन्द्र ने अपने लिए एक कुर्सी और एक मेज और अपने मुवक्किलों के लिए चार कुर्सियों रख छोड़ी थीं। दस वर्षों की उसकी साधना का सुपरिणाम सामने आने लगा था और हर हफ्ते दो-चार मुवक्किल उससे मिलने आ जाते थे।

भूपेन्द्र सिंह ने अपनी बहू महामाया देवी के व्यवहार में दिनोंदिन बढ़ती कटुता और अपमान को लक्ष्य किया था, लेकिन उसे नादानी की अभिव्यक्ति मानकर उसे नजरअंदाज करने की कोशिश की थी। महामाया ने उनकी उपस्थिति में भी सिर को आँचल से ढँकना छोड़ दिया था और जब वे घर में होते, अत्यन्त ऊँची और अस्वाभाविक आवाज में बातें करती। वह अक्सर अपने बेटों को डाँटती और डाँटने के समय भिखारियों की चर्चा अवश्य करती जिन्होंने उसे परेशान कर रखा था। भूपेन्द्र सिंह के सेवानिवृत्त होने के पहले उनका नाश्ता या खाना उनकी पत्नी सगुना देवी स्वयं देती थीं। वे स्टील के जग और गिलास में पानी लातीं, स्टील की ही थाल में नाश्ता या खाना लातीं और जब तक वे खाते रहते, उनकी हर आवश्यकता को पूरी करने के लिए बगल में खड़ी रहतीं। अब नाश्ता महामाया स्वयं देती। पूर्वाह्न में नौ बजे के बाद जब महेन्द्र कोर्ट जाने की तैयारी करने लगता और लड़के स्कूल चले जाते, महामाया अल्यूमिनियम के प्लेट में दो रोटियाँ और अचार लाकर भूपेन्द्र सिंह की धर्म-पुस्तक के पास खिसका देती और पैर पटकती चली जाती। सगुना देवी, जो पति को नाश्ता मिलने के इन्तजार कर रही होतीं, ताँबे के लोटे में, जिसे भूपेन्द्र सिंह ने पच्चीस वर्ष पहले खरीदा था और वर्षों से जिसका उपयोग नहीं होता था, पानी लाकर उन्हें देतीं। दोपहर का खाना दो प्लेटों में रसोईघर के बाहर रखकर महामाया रसोईघर में ताला लगा देती और अपने कमरे में सो रहती। भूपेन्द्र सिंह के गले में एक रोड़ा अटक जाता और पत्नी के चेहरे की तरफ देखने का उनका साहस नहीं होता।

भूपेन्द्र सिंह अपने पोतों से भी बचने लगे थे, क्योंकि उनसे अपमानित होने का भय बना रहता था। उनकी इच्छा होती थी कि उनसे बातें करें, कभी-कभी उनकी पढ़ाई की जाँच करें और उसमें उनकी मदद करें। लेकिन वे उनसे बोलने का साहस नहीं जुटा पाते थे। एक बार उन्होंने दबी जुबान से बड़े पोते त्रिलोकी से कहा, "बेटा, यदि गणित या अँग्रेजी में मदद की जरूरत हो तो मुझसे कहना।" त्रिलोकी ने उनकी तरफ इस तरह देखा जैसे उनकी बात को समझ नहीं पा रहा हो। फिर गुर्राता हुआ बोला, "मेरी पढ़ाई से आपको मतलब? आप अपना काम

कीजिए और दूसरे के काम में नाक घुड़ेसना बन्द कीजिए।" इसके बाद वह कुछ बुदबुदाता हुआ वहाँ से चला गया। उस दिन के बाद से भूपेन्द्र सिंह ने उससे या छोटे पोते समरेश से कुछ कहना छोड़ दिया। उन्होंने सोचा—'यह अवश्य ही बहू के रुख के कारण है। औरतें ऐसी ही होती हैं। वे अकारण झगड़ा मोल लेती हैं और दुश्मनी कर उसे गाँठ में बाँध लेती हैं। लेकिन मेरा बेटा महेन्द्र ऐसा नहीं है। वह मेरी और अपनी माँ की इज्जत करता है और यदि उसे अपने बेटों के अपमानजनक व्यवहार का पता चले तो वह अवश्य ही उन्हें दंडित करेगा। लेकिन उससे किसी तरह की शिकायत करना मेरे लिए उचित नहीं होगा। इस तरह की शिकायत से मेरी मर्यादा को ठेस पहुँचेगी।'

भूपेन्द्र सिंह ने सगुना देवी से यह पूछना छोड़ दिया था कि उन्हें खाना या नाश्ता मिलता है या नहीं, इस डर से कि कहीं उनका अनुमान सही न हो। दिन में वे अपनी पत्नी के कमरे में, जिसमें उनके अपने सामान भी थे, दस-बीस मिनटों के लिए ही जाते थे और रात में वे जब सोने जाते, तो वे अपनी चौकी पर बिना कुछ बोले, दुबके हुए, लेट रहते। सगुना देवी भी चुपचाप अपनी चौकी पर लेटी रहतीं और पति की शान्ति में बाधा डालने से बचतीं। पति की सेवानिवृत्ति के पहले की उनकी सारी वाचालता नष्ट हो गई थी और वे सारे काम गुमसुम रहकर यन्त्रचालित की तरह करती थीं। पति के कुछ पूछने पर ही वे बोलतीं और हर प्रश्न का उत्तर संक्षिप्त देतीं कि लगता, घर के कामों में उनकी दिलचस्पी समाप्त हो गई है और बातें करने के लिए उनके पास कोई विषय नहीं है। एक वर्ष के अन्दर ही वे दस साल से अधिक बूढ़ी हो गई थीं और उनके कपड़े घर की दाई के कपड़ों से अच्छे नहीं रहे थे। भूपेन्द्र सिंह को उनसे यह पूछने का साहस नहीं होता था कि वे दुबली क्यों होती जा रही हैं या कि उनके कपड़े गन्दे क्यों हैं, क्योंकि इससे उलझन के बढ़ने की सम्भावना थी और उनमें इतनी क्षमता नहीं रह गई थी कि वे इसका सामना कर सकें।

उन्होंने अपने मन में यह भ्रम पाल रखा था कि उनकी या उनकी पत्नी की जो दुर्दशा हो रही थी, उसमें उनके पुत्र महेन्द्र की कोई भूमिका नहीं थी। जो हो रहा था वह किसी गलतफहमी के कारण था और समय सुधरते ही सब ठीक हो जाएगा। इस कारण उन्होंने अपनी आँखों और अपनी सामान्य बुद्धि पर विश्वास नहीं किया और जो बिलकुल स्पष्ट था, उसे भी समझने से इनकार कर दिया।

एक दिन सुबह में, जब भूपेन्द्र सिंह बैठक में अपनी चौकी पर अपनी धर्म-पुस्तकों के पारायण में संलग्न थे, महेन्द्र ने आँखें लाल कर उनसे कहा, "पापा, क्या रिटायर होने के साथ ही आपकी अक्ल कहीं घूमने चली गई? सुबह में मेरे मुवक्किल लोगों के आने का समय होता है और आप सामने अपनी पोथी

लेकर बैठे रहते हैं। मुवक्किल लोग क्या सोचते होंगे भला? यदि आपको अपना खयाल नहीं है तो कम से कम मेरा खयाल कीजिए। भेस से ही भीख मिलती है। यदि मुवक्किल लोगों ने आना छोड़ दिया तो पूरा परिवार भूखों मर जाएगा। आपने तीस-पैंतीस साल तक नौकरी की और सारी कमाई को न जाने कहाँ उड़ा दिया। कम से कम मुझे इज्जत से अपना काम करने का मौका दीजिए। यदि आप परिवार में सबको भूखे मारना चाहते हैं तो शान से इस चौकी पर जमे रहिए और अपना पोथा उलटते रहिए। लेकिन मैं इतना जरूर कहूँगा कि जिसकी अक्ल और शर्म दोनों चली जाए, वह आदमी कहलाने लायक नहीं रह जाता।''

भूपेन्द्र सिंह महीनों से इस व्यवहार की अपेक्षा कर रहे थे, लेकिन उनका मन भ्रमवश द्विविधा में था और उन्होंने भविष्य के बारे में सोचने से इनकार कर दिया था। लेकिन जब महेन्द्र ने उन्हें झिड़की लगाई तो उनका हठपूर्वक पोषित भ्रम दूर हो गया। उन्होंने अपनी धर्म-पुस्तकों को ले जाकर पत्नी के कमरे में रखा, स्कूल से विदाई के समारोह में मिले कुर्ते को पहना और जाकर रेलवे स्टेशन के समीप स्थित महावीर मन्दिर के प्रांगण में बैठ गए, जहाँ धार्मिक प्रवचन हो रहा था। लेकिन उनका मन प्रवचन में नहीं था। वह किसी ऐसी जगह की तलाश में था जहाँ अपमान से बचकर जीया जा सके। लेकिन उनका मन कहीं टिकता नहीं था। वह चारों तरफ से घूमकर घर-परिवार के बीच आ जाता था और फिर दूसरे क्षण ही प्रताड़ित बच्चे की तरह वहाँ से दूर जाने की कोशिश करता था।

भूपेन्द्र सिंह ने सोचा—'कहीं कोई गलतफहमी अवश्य हुई है। किस परिवार में तू-तू, मैं-मैं नहीं होता? बुद्धिमान आदमी को चाहिए कि वह परिस्थितियों को अपने वश में करे, उनका दास न बने।' लेकिन दूसरे ही क्षण पुत्र, पुत्रवधू और पोतों द्वारा किए जानेवाले अपमान का स्मरण कर उनकी पूरी देह में सिहरन हो गई। उन्होंने अपने मन को प्रवचन में बाँधने की कोशिश की, लेकिन वह अधिकाधिक अशान्त होता गया और उनकी आँखों से आँसुओं की धारा बह निकली। अन्य दिनों में राम-कथा के भाव-प्रवण अंश इतना प्रभावित करते थे कि उनकी आँखों से आँसू बहने लगते थे, लेकिन वे आँसू आह्लाद की अभिव्यक्ति थे और उन्हें अपमान और कष्ट की जिन्दगी से ऊपर उठाते थे। लेकिन आज जो आँसू बह रहे थे, वे अपमान और कष्ट के दलदल में फँसी जिन्दगी की असहायता के आँसू थे। आँसुओं के गिरने से भूपेन्द्र सिंह का मन कुछ व्यवस्थित हुआ और उनके मस्तिष्क में एक निश्चय का अस्पष्ट रूप उभरा। वे उठे और किंचित् अस्थिर कदमों से घर के लिए रवाना हो गए।

दो बज गए थे। उन्होंने नाश्ता भी नहीं किया था और वे जानते थे कि पत्नी ने कुछ खाया नहीं होगा—सगुना देवी उनके खाने के बाद ही अन्न ग्रहण करती

थीं। सगुना देवी ने, जो उनकी प्रतीक्षा में खड़ी थीं, दरवाजा खोला और आँखों में एक प्रश्न लिए एक क्षण के लिए उनके चेहरे पर दृष्टिपात किया और वहाँ अपने प्रश्न का उत्तर पाकर दरवाजे की बगल में खड़ी हो गईं। भूपेन्द्र सिंह सिर झुकाए पत्नी के कमरे में जाकर चौकी पर बैठ गए। सगुना देवी भी उनके पीछे-पीछे गईं।

एक क्षण बाद भूपेन्द्र ने पूछा, "खाना खा लिया?"

सगुना देवी ने जवाब दिया, "हाँ। आपने नाश्ता कर लिया?"

भूपेन्द्र सिंह ने पत्नी के प्रश्न का उत्तर देने के बदले पूछा, "क्या मेरे लिए खाना बना है?"

सगुना देवी ने उत्तर दिया, "मुझे पता नहीं। रसोईघर की चाभी बहू के पास है।"

"बहू कहाँ है?"

"अपने कमरे में सोई है।"

भूपेन्द्र सिंह एक क्षण के लिए चुप रहे, फिर पूछा, "तुमने क्या खाया?"

"थप्पड़।"

"क्यों?"

सगुना देवी रोने लगीं। बोलीं, "बहू ने मुझे थप्पड़ मारा।"

"क्या?"

"मैं बहू से रसोईघर की चाभी माँगने गई थी ताकि आपके लिए खाना ठीक कर दूँ। बहू ने मुझे भिखारिनी कहा और थप्पड़ मारकर कमरे से बाहर कर दिया।"

भूपेन्द्र सिंह एकटक पत्नी को देख रहे थे, लेकिन उनकी दृष्टि कहीं दूर थी। दस-बारह मिनटों तक चुप रहने के बाद उन्होंने पूछा, "दुलहिन, क्या तुम्हारे पास कुछ पैसे हैं?"

सगुना देवी बोली, "हाँ, हैं।" उन्होंने पचास रुपए का एक नोट लाकर पति की तरफ बढ़ा दिया।

भूपेन्द्र सिंह ने नोट लेकर उठते हुए कहा, "दुलहिन, मुझे लगता है कि हमारे लिए इस घर को छोड़ने का समय आ गया है।"

सगुना देवी बोलीं, "मुझे भी यही लगता है।"

भूपेन्द्र सिंह ने कहा, "मैं थोड़ी देर में लौटकर आता हूँ। तुम तैयार रहना।"

सगुना देवी बोलीं, "मैं तैयार रहूँगी।"

भूपेन्द्र सिंह बाहर चले गए तो सगुना देवी ने सन्दूक से निकालकर शादी के समय की सिल्क की साड़ी पहनी, केश में कंघी की और सिन्दूर लगाया। भूपेन्द्र सिंह आधे घंटे के अन्दर ही लौट आए। उनके हाथ में फसल में लगे कीड़ों को

मारने के जहर से भरी दो शीशियाँ थीं। उन्होंने कागज के एक पन्ने पर लिखा–'हम अपनी मर्जी से घर छोड़ रहे हैं।' और पन्ने को मोड़कर अपने तकिए के नीचे रख दिया। वे जहर की एक शीशी पत्नी को देते हुए बोले, "दुलहिन, तैयार हो न? बहुत दूर जाना है।"

सगुना देवी ने जहर की शीशी ली, पति का हाथ चूमा और कहा, "मैं तैयार हूँ, देर करना ठीक नहीं।"

पति-पत्नी ने कमरे की दोनों चौकियों को एक स्थान पर किया और शीशियों का पूरा जहर पीकर अपनी-अपनी चौकी पर लेट रहे।

राह का काँटा

पूरे एक साल के बाद श्रवण कुमार कुसुमपुर में अपने घर लौटा। सैंतीस वर्ष की उम्र में उसके आधे केश सफेद हो गए थे, आँखें धँस गई थीं और पूरी काया सिकुड़कर अधिक नाटी हो गई थी। वह मुम्बई में एक प्राइवेट फैक्टरी में इंजीनियर था, लेकिन देखने में एक साधारण मजदूर से अधिक बेचारा लगता था। उसने दरवाजे के पास अपना सूटकेस जमीन पर रखा और अपने पिता गदाधर प्रसाद के, जो उसके स्वागत के लिए वहाँ आ गए थे, दोनों पैर बारी-बारी से छुए। गदाधर प्रसाद ने सूखी हँसी हँसकर कहा, "आ गए? बड़ी देर लगाई? क्या गाड़ी लेट थी?"

श्रवण कुमार ने जवाब दिया, "हाँ, कुछ लेट थी। आजकल गाड़ियाँ समय पर कहाँ चलती हैं?"

तब तक श्रवण कुमार की माँ और भाई-बहन दरवाजे के पास आकर खड़े हो गए थे। सबके कपड़े पुराने और गन्दे थे और चेहरों पर हवाइयाँ उड़ रही थीं मानो उन्होंने कोई अपराध किया हो जिसके लिए उन्हें प्रताड़ित होने की आशंका हो। गदाधर प्रसाद का व्यवहार अपने पूरे परिवार के प्रति ऐसा रुक्ष था कि परिवार के हर सदस्य को हर क्षण डाँट या उलाहना का डर बना रहता था, जिस कारण उनमें से कोई भी, उनकी उपस्थिति में, सामान्य मानसिक स्थिति में नहीं रहता था। श्रवण कुमार ने अपनी माँ के पैर छुए और माँ ने कहा, "हुँक!" उसके चेहरे पर रोने और हँसने के बीच का कोई भाव उतर आया और वह घूँघट से आधा चेहरा ढँक एक कदम पीछे हटकर खड़ी हो गई। अब श्रवण कुमार के भाई पवन कुमार ने, जो उससे दो वर्ष छोटा था, आगे बढ़कर भाई के पैर छुए और एक तरफ खड़ा हो गया। उसके बाद उसकी तीनों बहनें—तैंतीसवर्षीया टुन्नी, इकतीसवर्षीया मुन्नी और उन्तीसवर्षीया चुन्नी—आगे बढ़ीं और बारी-बारी से उसके पैर छूकर एक तरफ खड़ी हो गईं। लेकिन उनमें से कोई बोली कुछ नहीं, क्योंकि वे जानती थीं कि ऐसे अवसरों पर बोलने का अधिकार सिर्फ गदाधर प्रसाद को है और मुँह

खोलने पर डाँट या किसी अप्रिय टिप्पणी का शिकार होना पड़ सकता है।

गदाधर प्रसाद ने कुछ ऊँची आवाज में कहा, "श्रवण कुमार जी की गाड़ी दो घंटे लेट थी, इसी कारण यहाँ पहुँचने में देर हुई, नहीं तो ये समय पर आ गए होते। यही बात है न, श्रवण कुमार जी?"

श्रवण कुमार बोला, "हाँ, बाबूजी। यही बात है।"

गदाधर प्रसाद ने कहा, "हाँ, तो सुना न आप लोगों ने? अब अन्दर चलिए। पवन कुमारजी, आप श्रवण कुमारजी का सूटकेस उठा लीजिए। देखने में भारी नहीं लगता। भारी नहीं हैं न, श्रवण कुमारजी?"

श्रवण कुमार बोला, "जी नहीं, भारी नहीं है।"

श्रवण कुमार सूटकेस स्वयं ही अन्दर ले जाता। वह आधा किलोमीटर से, जहाँ उसने रिक्शे को इस कारण छोड़ दिया था कि उसके आगे जाने का रास्ता नहीं था, सूटकेस को स्वयं ही घर तक लाया था। लेकिन वह जानता था कि यह उसके पिता की इच्छा का विरोध होता और उसके लिए न सिर्फ उसे बल्कि परिवार के अन्य सदस्यों को भी कड़वी बातें सुननी पड़तीं।

पवन कुमार ने सूटकेस उठाया और गदाधर प्रसाद के सिवा सभी घर के अन्दर चले गए। गदाधर प्रसाद ने ऊँची आवाज में कहा, "घर में दूध तो होगा नहीं, कि है? आधा किलो दूध रोज आता है लेकिन दो बजते-बजते खत्म हो जाता है। एक कप चाय बनाने के लिए भी नहीं बचता। लगता है कि घर में राक्षस का वास है। मैं जा रहा हूँ दुकान से पाउडर मिल्क लाने।"

गदाधर प्रसाद सेक्रेटेरिएट में पी.डब्लू.डी. की ऑफिस के बड़ा बाबू के पद से तीन वर्ष पहले रिटायर हुए थे और उसी साल उन्होंने यह मकान बनवाया था। जमीन का प्लॉट उन्होंने दस वर्ष पहले खरीदा था। मकान में चार छोटे-छोटे कमरे थे, और यद्यपि मकानों और खिड़कियों में चौखट और किवाड़ लग गए थे, दीवालें और फर्श खुरदरे थे। परिवार के लोग बैठक में, जहाँ दो चौकियाँ और चार कुर्सियाँ लगी थीं, चौकियों पर बैठ गए और गदाधर प्रसाद के लौटने की प्रतीक्षा करने लगे। वे जानते थे कि यदि उनके आने के पहले गैस जलाने की मूर्खता की गई तो वे तूफान खड़ा कर देंगे और श्रवण कुमार को चाय नहीं मिल पाएगी।

श्रवण कुमार की पत्नी गौतमी अपने कमरे में, जहाँ वह मुन्नी और चुन्नी के साथ सोती थी, अपने एक साल के पुत्र को गोद में लिए पति से मिलने की प्रतीक्षा कर रही थी। लेकिन जब वह दस-पन्द्रह मिनटों तक अन्दर नहीं आया और अपने भाई-बहनों से बातें करने में इस तरह तल्लीन हो गया मानो वह उसके अस्तित्व

को भूल गया हो, तो उसने बच्चे को खाट पर लिटा दिया और अपना सिर पकड़ लिया जो दर्द से फटा जा रहा था। उसकी शादी दो वर्ष पहले हुई थी और तब से वह पति के साथ मुश्किल से एक महीना तक रही थी—पन्द्रह दिन शादी के समय और उतने ही दिन बच्चे के जन्म के समय। श्रवण कुमार मुम्बइ से फोन कभी-कभी ही करता था, क्योंकि इससे गजाधर प्रसाद की डाँट पड़ने की सम्भावना रहती थी और पत्र भी कम ही लिखता था क्योंकि गदाधर प्रसाद उसे पुत्रवधू को देने के पहले पढ़ लिया करते थे। गौतमी इस घर के वातावरण से इतना त्रस्त थी कि उसे कभी-कभी लगता था कि वह पागल हो जाएगी, लेकिन वह घर के कामों और बच्चे की सेवा में लगी रहकर अपना मानसिक सन्तुलन बनाए रखती थी। उसे ईश्वर की अनुकम्पा में विश्वास था और अपना अधिक समय पूजा-पाठ में ही लगाती थी। गदाधर प्रसाद को यह नागवार लगता था, क्योंकि इसे वे समय की बर्बादी के सिवा कुछ नहीं समझते थे। लेकिन चूँकि वह गृहस्थी के कामों को कर लेने के बाद पूजा-पाठ में लगती थी, गदाधर प्रसाद को विरोध करने का कोई बहाना नहीं था।

गदाधर प्रसाद के पुत्रवधू के प्रति किंचित् सहिष्णु होने का एक अन्य कारण भी था। वह तिलक और दहेज के रूप में इतनी रकम और इतना सामान लेकर आई थी कि उस सम्बन्ध में किसी शिकायत की गुंजाइश नहीं थी। वस्तुतः रिटायर होने के बाद गदाधर प्रसाद की तकदीर में विशेष चमक आई थी। उनका मकान बन गया था, और श्रवण कुमार की, जो इंजीनियरिंग की डिग्री लेकर आठ वर्षों से बेकार बैठा था, नौकरी लग गई थी। श्रवण कुमार की नौकरी लग जाने के बाद उससे शादी के लिए अपनी पुत्री देने के उत्सुक अभ्यर्थियों का ताँता लग गया और समस्या पर हर पक्ष से विचार कर लेने के बाद गदाधर प्रसाद ने तय किया कि वे उसी लड़की को अपनी पुत्रवधू बनाएँगे जो अपने साथ सबसे अधिक तिलक और दहेज लाएगी और जो गृह-कार्यों में दक्ष होगी। भाग्य ने फिर उनका साथ दिया और उन्होंने श्रवण कुमार की शादी उसे नौकरी मिलने के दो महीनों के अन्दर कर दिया। उन्होंने तिलक में मिले सारे पैसे अपने बैंक खाते में रख लिए और दहेज का सारा सामान अपने कमरे में सजाकर रंगीन चादर से ढँक दिया—यह बड़ी बेटी टुन्नी की शादी में दहेज के लिए था। इसका न तो श्रवण कुमार ने विरोध किया और न गोमती ने ही। बेटे में पिता का विरोध करने का साहस नहीं था और वधू इन वस्तुओं को अधिक महत्त्व नहीं देती थी।

वह एक वर्ष से पति के आने की प्रतीक्षा कर रही थी और अब, जब वह आ गया था, उससे लिपट जाना चाहती थी ताकि उसके अन्दर लगी आग की

भीषणता कुछ कम हो सके। वह जानती थी कि गदाधर प्रसाद दुकान से पाउडर मिल्क का पैकेट लेकर आ जाएँगे तो पति से उसकी मुलाकात रात तक नहीं हो पाएगी। उसका दिल कहता था कि उसका पति बीमार है—यद्यपि इस सम्बन्ध में उसे कोई आधिकारिक सूचना नहीं मिली थी—और वह उसके पैर धोना चाहती थी, उसकी देह दबाना चाहती थी, उसे चाय और खाना देना चाहती थी। लेकिन वह ऐसे चक्रव्यूह में घिर गई थी जहाँ से मुक्ति पाना दुष्कर था। जब उसे लगा कि उसका पति गदाधर प्रसाद के आने तक अपनी जगह से नहीं उठेगा तो उसने बच्चे को खाट पर लिटा दिया और अपना सिर पकड़ लिया।

बच्चा, जो माँ की गोद में सोया हुआ था, अलग होते ही जोर-जोर से रो पड़ा। बच्चे के रोते ही श्रवण कुमार उठा और कमरे में चला गया। उसे सोचने का मौका नहीं मिला, अन्यथा वह अपनी जगह से कदापि नहीं उठता। उसने बच्चे को गोद में उठा लिया और उसे इस तरह चूमने लगा जैसे वह उसकी सारी व्यथा को अपने अन्दर समेट लेना चाहता हो। गोमती अचकचाकर खड़ी हुई और उसे अपनी बाँहों में समेटकर सुबकने लगी।

श्रवण कुमार दो मिनटों तक चुप रहा, फिर फीकी हँसी हँसकर बोला, "रो मत, गोमती, इस बार मैं बहुत दिनों तक तुम्हारे साथ रहूँगा। मैं इतने दिनों तक यहाँ रहूँगा कि तुम ऊब जाओगी और कहोगी, अब आप अपनी नौकरी पर मुम्बई जाइए। लेकिन मैं तुम्हारी बात नहीं सुनूँगा और तुम्हारे पास तब तक जमा रहूँगा जब तक तुम ऊबकर मुझसे अलग नहीं होना चाहोगी।"

श्रवण कुमार दुबला और कमजोर हो गया था, और उसकी बातों में एक ऐसी ध्वनि थी जिससे जीवन से उसकी निराशा साफ झलकती थी। लेकिन गोमती ने उसे लक्ष्य नहीं किया और बोली, "प्रिय, इस बार आप मुझे मुम्बई लेते चलिए। वहाँ हम सुख-दुख में साथ रहेंगे। इस घर में मेरा दम घुटता है। इसमें मैं जी नहीं पाऊँगी।"

श्रवण कुमार पहले की तरह ही फीकी हँसी हँसता हुआ बोला, "प्यारी गोमती, मैं वादा करता हूँ कि इस बार मुम्बई जाने लगूँगा तो तुम्हें साथ ले लूँगा। लेकिन इस बार यहाँ पर लम्बे समय तक रुकने का प्रोग्राम बनाकर आया हूँ।"

उसी समय गदाधर प्रसाद पाउडर मिल्क का डिब्बा लेकर आ गए। उन्होंने बैठक से, जहाँ परिवार के अन्य लोग जमा थे, आवाज लगाई, "हूँ, बेटा श्रवण कुमार, आते ही आते अन्दर चले गए? अच्छा तमाशा है! आओ, पहले चाय पी लो। पाउडर मिल्क का डिब्बा ले आया हूँ। चाय पीकर जहाँ जी में आवे, चले जाना। यदि अन्दर किसी से मिलना ही है तो उसके लिए सारा दिन पड़ा है। पड़ा है या नहीं? इस घर का गजब हाल है!"

श्रवण कुमार ने बच्चे को खाट पर लिटा दिया और तेजी से बाहर आ गया।

जब वह चौकी पर बैठ गया तो गदाधर प्रसाद ने, जो एक कुर्सी पर विराजमान हो चुके थे, दूध के पाउडर के डिब्बा अपनी छोटी बेटी चुन्नी को देते हुए कहा, ''जाओ, सबके लिए एक-एक कप चाय बनाकर लाओ। और हाँ, तुम्हारी आदत है कि चाय में ज्यादा दूध और ज्यादा चीनी डाल देती हो। कम ही डालना। आजकल तरह-तरह के रोग फैले हुए हैं, दूध और चीनी से जितना ही परहेज करो, उतना ही अच्छा।''

गदाधर प्रसाद की नेक सलाह के पक्ष या विपक्ष में कोई कुछ नहीं बोला। सभी जानते थे, कुछ बोलने से गदाधर प्रसाद का जो धारा-प्रवाह प्रवचन शुरू होगा, वह घंटे-दो घंटे चलता रहेगा और प्रवचन की अवधि तक घर के सारे काम रुक जाएँगे। चुन्नी जब चाय बनाने चली गई, तब गदाधर प्रसाद ने श्रवण कुमार की तरफ देखते हुए अपना प्रवचन जारी रखा, ''बेटा, मैंने हमेशा इस सिद्धान्त का पालन किया है कि सादा जीवन, उच्च विचार। इसी कारण घर में चार पैसे हैं और इतने बड़े परिवार का भरण-पोषण हो रहा है। समय आने पर तुम्हारे भाई-बहनों की शादी भी कर दूँगा। मैंने तुम्हारी शादी समय पर कर दी न? कर दी या नहीं? कहनेवाले न जाने क्या-क्या कहते रहे। लेकिन मैंने किसी की बात की परवाह नहीं की, और जब उचित समय आया, तभी शादी की। मैं वही तुम्हारे भाई-बहनों के साथ भी करूँगा, कहनेवाले चाहे जो कहते रहें। धर्मशास्त्र कहते हैं कि हर काम उचित समय पर होना चाहिए। इसी कारण मैं हर काम में उचित समय की प्रतीक्षा करता हूँ।''

गदाधर प्रसाद ने एक क्षण रुककर अपनी पत्नी बुलाको देवी की तरफ प्रश्नवाचक दृष्टि से देखा। बुलाको देवी ने दाँत निपोरकर पति का समर्थन किया, ''हाँ, हम लोग हर काम समय पर ही करते हैं।''

गदाधर प्रसाद ने कहना जारी रखा, ''मैंने धर्म-पुस्तकों की दो बातों को हमेशा अपने जीवन में ढालने की कोशिश की है। पहली बात तो यह कि माता-पिता ईश्वर से कम नहीं हैं और हर बात ब्रह्म-वाक्य की तरह है जिसका पालन अवश्य होना चाहिए। दूसरी बात यह कि परिवार की भलाई उसके किसी भी सदस्य की भलाई से अधिक जरूरी है। परिवार के हर सदस्य को पहले परिवार की भलाई के बारे में सोचना चाहिए, उसके बाद ही अपने बारे में सोचना चाहिए।''

दो मिनटों बाद, मानो किसी नई बात का स्मरण हो आया हो, वे बोले, ''यही कारण है कि मैंने पवन कुमार को कुसुमपुर के बाहर नौकरी खोजने की इजाजत

नहीं दी। यदि यह कोशिश करता तो इसकी दो-ढाई हजार नौकरी देवल की किसी फैक्टरी में हो जाती। लेकिन मैंने कहा, 'नहीं, दूसरा कोई काम नहीं मिलता तो लड़कों का ट्यूशन करो, हजार-डेढ़ हजार माहवार कमा लोगे। यहाँ रहोगे तो पैसा बचेगा जो परिवार के काम आएगा। कुसुमपुर से बाहर जाने पर क्या बचेगा?' बेटा पवन कुमार, क्या मैं गलत कह रहा हूँ?"

पवन कुमार ने, जो गदाधर प्रसाद के प्रश्न के लिए तैयार नहीं था, अचकचाकर कहा, "नहीं, नहीं! हूँ, हूँ।" फिर स्वीकारसूचक सिर हिलाने लगा।

गदाधर प्रसाद ने गम्भीर आवाज में कहा, "बेटा, पहले प्रश्न को समझ लिया करो, तब कुछ बोलो। यदि प्रश्न समझ में नहीं आए तो चुप रहो। पंडितों ने कालिदास से क्या कहा था?"

पवन कुमार इस बार भी पिता का आशय नहीं समझ पाया और बोला, "जी।"

गदाधर प्रसाद ने बिगड़ते हुए कहा, "जी? क्या जी? ऐं? क्या जी?"

फिर अपनी बड़ी बेटी मुन्नी की तरफ ताकते हुए वे बोले, "मेरे लड़के-लड़कियों में यही भारी कमी है। वे जल्दी किसी बात को समझते ही नहीं। इसी कारण वे माँ-बाप पर बोझ बने पड़े रहते हैं और जिन्दगी में कुछ कर नहीं पाते। जिन्दगी में कुछ कर पाने के लिए यह जरूरी है कि आदमी अपना ध्यान, बगुले की तरह, एक बिन्दु पर लगाए रहे और बगुले की तरह ध्यान लगाए रहने के लिए जरूरी है कि वह इस बात को जाने कि वह क्या चाहता है। मैंने अभी तक अपने एक ही बच्चे की शादी की, बाकी की नहीं, यद्यपि वे भी तीस के आगे-पीछे आ चुके हैं। ऐसा क्यों? ऐसा इस कारण कि मैंने अपने सामने एक बड़ा उद्देश्य रखा है। मैं चाहता हूँ कि वे चाँद और सूरज की तरह चमकें। अब बेटा श्रवण कुमार की बात ही लो। मैंने इसकी शादी पैंतीस साल की उम्र में की। क्या मुझे मालूम नहीं था कि पैंतीस साल की उम्र लड़के की शादी के लिए कुछ ज्यादा है? मुझे मालूम था लेकिन मैं चाहता था कि वह सूरज और चाँद की तरह चमके। वह नहीं चमक पाया तो मैं क्या करूँ? इसे पाँच हजार रुपए हर महीने तनख्वाह में मिलते हैं। यह अपनी आधी तनख्वाह अपने ऊपर ही खर्च कर दे तो मैं क्या करूँ?"

गदाधर प्रसाद ने शिकायत-भरी नजर से श्रवण कुमार की तरफ देखा। श्रवण कुमार पर घड़ों पानी पड़ गया। उसने अपराधी की तरह सिर झुका लिया और दूसरी तरफ देखने लगा।

इसी समय चुन्नी भात बनाने के तसले में चाय ले आई। उसी क्षण मुन्नी उठी और शीशे के सात गिलास और एक हाथ लम्बा और उतना ही चौड़ा कपड़े का मटमैला टुकड़ा ले आई। उसने बारी-बारी से सातों गिलासों पर कपड़े का

मटमैला टुकड़ा रखा और तसले की चाय को छानकर सबको दिया। गदाधर प्रसाद ने अपने गिलास की चाय को दो बार फूँका, फिर सन्तोषसूचक 'आह!' की आवाज कर चुस्की लेने लगे। उनके बाद अन्य लोगों ने भी अपनी-अपनी चाय पीनी शुरू की।

गोमती दिनभर पति का इन्तजार करती रही, लेकिन वह उससे मिलने दुबारा कमरे में नहीं गया। गदाधर प्रसाद परिवार के हर सदस्य की गतिविधि पर इस तरह नियन्त्रण रखते थे कि उनकी इच्छा के विरुद्ध पत्ता भी नहीं हिलता था। श्रवण कुमार बाहर बरामदे में गदाधर प्रसाद के साथ बैठा हुआ उनके प्रश्नों के उत्तर उसी प्रकार देता रहा जिस प्रकार कोई साधारण अपराधी थानेदार के प्रश्नों के उत्तर देता है। वह पिछले बारह महीनों से प्रतिमाह ढाई हजार का ही मनीऑर्डर उनके पास भेजता रहा था, जबकि उसकी तनख्वाह पाँच हजार रुपए प्रतिमाह थी, और चूँकि इसका सही कारण बताने का साहस उसके अन्दर नहीं था, वह तरह-तरह की उलटी-सीधी बातें बना रहा था। गदाधर प्रसाद असामान्य तर्कशक्ति से सम्पन्न व्यक्ति थे और उन्हें सन्तुष्ट करना आसान नहीं था। उनके प्रश्नों का प्रहार भीषण से भीषणतर होता जा रहा था और श्रवण कुमार इन प्रहारों से त्रस्त अपने उत्तरों में अधिकाधिक दिग्भ्रमित और अस्पष्ट होता जा रहा था।

उसे यथेष्ट रूप से अपमानित करने के बाद गदाधर प्रसाद बोले, "बेटा, अब मैं तुमको क्या कहूँ? अब तुम बच्चे नहीं रहे, बल्कि एक बच्चे के बाप हो। तुम्हारी उम्र भी सैंतीस साल हो गई, जो कम नहीं है। मैं सिर्फ इतना कहूँगा कि परिवार के प्रति अपनी जिम्मेवारी समझो और उसी के मुताबिक काम करो। मेरी जितनी समझ है, उतना मैंने समझाया। आगे तुम जानो, तुम्हारा काम जाने।"

गदाधर प्रसाद प्रतिदिन अपनी किसी सन्तान के हित के लिए एक लम्बा भाषण देते थे और इस परिश्रम के तुरन्त बाद अपने मकान से एक फर्लांग की दूरी पर स्थित मिठाई की दुकान में जाकर चार रसगुल्ले खाते थे। यह उनके स्वास्थ्य के लिए आवश्यक था, क्योंकि एक सेवानिवृत्त व्यक्ति के लिए कठिन परिश्रम के अनन्तर पोषक आहार एक ऐसी अनिवार्यता थी जिसके विरोध में कुछ कहने की हिम्मत किसी में नहीं थी।

श्रवण कुमार का ध्यान उस कमरे की तरफ लगा था जिसमें उसकी पत्नी और बच्चा थे, लेकिन वहाँ जाने का साहस उसके अन्दर नहीं था। उसकी माँ और बहनें उसकी मानसिक स्थिति को समझ रही थीं, लेकिन गदाधर प्रसाद की इच्छा के विरुद्ध कुछ कहने या करने का साहस किसी में नहीं था। रात में, जब परिवार

के अन्य सदस्य खाना खाकर विश्राम करने लगे, वह उठा और पत्नी के कमरे में गया। इस बीच उसने निश्चय कर लिया था कि वह पत्नी से सच्चाई नहीं छिपाएगा। परिवार के अन्य सदस्यों को वह कुछ नहीं बताएगा—उसे विश्वास हो गया था कि उन्हें सिर्फ उसके पैसे से प्रेम है, उसके हित या उसकी पत्नी और बच्चे के हित से उन्हें कोई मतलब नहीं है। उसके जाने के बाद उसकी पत्नी और बच्चे को ही सब झेलना पड़ेगा और यह स्थिति शीघ्र आनेवाली है। इस स्थिति के लिए पत्नी को मानसिक रूप से तैयार करना आवश्यक है।

उसे दो वर्ष पहले मुम्बई में टेरेलिन के कपड़े बनानेवाली एक फैक्टरी में चार हजार रुपए प्रतिमाह की नौकरी मिली थी। उसने अपना भाग्य सराहा था और अविलम्ब जाकर ज्वाइन कर लिया था। उसे रहने के लिए फैक्टरीवालों ने फैक्टरी के अहाते में ही एक कमरा दे दिया था और ओवरटाइम के नाम पर एक हजार रुपए दिया जाने लगा, जिस कारण उसकी नौकरी आठ घंटे प्रतिदिन के स्थान पर बारह घंटे प्रतिदिन की हो गई थी। इसे उसने अपना सौभाग्य समझा और पूरी लगन से काम में लग गया। वह प्रतिमाह चार हजार रुपए गदाधर प्रसाद के पास भेजता, और एक हजार में अपना काम चलाता। वह मिट्टी के तेल का स्टोव ले आया, जिस पर कमरे में ही खाना बना लेता और चूँकि दोनों समय खाना बनाने में झंझट था, इस कारण दोनों जून का खाना एक ही बार बना लेता। उसके लिए आराम करने और सोने का पर्याप्त समय नहीं था, इस कारण देह थकान से टूटती रहती, लेकिन वह अपनी ड्यूटी से कभी नागा नहीं होता, क्योंकि उसके मन में भय का रोग समा गया था और वह फैक्टरी के मालिकों से भी उतना ही डरता था जितना गदाधर प्रसाद से।

शादी के समय वह पन्द्रह दिनों तक घर पर रहा था। उसी समय उसकी पत्नी गर्भवती हो गई थी। जब बच्चे का जन्म हुआ, वह घर आया और परिवार के साथ फिर पन्द्रह दिनों तक रहा। इस बार जब वह मुम्बई लौटा, उसके मन में पत्नी और बच्चे की चिन्ता लग गई थी। वह गदाधर प्रसाद के पास प्रतिमाह चार हजार के बदले ढाई हजार भेजने लगा और शेष तनख्वाह में से अधिक से अधिक पैसे पत्नी और बच्चे के लिए बचाने लगा। छह महीने बीतते-बीतते उसकी छाती में दर्द रहने लगा, लेकिन उसने इस पर ध्यान नहीं दिया, और अपनी सारी शक्ति से ड्यूटी करता रहा ताकि फैक्टरी के मालिकों को उसके काम से कोई शिकायत न हो। कुछ महीनों के बाद, जब उसे बुखार आने लगा, उसने जाँच कराई। तब उसे पता चला कि उसे फेफड़े का कैंसर है। इसकी सूचना उसने फैक्टरी के मालिकों को नहीं की, क्योंकि उसे नौकरी से हाथ धोने का डर था। दो महीने बाद उसका रोग इतना गम्भीर हो गया कि उसके लिए फैक्टरी में काम पर जाना कठिन

हो गया और वह अक्सर ही अनुपस्थित रहने लगा। तब फैक्टरी के मालिकों ने स्वयं ही उसकी डॉक्टरी जाँच कराई और तब उन्हें इस रोग का पता चला। डॉक्टरों ने उन्हें यह भी बताया कि वह दो महीनों से अधिक जीवित नहीं रह सकता। फैक्टरी के मालिकों ने उसे तीन महीनों ही अग्रिम तनख्वाह दी और उसे नौकरी से बर्खास्त कर दिया।

श्रवण कुमार यह निश्चय करके पत्नी के पास गया कि उसे वह सबकुछ बता देगा ताकि वह स्वयं को भविष्य के लिए मानसिक रूप से तैयार कर सके। लेकिन उसका कंठ अवरुद्ध हो गया और वह उसे कुछ भी बता नहीं पाया। उसने उसके गाल को हलके से चूमा और बच्चे को उसकी गोद से लेकर खाट पर बैठ गया। बच्चा स्वयं को अपरिचित की गोद में पाकर जोर से रो पड़ा।

गोमती ने कहा, "लाइए, मुझे दीजिए। अभी आपको नहीं पहचानता है। दो-चार दिनों में पहचान जाएगा तो नहीं रोएगा।"

श्रवण कुमार ने बच्चे को गोमती की गोद में दे दिया और पूछा, "कैसी हो, गोमती?"

"मजे में थी लेकिन आपको क्या हो गया था? क्या आप बीमार थे?"

उसने उसके ललाट पर हाथ रखा और चिन्तातुर आवाज में बोली, "आपको तो बुखार है! कब से बीमार हैं आप?"

श्रवण कुमार ने कहा, "रास्ते की थकान से बुखार आ गया होगा।" उसने अपने सूटकेस में से दवा की टिकिया निकाली और बोला, "एक गिलास पानी लेती आओ। दवा खा लूँ। सब ठीक हो जाएगा।"

जब गोमती पानी लाने बाहर गई तो उसने सूटकेस से कागज में बँधा एक पैकेट निकाला और उसे अपने सामने रखकर एक मिनट तक कुछ सोचता रहा। यह उन रुपयों का बंडल था जो उसने बच्चे के जन्म के बाद उसके लिए और उसकी माँ के लिए बचाया था। उसने पैकेट से कुछ नोट निकाले और उन्हें सूटकेस में रखा, फिर पैकेट को बिछावन के नीचे सिरहाने में रख बिछावन की चादर ठीक कर दी।

पत्नी जब पानी लाई तो उसने टिकिया खाई और बोला, "अब सब ठीक हो जाएगा।" फिर कुछ गम्भीरता के साथ उसने कहा, "गोमती, तुम यहाँ, मेरे पास बैठो। तुमसे कुछ सलाह लेनी है।"

जब वह बैठ गई तब वह बोला, "बात यह है, गोमती कि मुम्बई में मेरा मन तुम्हारे बिना नहीं लगता। इस कारण मैंने तय किया है कि वहाँ की नौकरी

छोड़ दूँगा और कुसुमपुर में ही कोई काम खोजूँगा।"

गोमती यह सुनकर घबड़ा गई। उसने कहा, "आप यह क्या कह रहे हैं? क्या आप इस घर में काम के बिना रह पाएँगे? क्या आपके पापाजी आपको और मुझे जिन्दा छोड़ेंगे?"

श्रवण कुमार बोला, "गोमती, हमें किसी से डरने की जरूरत नहीं। हमारा कोई कुछ बिगाड़ नहीं सकता।" फिर उत्तेजना पर विजय प्राप्त करने की कोशिश करता हुआ, नोटों के बंडल को सिरहाने से निकाल पत्नी की तरफ बढ़ाकर बोला, "गोमती, ये कुछ पैसे हैं। मैंने एक साल से तुम्हारे और बच्चे के लिए बचाए हैं। रख लो, तुम्हारे काम आएँगे।"

गोमती ने पूछा, "यदि पैसे आपके पास ही रहें तो क्या हर्ज है?"

श्रवण कुमार ने खोखली हँसी हँसकर कहा, "गोमती, मर्दों का क्या भरोसा! पैसे तुम्हारे पास अधिक अच्छी तरह रहेंगे।"

श्रवण कुमार की हँसी के पीछे ऐसी ध्वनि थी कि गोमती का मन आशंका से भर उठा। लेकिन आगे बिना कुछ बोले उसने नोटों का पैकेट लेकर उसे अपने सन्दूक में रख दिया।

श्रवण कुमार शान्ति से बिछावन पर लेट गया, मानो उसके मन से एक बहुत बड़ा बोझ उतर गया हो। गोमती ने बच्चे को, जो सो गया था, उसकी बगल में लिटा दिया और पैताने बैठकर उसके पैर दबाने लगी।

गोमती कुछ मिनटों तक प्रतीक्षा करती रही कि उसका पति कुछ बोलेगा, लेकिन जब वह चुप रहा तो उसने कहा, "प्रिय, आपकी देह अभी गर्म है। क्या तकलीफ है आपको? कल किसी अच्छे डॉक्टर से दिखा लीजिएगा।"

श्रवण कुमार जब चुप रहा, तो उसने उसके सिर पर, फिर कपोलों पर हाथ फेरा। उसका चेहरा आँसुओं से भीगा हुआ था। उसने घबड़ाकर बत्ती जलाई तो देखा कि वह रो रहा है। उसने पूछा, "यह क्या, प्रिय? आप रो क्यों रहे हैं? आप सूखकर काँटा हो गए हैं। क्या आप बीमार थे? आपने किसी अच्छे डॉक्टर से दिखाया क्यों नहीं?"

श्रवण कुमार ने कृत्रिम हँसी हँसकर कहा, "मुझे कुछ नहीं हुआ, पगली। रास्ते की थकावट से हलका बुखार हो गया है। तुम्हें अपने पास पाकर आँखों में खुशी के आँसू आ गए।" फिर एक क्षण रुककर बोला, "एक कष्ट करो। एक गिलास और पानी ला दो। मैं एक बार फिर दवा खा लेता हूँ। मेरी सारी तकलीफ दूर हो जाएगी।"

गोमती पानी लाने के लिए गई। श्रवण कुमार ने अपने सूटकेस के एक कोने में रखी एक शीशी निकाली और उसमें से एक दर्जन से अधिक गोलियाँ अपने

हाथ में रख लीं। ये नींद की गोलियाँ थीं जिन्हें पिछले कई महीनों से वह हर रात खाता रहा था और जो एक बार छह से अधिक खाने पर जान ले सकती थीं। जब गोमती पानी लेकर आई तो उसने सारी गोलियों को एक साथ खा लिया।

सवेरे श्रवण कुमार अपने बिछावन पर मृत पाया गया। गदाधर प्रसाद को जगाकर खबर दी गई। उन्होंने कहा, "वह नालायक था। वह बेईमान था। मैंने उसे पढ़ाया-लिखाया, उसकी शादी कराई, उसकी नौकरी लगाई। मैंने उसके लिए क्या नहीं किया? मैं सोचता था कि वह पैसे कमाकर अपनी बहनों की शादी के लिए देगा, लेकिन उसने फिर धोखा दिया। अब उनकी शादी कैसे होगी—ऐं?"

गदाधर प्रसाद ने आँखें तरेरकर अपनी पुत्रियों की तरफ देखा जो उनके कमरे के दरवाजे के पास सिमटी खड़ी थीं। वे जानती थीं कि श्रवण कुमार की मृत्यु की सूचना पाकर गदाधर प्रसाद की क्या प्रतिक्रिया होगी। लेकिन वे वहाँ इस तरह खड़ी थीं जिस तरह अजगर की दृष्टि से आबद्ध शावक होता है। गदाधर प्रसाद की पत्नी का चेहरा मुरझाया हुआ था, लेकिन वह पति की बात की स्वीकृति में लगातार सिर हिला रही थी। पवन कुमार दरवाजे के बाहर सिमटा खड़ा गदाधर प्रसाद के आदेश की प्रतीक्षा कर रहा था। गोमती वहाँ नहीं थी, वह अपने कमरे में पति की लाश के पास खड़ी जार-बेजार रो रही थी।

गदाधर प्रसाद को कुछ स्मरण हो आया। उन्हें विश्वास था कि पवन कुमार कमरे के बाहर दुबका खड़ा होगा। उन्होंने ऊँची आवाज में कहा, "अबे ओ कमासुत, उसके कमरे में जाकर उसका सूटकेस उठा ला। देखूँ कि कुछ बचाया है या सारी कमाई सफाचट कर गया!"

पवन कुमार ने श्रवण कुमार का सूटकेस लाकर गदाधर प्रसाद के सामने रख दिया। सूटकेस में चार कमीजें थीं, इतने ही पैण्ट और ऐसे ही रोज-रोज की जिन्दगी में काम आनेवाले कुछ कपड़े थे। गदाधर प्रसाद क्रोध और निराशा से बुदबुदाते हुए उन कपड़ों को कमरे में इधर-उधर फेंकते गए। अब उनकी दृष्टि अखबार के टुकड़े से लिपटे उस पैकेट पर पड़ी जिसमें श्रवण कुमार ने कुछ पैसे रख छोड़े थे। गदाधर प्रसाद के मुँह से प्रसन्नता की आवाज निकली, "मिल गया!" उन्होंने तत्क्षण पैकेट को खोलकर नोटों को गिना। सौ-सौ रुपए के दस नोट थे। गदाधर प्रसाद ने एक बार फिर निराशा और क्षोभ से अपनी पुत्रियों की तरफ देखा, फिर अपनी भावनाओं पर नियन्त्रण करते हुए अपने आप से बोले, "नालायक अपने अन्तिम संस्कार के लिए कुछ पैसे छोड़ गया। यह अच्छा किया, नहीं तो मुझे अपने पास से पैसे लगाने पड़ते।" फिर अपनी पत्नी से गरजकर

बोले, "टुकुर-टुकुर मुँह क्या देखती है? जाओ, मेरे लिए चाय भेजो और कुछ नाश्ता बनाओ।"

उन्होंने पवन कुमार को सौ रुपए का एक नोट देकर कहा, "जाओ और जितनी जल्दी हो, कफन के लिए कपड़ा और ठठरी ले आओ। घनश्याम अस्पताल से मुर्दा गाड़ी भी तय करते आना। सरकारी अस्पताल है, वहाँ कम पैसे लगते हैं। बिजली के दाह-गृह में सस्ता पड़ेगा। लकड़ी आजकल बहुत महँगी हो गई है। जल्दी करो।"

पुरस्कार

रामेश्वर दयाल न सिर्फ एक बड़े जमींदार थे, बल्कि सैकड़ों एकड़ जमीन के मालिक थे और उनकी स्वामी-भक्ति से खुश होकर सुदेश के विदेशी शासकों ने उन्हें राय बहादुर की उपाधि दी थी। उनके सुपुत्र परमेश्वर दयाल को राय बहादुर की उपाधि तो नहीं मिली, लेकिन जमींदारी और जमीन अवश्य मिली। वे पैसे का मोल अपने पिता से अधिक जानते थे और जब जमींदारी चली गई और एक निश्चित सीमा से अधिक जमीन रखने का निषेध हो गया तो उन्होंने जमींदारी के एवज में मिले पैसों से और सरकार से कुछ ऋण लेकर देवल के पास विकसित होनेवाले औद्योगिक नगर विश्वकर्मापुर में दवा की एक फैक्टरी खोल दी। उन्होंने देवल में उचित सम्पर्क बना लिए और फैक्टरी की दवाओं के लिए प्रभावशाली वितरक कम्पनियों का सहयोग प्राप्त कर लिया।

परमेश्वर दयाल की एक ही सन्तान थी—गदाधर प्रसाद—उनका पुत्र धर्मेश्वर दयाल। वह सारी सम्पत्ति का उत्तराधिकारी था, लेकिन वे उसके प्रति निराश हो चुके थे। धर्मेश्वर दयाल को लड़कपन से ही पीने की आदत पड़ गई थी और अब जब वह तीस वर्ष का था, यह आदत इतनी बढ़ गई थी कि वह अधिक समय तक नशे में ही रहता था। लेकिन परमेश्वर दयाल ने पुत्र के सम्बन्ध में जो सपने देखे थे वे पुत्रवधू ने पूरे किए। पुत्रवधू सुशिक्षित ही नहीं थी बल्कि इतनी व्यवहार-कुशल थी कि उसने फैक्टरी के सारे कामों को इस तरह सँभाल लिया था मानो उसने इसकी ट्रेनिंग ली हो। धर्मेश्वर की शादी के दो वर्ष बाद ही परमेश्वर दयाल ने अपनी कम्पनी 'दयाल मेडिसिन्स' में धर्मेश्वर का ओहदा बढ़ाकर उसे उपाध्यक्ष बना दिया—वे स्वयं कम्पनी के अध्यक्ष थे—और मैनेजर के पद पर धर्मेश्वर की जगह पुत्रवधू कुसुम दयाल की नियुक्ति कर दी।

कुसुम दयाल जब 'दयाल मेडिसिन्ज' की मैनेजर बनी, वह अट्ठाइस वर्ष की थी, लेकिन अपनी उम्र से कम की दिखती थी और उसे इस तरह का अनुभव बिलकुल नहीं था जिस तरह के अनुभव की जरूरत उसे एक ऐसी कम्पनी को

चलाने के लिए थी जो नई थी, जिसमें पचास करोड़ से ऊपर की पूँजी लगी थी और जो उत्पादन के साथ-साथ वितरण के काम से भी जुड़ी थी। लेकिन उसमें अदम्य साहस था, अथक कार्यक्षमता थी और लोगों को समझने और सँभालने की असाधारण योग्यता थी। दो वर्ष बीतते-बीतते कम्पनी, जो किंचित् अस्वस्थ हो गई थी और प्रतिद्वन्द्वी कम्पनियों से प्रतिस्पर्द्धा में पिछड़ने लगी थी, न केवल पूरी तरह स्वस्थ हो गई, बल्कि सफलता की दौड़ में अनेक कम्पनियों से आगे निकल गई।

कुसुम दयाल की व्यावसायिक सफलता में कम्पनी के सहायक मैनेजर सुधाकर सहाय का बहुत बड़ा योगदान था। सुधाकर धर्मेश्वर दयाल की उम्र का एक सुन्दर युवक था जो अपने काम में अत्यन्त कुशल था और जिसकी कम्पनी में अटूट स्वामी-भक्ति थी। वह कम्पनी के एक फ्लैट में अपनी पत्नी और दो बच्चों के साथ रहता था। यद्यपि ऑफिस में उसका कमरा कुसुम दयाल के कमरे के पार्श्व में था और उसका ओहदा कुसुम दयाल के ठीक नीचे होने के कारण कुसुम दयाल से उसकी मुलाकात हमेशा होती थी, लेकिन दो वर्षों के बाद भी कुसुम दयाल ने उससे उसके पारिवारिक जीवन की चर्चा कभी नहीं सुनी। वस्तुतः सुधाकर उससे व्यक्तिगत बातों के सम्बन्ध में चर्चा कभी नहीं करता था और उससे इस तरह पेश आता था मानो वह कम्पनी-रूपी मशीन का एक साधारण पुर्जा हो। लेकिन कुसुम दयाल ने अपने अप्रत्यक्ष प्रश्नों और ऑफिस के अन्य मातहतों से उसके पारिवारिक जीवन के सम्बन्ध में पूरी जानकारी प्राप्त कर ली थी और अनजाने ही उसके प्रति आकर्षण का भाव जाग्रत हो चुका था। एकान्त क्षणों में सुधाकर के बारे में सोचते ही उसके लहू का प्रवाह तेज हो जाता था।

एक दिन जब सुधाकर एक फाइल पर उसके हस्ताक्षर कराकर जाने लगा तो उसने कहा, "सुधाकरजी, आपकी कार्यकुशलता से खुश होकर कम्पनी ने आपकी तनख्वाह में पाँच सौ रुपए प्रतिमाह की बढ़ोत्तरी कर दी, लेकिन आपने कम्पनी के मैनेजर को एक कप चाय भी नहीं पिलाई। क्या यह कन्जूसी ठीक है?"

सुधाकर ने जवाब दिया, "मैडम, आपका जब आदेश हो, मैं उसके लिए तैयार हूँ। मैंने आपको चाय पिलाने का प्रस्ताव इस डर से नहीं किया कि आप उसे अन्यथा न लें।"

कुसुम ने हँसकर कहा, "अन्यथा लेने का प्रश्न कहाँ उठता है? हम सहकर्मी हैं और यदि सहकर्मी एक-दूसरे की खुशी और गम में शामिल नहीं होंगे तो कौन होगा? आप मुझे चाय पर कब बुला रहे हैं?"

"मैडम, आप जब आदेश दें।"

कुसुम दयाल बोली, "देखिए महाशय, मैं आपसे मैडम का सम्बोधन नहीं सुनना चाहती। आप मेरे सहकर्मी हैं और मुझसे अधिक अनुभवी हैं। आप मुझे

कुसुम कहें या अधिक से अधिक कुसुमजी कहें। जहाँ तक चाय पिलाने की बात है, शुभस्य शीघ्रम्। कल रविवार है। मैं सुबह नौ बजे आपके आवास पर पहुँच जाऊँगी।''

सुधाकर की पत्नी निर्मला कम्पनी के मालिक की पुत्रवधू के आने का समाचार सुनकर फूली नहीं समाई। उसने उसके स्वागत की पूरी तैयारी की। उसने चार तरह की मिठाइयाँ मँगवाईं और अनेक व्यंजन तैयार किए। उसने फ्लैट के कोने-कोने को साफ किया, पर्दे बदले और दोनों लड़कों, सातवर्षीय मंटू और पाँचवर्षीय सन्तू, को हिदायत की कि जब तक मेमसाहब फ्लैट में रहें, वे उधम न मचावें और जब वे कुछ पूछें तो वे खड़े होकर उनके प्रश्नों के उत्तर दें, जिस तरह वे स्कूल में शिक्षक के प्रश्नों के उत्तर देते हैं।

कुसुम ठीक समय पर आ गई। सुधाकर, निर्मला, मंटू और सन्तू ने हाथ जोड़कर पूरी विनम्रता से उसका स्वागत किया और जब वह ड्राइंगरूम में सोफे पर बैठ गई तब भी वे उसके आगे हाथ बाँधे इस तरह खड़े हो गए मानो वे उसके आदेश की प्रतीक्षा कर रहे हों। कुसुम को हँसी आ गई। उसने कहा, ''मुझे लगता है कि आप लोग मुझे कोई जंगली जानवर समझते हैं जिससे बचने के लिए दूर खड़े हैं। कृपया बैठ जाइए ताकि हम बातें कर सकें।''

चारों आज्ञाकारी मातहतों की तरह कुसुम के सामने रखी कुर्सियों पर बैठ गए।

कुसुम ने बड़े लड़के से पूछा, ''तुम्हारा क्या नाम है, बेटा?''

मंटू सावधान की मुद्रा में खड़ा हो गया और बोला, ''मैडम, मेरा नाम मंटू है। मैं बाल विकास विद्यालय में दूसरे वर्ग में पढ़ता हूँ।''

कुसुम के चेहरे पर मुस्कुराहट नाच गई। उसने छोटे लड़के से पूछा, ''और तुम्हारा क्या नाम है, बेटा?''

सन्तू भी सावधान की मुद्रा में खड़ा हो गया और बोला, ''मैडम, मेरा नाम सन्तू है। मैं बाल विकास विद्यालय में पहले वर्ग में पढ़ता हूँ।''

कुसुम जोर-जोर से हँसने लगी। जब उसकी हँसी कुछ कम हुई तो उसने दोनों लड़कों को खींचकर अपनी गोद में बैठा लिया और बोली, ''देखो भाई, मेरा नाम मैडम नहीं, कुसुम है। मैं तुम्हारी मौसी हूँ। मौसी नहीं कहना चाहो तो आंटी कहो। मुझसे बातें करने के लिए खड़े होने की कोई जरूरत नहीं।''

नियम-सम्मत शिष्टाचार का बाँध टूट गया और निर्मला और उसके दोनों बच्चे बहुत जल्द कुसुम दयाल से घुल-मिल गए। कुसुम ने फ्लैट के हर कमरे को घूम-घूमकर देखा और ऐसा ही पति और ऐसे ही बच्चों के लिए उसका दिल तड़प उठा। उसे ऐसा लगा कि उसकी सारी उपलब्धियाँ बेमानी हैं और निर्मला के सामने वह एक बौनी, महत्त्वहीन औरत के अलावा कुछ भी नहीं है जो अँधेरे

में अपना रास्ता खो चुकी है। इस अँधेरे से निकलने के लिए उसे एक प्रकाश दिखाई पड़ रहा था और उस प्रकाश तक पहुँचने के लिए उसका मन अशान्त हो गया। लेकिन अपनी अशान्ति और कड़वाहट को उसने दबाए रखा और वह घंटों तक, जब तक वह सुधाकर के फ्लैट में रही, बच्चों के लिए प्यारी आंटी और निर्मला के लिए विनम्र छोटी बहन बनी रही।

उस दिन के बाद से कुसुम दयाल का सुधाकर के प्रति व्यवहार अधिक विनम्र और आत्मीय हो गया। वह उसे अपने ऑफिस में बैठाकर देर तक कम्पनी के वर्तमान और भविष्य के सम्बन्ध में परामर्श करती और उससे उसके पारिवारिक जीवन के बारे में पूछती। उसका हमेशा यह प्रयत्न रहता कि उनके बीच की वर्फ पूरी तरह पिघल जाए और वे एक दूसरे के समीप आ जाएँ। लेकिन सुधाकर शिष्टाचार की चादर को पूरी तरह उतरने नहीं देता जिस कारण लहू की गर्मी से बर्फ का स्पर्श नहीं हो पाता।

एक सप्ताह तक उसकी तरफ से सकारात्मक प्रतिक्रिया की प्रतीक्षा करने के बाद कुसुम ने एक दिन कहा, "सुधाकरजी, कम्पनी आपकी कार्य-कुशलता से बहुत प्रसन्न है और आपकी तनख्वाह में पाँच सौ रुपए की वृद्धि की अनुशंसा की गई है। मैं भी आपकी कार्यकुशलता से बहुत प्रभावित हूँ और मैं चाहती हूँ कि कल शाम आप मेरे साथ खाना खाएँ।"

सुधाकर ने जवाब दिया, "मैडम, आपकी आज्ञा शिरोधार्य है।"

कुसुम नखरे के साथ बोली, "फिर मैडम! यदि आप मुझे कुसुमजी नहीं कहेंगे तो मैं अपना निमन्त्रण वापस ले लूँगी।"

सुधाकर के चेहरे पर हँसी आ गई। उसने कहा, "आपका जो आदेश होगा, वही होगा। आपके साथ खाना खाकर मुझे बड़ी खुशी होगी।"

"तब कल शाम आठ बजे होटल चाणक्य में आइए। सुना है, उसमें खाना अच्छा मिलता है। परसों रविवार है। यदि हमने अधिक खा लिया तो रविवार को उपवास कर लेंगे।"

वह हँसने लगी। सुधाकर ने भी हँसी में उसका साथ दिया। बर्फ पिघलने लगी।

चाणक्य होटल शहर का एक नामी होटल था और उसमें हर तरह की सुविधा थी। कुसुम ने उसमें एक कमरा बुक कराया और आठ बजे से पहले ही वहाँ जाकर पार्टी के लिए पूरी तैयारी की। वह इस अवसर को खोना नहीं चाहती थी। उसने दुलहिन की तरह शृंगार किया, पारदर्शी कपड़े पहने और सभी सम्भावनाओं पर

विचार कर अवसरोचित कदम उठाने के लिए तैयार हो गई।

एक बेयरा सुधाकर को उस कमरे में पहुँचा गया। यह सोचकर सुधाकर को आश्चर्य हुआ कि खाने की व्यवस्था सोने के कमरे में क्यों की गई है, और जब उसने कुसुम दयाल का बनाव-शृंगार देखा तो उसे अधिक आश्चर्य हुआ। एक क्षण के लिए कुसुम की वास्तविक योजना उसके मन में कौंध गई, लेकिन उसे असम्भव समझ वह अपने व्यवहार में अधिक सतर्क हो गया।

कुसुम ने उसका इस तरह स्वागत किया मानो वह उसकी पुरानी प्रशंसिका हो और उसके अधीन काम करनेवाली कोई साधारण कर्मचारी हो जो उसके प्रति अनुरक्त हो। धीरे-धीरे सुधाकर की सतर्कता कम होती गई और शराब का नशा जैसे-जैसे बढ़ता गया, उसे लगने लगा कि उसके सौभाग्य ने उसे यह अवसर दिया है और उसे इसको खोना नहीं चाहिए। एक घंटा बीतते-बीतते वह कुसुम का प्रेमी बन गया और उसे बाँहों में लिए उसे ऐसा लगा कि उसने दुनिया की सबसे कीमती वस्तु प्राप्त कर ली है जिसकी तुलना में अन्य वस्तुएँ मरुभूमि की रेत से अधिक महत्त्व नहीं रखतीं।

सुधाकर के चरित्र में एक गहराई थी जिसमें डुबकी लगाकर कुसुम दयाल को नशा-सा हो गया और उसे ऐसा लगने लगा कि वह उसके बिना जीवित नहीं रह सकती। यह नशा जीवन की सबसे बड़ी उपलब्धि बन गया और उसे सुधाकर से परिचय के पहले का पूरा जीवन महत्त्वहीन लगने लगा। लेकिन नए सम्बन्ध का प्रभाव 'दयाल मेडिसिन्ज' पर लाभकारी हुआ। कुसुम दयाल में काम करने की क्षमता दुगुनी हो गई, उसमें उत्साह और सहनशीलता की कई गुना वृद्धि हुई और चेहरे पर गम्भीरता के बदले प्रसन्न मुस्कान खेलने लगी। धीरे-धीरे उसके मन में सुधाकर की पत्नी निर्मला के सुख और सौभाग्य के प्रति ईर्ष्या का भाव उत्पन्न हुआ। निर्मला के पास वह सबकुछ था जिसके लिए उसका मन तड़पता था—प्यार करनेवाला सुयोग्य पति और दो सुन्दर स्वस्थ बच्चे। अपने पति के प्रति उसके मन की कड़वाहट और अधिक बढ़ गई।

उसने अपनी ईर्ष्या पर विजय प्राप्त करने की कोशिश की। उसे जो सौभाग्य प्राप्त हुआ था, उसके लिए वह निर्मला की अनुगृहीत थी—सुधाकर उसका ही पति था। उसने निश्चय किया कि वह उससे अच्छा सम्बन्ध बनाए रखेगी और उसकी हर तरफ से मदद करेगी। इससे एक प्रत्यक्ष लाभ भी था। इससे सुधाकर के साथ उसके सम्बन्ध पर पर्दा पड़ सकता था—चाहे यह पर्दा कितना भी झीना क्यों न हो।

वह सुधाकर के फ्लैट में अक्सर जाने लगी और जब जाती, मंटू और सन्तू के लिए मिठाइयाँ, फल और चॉकलेट-बिस्कुट अवश्य ले जाती। वह वहाँ घंटे-दो घंटे बैठती और निर्मला से उसकी पारिवारिक जिन्दगी के बारे में इस तरह बातें करती मानो वह उसकी नजदीकी रिश्तेदार हो या परिवार की ही सदस्या हो।

सुधाकर अब ऑफिस से अक्सर देर से घर लौटता और निर्मला उसकी इस बात पर विश्वास कर लेती कि देर का कारण कम्पनी के काम में व्यस्तता थी।

कुसुम हर तीसरे या चौथे दिन, कम्पनी के कार्यक्रम पर विचार करने के लिए उसे अपने परिचित होटल में ले जाती, जहाँ वे दो-तीन घंटे बिताते। होटल के कमरे में वह उसकी अनुचरी और समर्पिता बन जाती और उसके लिए प्यार के अमृत-कलश का मुँह खोल देती। उसके प्यार ने सुधाकर के हृदय में एक ऐसे चक्रवात की सृष्टि कर दी जिससे उसके कदम अस्थिर हो गए। शुरू में कुछ दिनों तक वह समझ नहीं पाया कि वह कुसुम के साथ कैसा व्यवहार रखे—एक प्रेमी का या एक मातहत कर्मचारी का। लेकिन एक महीना बीतते-बीतते वह जान गया कि अपने व्यवहार में द्वैधता का समावेश करके ही अपनी नई भूमिका का सफलतापूर्वक निर्वाह कर सकता है। इस कारण जब वह दूसरों के सामने कुसुम से मिलता, उसके व्यवहार में एक विनम्र अधीनस्थ का सम्मान और तटस्थता रहती। लेकिन जब उनके साथ कोई अन्य नहीं रहता, वह एक समर्पित प्रेमी बन जाता और उसके अधिक से अधिक समीप होने की कोशिश करता। वस्तुतः उसे परकीया के प्रेम का अनुभव पहली बार हो रहा था, और उसके नशे ने उसके मन को अभिभूत कर रखा था। कुसुम दयाल से सम्बन्ध होने के पहले उसका सम्बन्ध अपनी पत्नी के सिवा किसी अन्य औरत से नहीं रहा था, और उसे पहली बार उस प्रेम की गर्मी का अनुभव हो रहा था जिसमें भावनात्मक सन्तोष के साथ अपराध-भावना का समावेश था।

लेकिन कुसुम दयाल से स्थापित हुए नए सम्बन्ध के बाद भी उसमें अपनी पत्नी और बच्चों से लगाव में कमी नहीं आई। मिलन के अन्तरंग क्षणों में भी कभी-कभी वह अपनी पत्नी या पुत्रों के सम्बन्ध में कोई ऐसी बात कर देता जिससे लगता कि उसका ध्यान बँटा हुआ है। यह बात कुसुम दयाल को खटकने लगी। समय बीतने के साथ-साथ सुधाकर के प्रति उसके प्रेम का नशा बढ़ता गया था और वह किसी अन्य औरत के लिए उसकी कमजोरी को सहने के लिए तैयार नहीं थी, चाहे वह उसकी पत्नी ही क्यों न हो। लेकिन वह नहीं चाहती थी कि सुधाकर को इस बात का आभास भी हो, क्योंकि वह उसके मन को किसी तरह की चोट पहुँचाने का खतरा मोल लेना नहीं चाहती थी। उसने सुधाकर को अपनी पत्नी से विमुख करने का दूसरा उपाय सोचा। उसने कम्पनी के ऑफिस में

टाइपिस्ट का काम करनेवाली एक पचीसवर्षीया युवती कामिनी शर्मा को, जिसकी आँखों से चुहलभरी मुस्कुराहट झाँकती रहती थी, उसका सेक्रेटरी बनां दिया और उसे हिदायत दी कि वह साहब को खुश रखे। कुसुम शर्मा ने सुधाकर से उसके सम्बन्ध की वास्तविक प्रकृति का सही अनुमान कर लिया था और उसने उसकी बात का अर्थ समझने में कोई गलती नहीं की।

सुधाकर की सेक्रेटरी होने के पहले दिन से ही कामिनी शर्मा ने उसकी अन्तरंगता प्राप्त करने की कोशिश की। वह उसके हर आदेश का तत्क्षण पालन करती और फाइल लेकर मधुर मुस्कान के साथ उसके सामने खड़ी हो जाती। कुसुम दयाल से अन्तरंगता के बाद सुधाकर के मन में औरतों के प्रति एक नई दिलचस्पी ने जन्म लिया था और जब कामिनी उसके सामने खड़ी होती तब वह उसे बैठने को कहता और उसके घर-परिवार के बारे में पूछता। उसने पाया कि फैशन के लिए कमजोरी के बावजूद वह एक भली औरत है और स्त्री-पुरुष के बीच सम्बन्ध के बारे में उदार दृष्टिकोण के बावजूद वह एक सीमा के आगे बढ़ने में हिचकती है। सुधाकर के मन में उसके समीप आने की प्रबल इच्छा जगी, लेकिन वह सोच नहीं पाया कि कैसे पहल करे। इस कारण चुप रहा।

एक दिन कामिनी ने मुस्कुराते हुए कहा, "सर, आपका प्रमोशन हुआ और तनख्वाह हजार रुपए बढ़ गई। आपने दूसरों को पार्टी दी, लेकिन अपने सेक्रेटरी को भूल गए।"

सुधाकर की आँखों के सामने तत्क्षण चाणक्य होटल का वह कमरा आ गया जहाँ कुसुम दयाल उसकी प्रेमिका बनी थी और जिसमें वह हर दो-चार दिनों के बाद उसके साथ शाम बिताई थी। उसने कहा, "बेबी, मैं सचमुच भूल गया था। शुभस्य शीघ्रम। आज ही पार्टी का काम सम्पन्न क्यों न कर दिया जाए? तुम शाम को आठ बजे चाणक्य होटल में आ जाना। मैं मैनेजर को फोन कर देता हूँ। आओगी न?"

कामिनी ने मुस्कुराते हुए जवाब दिया, "सर, आप मेरे बॉस हैं, आपकी बात कैसे टाली जा सकती है?"

कामिनी उसी शाम को सुधाकर की प्रेमिका हो गई। कुसुम दयाल को, जो सुधाकर की गतिविधियों की पूरी जानकारी रखने लगी थी, दूसरे दिन सारी बातें मालूम हो गईं। जो वह चाहती थी, वह हुआ। लेकिन उसे खुशी होने के बदले दुख हुआ। उसके कलेजे के किसी कोने में आग लग गई, जिसकी गर्मी से उसका गला सूखने लगा। उसने गले को तर करने के लिए उठकर पानी पिया और अपने विचारों को संयत करने लगी। लेकिन जब उसके विचार सुलझने की बजाय उलझते चले गए तो उसने उन्हें सुलझाने की चेष्टा छोड़ दी और कम्पनी के रूटीन

कार्यों में लग गईं।

कुसुम दयाल निर्मला से ईर्ष्या करती थी और उसने सुधाकर को उससे विमुख करने के लिए कामिनी का इस्तेमाल किया था। लेकिन जिस दिन कामिनी सुधाकर की प्रेमिका बनी, उस दिन से वह निर्मला का अस्तित्व ही मानो भूल गई और उसकी ईर्ष्या की अग्नि की ज्वालाएँ कामिनी की तरफ मुड़ गईं। लेकिन वह जानती थी कि उत्तेजना के वशीभूत होकर किए कार्य की परिणति पश्चात्ताप में होती है और उसने इस स्थिति से बचने का निर्णय लिया।

दूसरे दिन उसने कामिनी को अपने ऑफिस में बुलाया, कम्पनी के वर्तमान और भविष्य के बारे में आत्मीयता से बातें कीं, मानो वह कोई महत्त्वपूर्ण व्यक्ति हो जिसकी सलाह मूल्यवान हो, और उसी क्रम में पूछा, ''बेबी, अपने नए बॉस के बारे में क्या सोचती हो? कम्पनी उन पर जो पैसे खर्च करती है, वे उसके लायक हैं या सफेद हाथी हैं?''

कामिनी के चेहरे पर लहू दौड़ गया और आँखों में चमक आ गई। वह कुसुम दयाल के मनोभाव से अनभिज्ञ थी। उसने मुस्कुराते हुए कहा, ''मैडम, मेरे साहब बहुत ही योग्य पुरुष हैं। वे मातहतों की कद्र करना जानते हैं।''

कुसुम दयाल हँसने लगीं। बोली, ''बेबी, मैंने तुम्हें सुधाकर साहब का सेक्रेटरी इसी के लिए बनाया है कि तुम उन्हें इधर-उधर बहकने से रोको। यह कम्पनी की तरक्की के लिए जरूरी है।''

कामिनी प्रसन्नता से मुस्कुराती हुई बोली, ''मैडम, मेरे रहते वे किसी दूसरी तरफ नहीं जाएँगे। इस बारे में आप निश्चिन्त रहिए।''

उस दिन से कामिनी सुधाकर के साथ अपने सम्बन्ध के प्रदर्शन में असावधान हो गई और उसके साथ हर तीसरे दिन चाणक्य होटल में जाने लगी। महीना बीतते-बीतते सुधाकर कुसुम दयाल के प्रति उदासीन हो गया और उसके व्यवहार में प्रेम की वह गर्मी नहीं रही जो पहले थी। कुसुम दयाल की भूख, दो प्रतिद्वन्द्वियों की उपस्थिति के कारण, दिनोंदिन बढ़ती जा रही थी और उसके हृदय में लगी ईर्ष्या की आग प्रचंड दावानल में बदलती जा रही थी। उसे विश्वास हो गया था कि उसने कामिनी को सुधाकर की गोद में बैठाकर भारी गलती की थी, लेकिन इस गलती के सुधार का कोई आसान तरीका उसे नहीं सूझ रहा था। सुधाकर उसके पास तभी लौट सकता था जब कामिनी रास्ते से हट जाए—सदा के लिए। धीरे-धीरे यह विचार उसके हृदय में एक गाँठ बन गया। यह गाँठ कुछ दिनों में इतनी बढ़ गई कि उसकी साँस नली को अवरुद्ध करने लगी।

उसने एक दिन कामिनी को अपने ऑफिस में बुलाया और उसे सप्रेम बैठाकर कम्पनी के वर्तमान स्वरूप और भविष्य की योजनाओं पर बातें करने लगी। उसकी बातों में ऐसी ध्वनि थी कि कामिनी को विश्वास हो गया कि वह उसकी योग्यता से प्रभावित है और निकट भविष्य में ही उसकी तरक्की होनेवाली है। वह खुशी की लहरों में इतना बह गई कि उसने सुधाकर के साथ अपने सम्बन्ध की और उसके साथ चाणक्य होटल में बिताई गई शामों की विस्तार के साथ चर्चा की और उस सम्बन्ध में कुसुम दयाल द्वारा सभी प्रश्नों के उत्तर नमक-मिर्च लगाकर दिए।

कुसुम दयाल ने प्रसन्न मुस्कुराहट के साथ कहा, "बेबी, तुम इस कम्पनी में किसी ऊँची कुर्सी की हकदार हो और मैं कोशिश करूँगी कि वह कुर्सी तुम्हें मिले।" एक मिनट बाद उसने पूछा, "क्या आज शाम को तुम खाली हो?"

कामिनी ने कहा, "हाँ, मेमसाहब। खाली हूँ।"

"तो ऐसा क्यों न करें कि हम दोनों आज शाम को चाणक्य होटल में खाना खाएँ और कुछ देर तक गप्प मारें? यहाँ बातें करने से जी नहीं भरा। तुम होटल में नौ बजे आ जाना।"

कामिनी उस दिन एक घंटा पहले घर लौट गई। उसकी माँ डॉली देवी को आश्चर्य हुआ, कामिनी छह बजे के पहले घर नहीं पहुँचती थी। उसने पूछा, "बेबी, आज कोई खास बात है क्या?"

कामिनी ने खुशी से चहकते हुए जवाब दिया, "मम्मी, आजकल मेरा लक मेरे साथ है। लगता है, मेरा प्रमोशन जल्द होगा।"

डॉली देवी ने पूछा, "क्या कम्पनी की मालकिन विशेष रूप से मेहरबान हो गई है?"

कामिनी बोली, "बस, यह समझ लो कि वह मेरी दोस्त बन गई है। आज उसने मुझे चाणक्य होटल में खाने पर बुलाया है।"

डॉली देवी के कान खड़े हो गए, लेकिन वह चुप रही।

कामिनी नौ बजने के कुछ देर पहले ही होटल में पहुँच गई। मैनेजर ने, जो उसे जानता था, उसे उसी कमरे में बैठाया जिसमें वह सुधाकर के साथ अपनी शामें बिताती थी। उसे नहीं मालूम था कि कुसुम दयाल भी, जब कभी सुधाकर के साथ होटल में आती थी, उसी कमरे में कुछ घंटे बिताती थी।

जब कुसुम दयाल आई तो कामिनी शर्मा ने उसका इस तरह स्वागत किया मानो वह स्वयं इस कमरे की मालकिन हो।

कुसुम दयाल ने मुस्कुराकर कहा, "बेबी, लगता है, तुम इस कमरे से पहले से परिचित हो।"

कामिनी हँसकर बोली, "मैडम, मैं इस कमरे की हर वस्तु से परिचित हूँ। यह पलँग मुझे अच्छी तरह पहचानता है।"

कुसुम दयाल ने कहा, "अच्छा!"

कमरे में खाने की तरह-तरह की वस्तुएँ आईं और साथ-साथ शराब भी आई। दो घंटों से ऊपर तक खाना-पीना चला। खाने की मेज पर रखी हर वस्तु के साथ कामिनी उचित न्याय करती रही और चहकती रही। लेकिन कुसुम दयाल ने अपनी बातचीत को उससे तरह-तरह के प्रश्न पूछने तक ही सीमित रखा। इनमें से अधिक प्रश्न कामिनी द्वारा सुधाकर के साथ बिताई गई शामों के सम्बन्ध में थे।

दो घंटे बीतते-बीतते कामिनी ने सिर में चक्कर आने की शिकायत की और प्रार्थना की कि उसे तत्काल घर पहुँचा दिया जाए। कुसुम दयाल ने होटल के बेयरों की मदद से उसे अपनी गाड़ी में बैठाया और उसके घर ले गई।

दो-तीन लोगों की सहायता से कामिनी को कार से उतारकर उसके सोने के कमरे में ले जाया गया।

वहाँ से लौटते समय कुसुम दयाल ने उसकी माँ को अलग बुलाकर कहा, "माँजी, लगता है कि आपकी बेटी को किसी तरह का दौरा आता है। वह खाना खाते-खाते बेहोश हो गई। ये दस हजार रुपए उसकी दवा के लिए हैं। यदि उसे कुछ हो जाए तो घबड़ाने की जरूरत नहीं। कम्पनी उसकी जगह पर उसके किसी नजदीकी रिश्तेदार को बहाल कर देगी, यह मेरा वादा है।"

कुसुम दयाल के चले जाने पर डॉली देवी ने बेटी की परीक्षा की। उसकी आशंका सही निकली। वह मर चुकी थी। लेकिन उसने शोरगुल नहीं किया क्योंकि वह जानती थी कि कुसुम दयाल की बातों में विश्वास करने में ही बुद्धिमानी है।

संजीवनी

चालीस वर्षीय संजय ग्रोवर अपनी प्लास्टिक फैक्टरी से, प्रतिदिन की तरह, रात को दस बजे लौटा। वह एक सफल व्यवसायी था और उसकी फैक्टरी का सालाना उत्पादन दो करोड़ से ऊपर का था। लेकिन इसके लिए उसे कठिन परिश्रम करना पड़ता था। जब वह अपने बँगले से दस बजे निकलता तो कोई ठीक नहीं रहता कि रात को कितने बजे तक घर लौटेगा। उसे अपनी व्यावसायिक सफलता पर गर्व था, विशेष रूप से इस कारण कि उसने बारह वर्षों में ही सफलता का इतना बड़ा महल खड़ा किया था। और यद्यपि इसके लिए उसे बैल की तरह खटना पड़ता था। उसे इस बात की बहुत खुशी थी कि भाग्य ने उसका साथ दिया था और इतने कम समय में वह अपने क्षेत्र की एक बड़ी हस्ती बन गया था। जब फैक्टरी में काम में देर होती तो वह अपने प्रिय बार में बैठकर दो-चार पैग ले लेता था और तब घर लौटता था। लेकिन रात का खाना वह हमेशा अपनी पत्नी शीतल के साथ खाता था। उसका विश्वास था कि यह परिवार को एक सूत्र में बाँधे रखने के लिए आवश्यक है। अनेक व्यवसायियों के जीवन को समीप से देखने के बाद वह इस निष्कर्ष पर पहुँचा था कि व्यावसायिक जीवन में सफलता के लिए पारिवारिक जीवन में शान्ति आवश्यक है। उसकी पत्नी शीतल जानती थी कि वह रात का खाना उसके साथ लेना पसन्द करता है, अतएव वह मेज पर खाना लगवाकर उसकी प्रतीक्षा करती थी। तीनों बच्चे दसवर्षीया पुत्री रीनू, आठ वर्षीय पुत्र मीनू और पाँचवर्षीय टीनू तब तक खा-पीकर सोने चले जाते थे, लेकिन शीतल पति के लिए इन्तजार करती थी।

संजय ग्रोवर ने अपने कमरे में जाकर ब्रीफकेस रखा, कपड़े बदले और खाने के कमरे में गया। वहाँ पत्नी को नहीं पाकर उसने खानसामा से पूछा, ''मेमसाहब कहीं गई हैं क्या?''

खानसामा ने जवाब दिया, ''हाँ, हुजूर, मेमसाहब बाजार गई हैं।''

ग्रोवर ने पूछा, ''क्या अकेले गई हैं?''

खानसामा ने जवाब दिया, "नहीं, हुजूर, मास्टरजी के साथ गई हैं।"

मास्टरजी ग्रोवर के तीनों बच्चों का प्राइवेट ट्यूटर था जो प्रतिदिन शाम को बँगले पर आकर उन्हें पढ़ाता था।

ग्रोवर ने पूछा, "क्या जाते समय मेमसाहब ने कुछ कहा भी?"

खानसामा बोला, "हुजूर, उन्होंने कुछ खास नहीं कहा। सिर्फ यही कहा कि मेरे लौटने में देर हो तो साहब को खाना खिला देना।"

ग्रोवर ने घड़ी देखी, साढ़े दस बज चुके थे। सोचा—'बाजार में दुकानें बन्द हो गई होंगी। हो सकता है, शीतल अपने मायके चली गई हो। उसने खानसामा से कहा, "मुझे खाना खिला दो।"

उसने खाना खाया और सोने के कमरे में चला गया। लेकिन दिनभर की थकान के बाद भी उसे नींद नहीं आ रही थी। यह जानकर कि उसकी पत्नी बच्चों के ट्यूटर के साथ बाजार गई है और अभी तक लौटी नहीं है, उसके मन में एक विचित्र किस्म का खटका लग गया था, वैसा ही जैसा शरीर के किसी जोड़ पर फोड़ा देखकर प्लेग होने की आशंका होती है। उसकी आँखों के सामने उसके बच्चों के ट्यूटर अमन चौधरी की आकृति प्रकट हुई और साथ-साथ उसके चेहरे पर विद्रूप मुस्कान उभर आई। अमन चौधरी कुसुमांचल प्रान्त का रहनेवाला था और वहाँ के निवासियों की सादगी और संकोचीपन की प्रतिमूर्ति था। संजय ग्रोवर को स्मरण हुआ कि उसने शायद ही कभी उसकी आँखों में देखकर उससे बातें की थीं। वह उससे जब कभी बातें करता तो दूसरी तरफ देखने लगता था, मानो उससे आँखें मिलाने से डरता हो। वह एम.ए. पास था, और चौबीस-पच्चीस वर्ष का तो होगा ही, लेकिन अठारह-उन्नीस वर्ष से अधिक का नहीं लगता था। वह उससे कम से कम चार इंच लम्बा था, लेकिन इकहरे बदन का और दुबला-पतला था। और संजय ग्रोवर को विश्वास था कि यदि वह उसे एक घूँसा लगा दे तो धरती मापने लगेगा। संजय ग्रोवर के केश सिर के बीच में कुछ हलके अवश्य हो गए थे और तोंद कुछ भारी हो गई थी। लेकिन अभी भी औरत को सन्तुष्ट कर सकता था।

संजय ग्रोवर को उन दो दर्जन से ऊपर औरतों की याद आई जिनके साथ वह आनन्द की घड़ियाँ बिता चुका था। ये सभी औरतें उसके मित्रों या परिचितों की पत्नियाँ, बहनें या बेटियाँ थीं। वह बाजारू औरतों के पास कभी नहीं गया था, इस कारण नहीं कि वह उन्हें बुरा समझता था, बल्कि इस कारण कि वह औरतों पर पैसे खर्च करने को विशुद्ध मूर्खता समझता था। वह स्वभाव से

मितव्ययी था। यद्यपि वह आवश्यक खर्च बेहिचक करता था, लेकिन अनावश्यक खर्च से हाथ खींच लेता था। जब ऐसी औरतों की कमी नहीं थी जो अपना खर्च कर उसके साथ सोने के लिए आतुर थीं, जो वैसी औरतों के पास क्यों जाया जाए जिन पर पैसे खर्च करना पड़ता? कमरे के किराए पर, खाने-पीने पर, या आने-जाने पर, तो थोड़ा-बहुत व्यय होता था, उससे उसे परहेज नहीं था। लेकिन वह किसी औरत को अलग से पैसे देने के पक्ष में नहीं था।

उसके चेहरे पर एक शरारतपूर्ण मुस्कान खिंच गई। उसके मस्तिष्क में उन औरतों के साथ बिताए गए अनेक अवसरों की तसवीरें उभर आईं। कैसी-कैसी औरतें थीं! लगता था कि उन्हें साधारण प्रक्रिया के बदले नट करतब का स्वाद ही अधिक भाता था। कुछ ऐसी थीं जो होटल और गेस्ट हाउस के दरवाजे खुले रहने पर भी कार की तंग सीटें और पार्क की झाड़ियों के नीचे की खुरदरी जमीन अधिक पसन्द करती थीं। उन्हें इस बात की बिलकुल परवाह नहीं थी कि वह उनके सम्बन्ध में क्या सोचेगा। उन्हें अपने परिवार की इज्जत की, पत्नी, माँ, बहन, बेटी के रूप में अपने कर्तव्य की कोई चिन्ता नहीं थी। उनके लिए रति-सुख ही सबसे महत्त्वपूर्ण वस्तु थी। इसके लिए वे पुरुषों का चुनाव नहीं करती थीं—जो कोई भी सामने था, ग्राह्य था। वे सिर्फ इतना चाहती थीं कि उनके परिवार के लोगों से उनके जीवन का यह पक्ष छिपा रहे। पिछले पन्द्रह वर्षों से, जब से संजय ग्रोवर शीतल के पिता के सम्पर्क में आया था, उसे ऐसी अनेक औरतों की निकटता प्राप्त हुई थी जो सभ्य समाज की आधारशिला थीं और उनके साथ उसके ऐसे विस्मयकारी अनुभव हुए थे जिनके स्मरण से उसके रगों के लहू की गति तेज हो जाती थी और उत्तेजना से उसका कंठ सूखने लगता था।

उसने अपनी पत्नी शीतल के बारे में सोचा और अपने सौभाग्य के लिए ईश्वर को धन्यवाद दिया। वह अपनी पत्नी के कारण ही आज करोड़ों की सम्पत्ति का मालिक था। यदि उसकी शादी शीतल से नहीं हुई होती तो वह आज भी उसके पिता की पुल-निर्माण कम्पनी में आठ हजार रुपए माहवार पर पत्थर पिसवाता रहता। यह तो उसका सौभाग्य था कि शीतल से उसका परिचय हुआ, इसके साथ दो-चार शामें बिताने का अवसर मिला और वह अड़ गई कि वह उससे ही शादी करेगी। शादी हो जाने के बाद उसने अपने पिता पर दबाव डाला कि वे उसे देवल में स्थित अपनी प्लास्टिक फैक्टरी दे दें क्योंकि वह देवल में ही रहना चाहती है। उसके ससुर ने प्लास्टिक फैक्टरी को शीतल के नाम कर दिया और उसकी हालत सुधारने में संजय ग्रोवर की हर तरह से मदद की। यह ठीक है कि संजय ग्रोवर ने दिन को दिन और रात को रात नहीं समझा और फैक्टरी को कहाँ से कहाँ पहुँचा दिया। लेकिन यदि उसकी पत्नी और ससुर ने हर कदम पर उसका सहयोग

नहीं किया होता तो वह आज वहाँ नहीं पहुँचा होता जहाँ वह आज था।

संजय ग्रोवर को इस कारण भी खुशी हुई कि उसकी पत्नी ने, शादी के बाद, अपना सारा ध्यान अपने परिवार में ही लगाए रखा था और न अपने पुराने मित्रों का साथ रखा था और न नए मित्र बनाए थे। इस कारण कभी-कभी उस पर दया आती थी—वह अपने जीवन के बहुमूल्य वर्षों को नीरस कार्यों में लगा रही थी, जबकि उसी वर्ग की उसकी हमउम्र औरतें अपने पुरुष-मित्रों के साथ जिन्दगी का भरपूर आनन्द भोग रही थीं। इस विचार के दिमाग में आने से संजय ग्रोवर को खुशी भी हुई और उदासी भी और दूसरे क्षण उसकी आँखों के सामने अमन चौधरी का चेहरा उभर आया।

क्या उसकी पत्नी अमन चौधरी को अपने प्रेमी के रूप में स्वीकार कर सकती है? और कुछ नहीं तो उनकी उम्र में दुगुने का अन्तर है। बीस और चालीस में दुगुने का अन्तर नहीं तो और क्या है? बीस और चालीस न सही। विशेष रूप से तब जब मर्द चौबीस का हो और औरत अड़तीस की हो। नहीं, ऐसा सम्बन्ध बिलकुल सम्भव नहीं। इसके सिवा दोनों के सामाजिक स्तर में भी तो अन्तर है। अमन चौधरी नौकर से अधिक क्या है?

विचारों के इस बवंडर से मुक्ति पाने के लिए ग्रोवर ने ड्रावर से बोतल निकालकर दो घूँट लिए, और सोने की कोशिश करने लगा। कुछ मिनटों में नशा गहरा हो गया और उसे सपनों से बाधित नींद आ गई।

संजय ग्रोवर प्रतिदिन की तरह आठ बजे सुबह में उठा और उसने पत्नी के पलँग पर नजर डाली। वह वहाँ नहीं थी। उसने सोचा—'हो सकता है कि देर से लौटी हो और मेरी नींद में विघ्न डालने के डर से अपने कमरे में ही सो गई हो।' उसने घंटी बजाई और जब नौकर बेड-टी लेकर आया तो उससे पूछा, "मेमसाहब रात में कब लौटीं?"

नौकर ने जवाब दिया, "हुज़ूर, वे लौटीं ही नहीं।"

संजय ग्रोवर की नींद और नशे की खुमारी तत्क्षण तिरोहित हो गई और उसकी सारी ज्ञानेन्द्रियाँ अपनी पूरी दक्षता से क्रियाशील हो गईं। उसने उठकर जगह-जगह परीक्षा की और पाया कि वह अपने साथ दो लाख रुपए और एक लाख के जेवर ले गई है। उसने पत्नी के मायके में फोन करके सूचना दी कि उसकी पत्नी बच्चों के ट्यूटर के साथ कहीं भाग गई है।

उसकी सास ने हँसकर कहा, "इसमें कुहराम मचाने की कौन-सी बात है? दो-चार दिनों में लौटकर आ जाएगी।"

लेकिन जब ग्रोवर ने उसे सूचना दी कि वह अपने साथ दो लाख रुपए और एक लाख के ऊपर के जेवर ले गई है, तो उसकी सास बोली, "तब तो सीरियस बात है। पुलिस में खबर करो कि ट्यूटर उसे भगाकर ले गया है और बहुत सारे रुपए और गहने चुरा ले गया है।"

पुलिस को खबर की गई और भगोड़ों की तलाश शुरू हुई। चार दिनों के बाद देवल से एक हजार किलोमीटर दूर स्थित कुसुमपुर शहर के एक होटल में वे पति-पत्नी के रूप में रहते हुए पाए गए। उनका पता लगाने में आसानी इस कारण हुई कि शीतल की कार, जिसे शीतल ही चलाती थी, होटल की गैरेज में रखी थी।

जब संजय ग्रोवर और उसके ससुरालवालों को शीतल और अमन चौधरी का पता चल गया तो उन्होंने पुलिस को आगे कुछ करने से मना कर दिया और स्थिति को अधिक बिगड़ने से रोकने के लिए स्वयं कुसुमपुर चले गए। शीतल की माँ पहले अकेले ही होटल के कमरे में गई और बेटी को घर लौट चलने के लिए समझाने के क्रम में पता लगा लिया कि उसके सारे जेवर उसके पास हैं और दो लाख रुपयों में सिर्फ बीस हजार ही खर्च हुए हैं। उसने राहत की साँस ली। अभी भी कुछ नहीं बिगड़ा था और गाड़ी के पटरी पर आने में देर नहीं लगेगी। लेकिन शीतल ने लौटने से साफ इनकार कर दिया और कहा कि उसने अमन चौधरी से मन्दिर में शादी कर ली है और वही उसका पति है।

संजय ग्रोवर और उसके सास-ससुर ने जो उसी होटल में रुक गए थे, आपस में परामर्श किया और तीनों एक साथ उसे मनाने के लिए गए। अमन चौधरी को थोड़ी देर के लिए कमरे से बाहर जाने को कहा गया और जब शीतल ने उसे आँखों का इशारा किया तो वह चला गया। संजय ग्रोवर उदास चेहरा लिए चुपचाप बैठा रहा, लेकिन उसके ससुर और सास ने शीतल को समझाया, "बेटी, प्रेम करना एक चीज है, लेकिन शादी बिलकुल अलग बात है। समाज में दोनों का बराबर महत्त्व है, लेकिन वे एक-दूसरे के समानान्तर चलते हैं, एक-दूसरे से टकराते कभी नहीं। अपनी परिचितों और सहेलियों की ओर देखो, उनमें से किस के पास प्रेमी नहीं है? किसके पास जीवन का आनन्द लेने की आजादी नहीं है? लेकिन प्रेम के कारण पारिवारिक जीवन पर कुठाराघात करना क्या उचित है? यदि ऐसा हुआ तो सभ्य समाज का महल भरभराकर गिर जाएगा।"

शीतल ग्रोवर ने जवाब दिया, "अमन चौधरी मेरा प्रेमी ही नहीं, मेरा पति भी है। मैंने उससे मन्दिर में शादी की है और मन्दिर के पुजारी मेरे गवाह हैं। मैं उससे अलग नहीं रह सकती। मैं चाहती हूँ कि संजय ग्रोवर मुझे तलाक दें ताकि मैं अमन चौधरी से कचहरी में शादी कर उसके साथ रहूँ।"

दो घंटों तक तर्क-वितर्क के बाद अन्त में मध्यम मार्ग निकला जो शीतल ग्रोवर को स्वीकार्य था। तय यह हुआ कि शीतल ग्रोवर अपने पति के 'ग्रोवर भवन' में ही रहेगी और उसका प्रेमी अमन चौधरी भी वहाँ एक कमरे में रहेगा। वह शीतल के लिए पति की भूमिका निभाएगा और शीतल यदि चाहे तो संजय ग्रोवर से कोई सम्बन्ध नहीं रखेगी, यद्यपि वह भी ग्रोवर भवन में ही रहेगा। यदि छह महीने के बाद भी शीतल अमन चौधरी से कचहरी में शादी करना चाहे तो संजय ग्रोवर उसे तलाक दे देगा।

यह समझौता सम्बद्ध पक्षों को इतना पसन्द था कि शाम को शीतल के माता-पिता ने एक प्रीतिभोज का आयोजन किया जिसमें शीतल ग्रोवर, उसके माता-पिता, संजय ग्रोवर और अमन चौधरी ने एक मेज पर बैठकर भाग लिया। भोज के बाद जब शीतल और अमन चौधरी अपने कमरे में चले गए और संजय ग्रोवर के सास-ससुर अपने कमरे में तो संजय ग्रोवर ने बेयरा को एक बोतल शराब लाने का ऑर्डर दिया। आज उसका मन बहुत हलका था। अब वह सभ्य समाज का पूरी तरह अंग बन गया था और इस उपलब्धि के लिए खुशी मनाना स्वाभाविक था। जब बेयरा चला गया तो उसने विजयी पहलवान की तरह दोनों बाँहों पर ताली लगाई और मन्द-मन्द मुस्कुराने लगा।

गोदावरी का पाट

मेल ट्रेन दूर तक फैले वीरान मैदानों को पार करती हुई पूरी रफ्तार में पूरब की ओर दौड़ रही थी, मानो उसे अपने गन्तव्य स्थान पर पहुँचने की जल्दी हो। रेलवे लाइन की दोनों ओर खड़े बबूल, पलाश और अमलतास के जंगल पीछे छूटते जा रहे थे। दूर-दूर पर स्थित वनवासियों के गाँव, जिनमें से प्रत्येक में मिट्टी की दीवालें और फूस के छप्परवाले एक-डेढ़ दर्जन मकान थे, इस तरह पीछे भाग रहे थे, मानो उन्हें पंख लगे हों। जल का कहीं नामोनिशान नहीं था, मानो वन-प्रान्तर ने कसम खा ली हो कि धरती के ऊपर जल का कहीं चिह्न भी नहीं छोड़ेंगे। सुबह का समय था और मैं दूसरें दर्जे के कम्पार्टमेंट में अपनी बर्थ पर खिड़की के पास बैठा हुआ बाहर का दृश्य निहार रहा था। मेरे सामने की बर्थ पर पति-पत्नी की जोड़ी थी जो नाश्ता करने की तैयारी कर रही थी। दोनों पैंतीस के आस-पास थे और दोनों एक ही तरह विशालकाय थे। यदि उनकी तुलना जानवरों से हो सकती है तो वे दड़ियाई घोड़े कहे जा सकते थे। उनके शरीर पर जगह-जगह मांस-पिंड थे और गर्दन पर इतना मांस था कि कन्धे से ऊपर का हिस्सा अनगढ़ शिव-लिंग की तरह लगता था। अब तक वे आठ घंटों से ऊपर मेरे साथ थे और मुझे मालूम हो गया था कि वे भी कालीपुर जा रहे थे, जहाँ उनकी किराना की एक बड़ी दुकान थी। उन्होंने स्टील के डिब्बों में पूड़ी, मिठाई, भुजिया, अचार आदि खाद्य सामग्री यात्रा के लिए ले रखी थी और ताँबे के बड़े घड़े में पानी रख लिया था। चूँकि वे बेंच के नीचे ही पानी गिराते थे, अतएव पूरा फर्श पानी से भीगा हुआ था। वे बर्थ की दोनों तरफ बैठ गए, और बीच में नाश्ते की सामग्री रख—भोजन और नाश्ता के लिए वही सामग्री थी—खाने में लग गए। उनकी खिड़की के बाहर के दृश्य में कोई दिलचस्पी नहीं रह गई थी और वे पूरे मनोयोग से भोजन की सामग्री के साथ न्याय करने में लग गए। पति खिड़की के पास था और उसका चेहरा कम्पार्टमेंट के अन्दर की तरफ था। पत्नी बर्थ की दूसरी तरफ थी और उसका चेहरा खिड़की की तरफ था। लेकिन उनमें से किसी की

खिड़की के बाहर के दृश्य में रुचि नहीं थी और दोनों की आँखें भोजन की सामग्री पर टिकी थीं।

अचानक ट्रेन के एक पुल पर चढ़ने से धड़-धड़, खड़-खड़ की आवाजें होने लगीं और पत्नी की दृष्टि खिड़की के बाहर गई। एक विस्तृत पाटवाली नदी सामने थी, समुन्दर की तरह विशाल, जिसके एक अंग को ही क्षितिज का चन्दोवा ढँक सकता था। बरसात बीत चुकी थी, लेकिन नदी का मटमैला जल, जो सामने आती मेध-सेना की तरह ऊपर उठता-सा लग रहा था, बरसात की सोंधी गन्ध से हवा को डुबोए हुए था। महिला के नेत्र आश्चर्य से विस्फारित हो गए और वह मन्त्र-मुग्ध-सी, खिड़की के पास जाकर पुरुष की बगल में बैठ गई और एकटक जल के प्रवाह और विस्तार को देखने लगी। वह बुदबुदाई, "कैसा जबर्दस्त पाट है! आह!" एक क्षण बाद उसने अपने पति से पूछा, "यह कौन-सी नदी है? क्या तुम्हें मालूम है?"

पति ने जवाब दिया, "नहीं, मुझे नहीं मालूम। लेकिन बड़ी नदी लगती है।"

मैंने उसे बताया, "गोदावरी है।"

पत्नी ने नदी पर आँखें गड़ाए हुए ही क्षोभ के साथ पति से कहा, "बड़ी लगती है? अन्धे हो क्या? समुन्दर है, समुन्दर! इसमें बड़े-बड़े जहाज डूब जाते होंगे। लेकिन वहाँ देखो, एक नाव तैरती जा रही है!"

पति ने कोई जवाब नहीं दिया। पत्नी नदी की तरफ मन्त्र-मुग्ध भाव से तब तक देखती रही जब तक रेलगाड़ी उसे पार नहीं कर गई। उसके बाद भी वह अपने स्थान पर कुछ मिनटों तक बैठी रही और उसकी आँखें जिनमें खोएपन का भाव था, बाहर गड़ी रहीं। तत्पश्चात् उसने गहरी साँस छोड़ी और अपने स्थान पर जाकर नाश्ता करने लगी। लेकिन नदी ने उसके मन में कुछ स्मृतियाँ जगा दी थीं और उसकी आँखें वर्तमान से दूर जाकर उन्हीं स्मृतियों में खो गई थीं।

अब तक मुझे पता चल गया था कि दम्पती निस्सन्तान हैं। गोदावरी में बड़े-बड़े जहाजों के डूब जाने की बात सुनकर मुझे लगा कि महिला का मस्तिष्क, इन बातों को कहने के पहले, शायद उन स्मृतियों में खोया था जब उसने सन्तान-प्राप्ति के उपक्रम में दर्जनों नावों को डूबते हुए देखा होगा। एक समय ऐसा रहा होगा, जब नदी उफनाती होगी और दृष्टि की सीमा से बहुत दूर तक फैली मटमैली जल-राशि में नावें एक के बाद एक डूब जाती होंगी और उनका कोई अता-पता नहीं रहता होगा। कुछेक स्टीमर भी होंगे—जहाजों की तरह बड़े-बड़े, जो उन नावों की तरह ही जल में निमग्न हो गए होंगे और जिनका कोई पता नहीं चला होगा। उनमें से कोई भी नदी को पार नहीं कर सका होगा और न जल के अन्दर ही कुछ संग्रह कर सका होगा।

महिला ने खाना बन्द कर दिया और थाली को, जिसमें पराँठे, अचार और मिठाइयाँ थीं, बेंच से उठाकर नीचे फर्श पर पटक दिया। यह काम उसने इस अप्रत्याशित ढंग से किया कि पुरुष, जो उसी थाली में खा रहा था, आश्चर्य से उछलकर खड़ा हो गया। वह दो क्षणों तक विस्फारित नेत्रों से पत्नी को देखता रहा, फिर बोला, "क्या पागल हो गई हो?"

पत्नी फूट-फूटकर रोने लगी। फिर रोते हुए ही उसने पति से कहा, "मैं पागल हूँ या तुम पागल हो? निकम्मे! गैंडा जैसी देह है, लेकिन चूहे से भी गए-बीते हो!"

पत्नी की बातें पति की समझ में कुछ-कुछ आने लगी थीं। उसने कुछ नहीं समझ पाने का बहाना करते हुए पहले से कुछ मन्द आवाज में पूछा, "क्या बात है बाई? मैं कुछ समझूँ भी तो!"

महिला ने चीखते हुए कहा, "तुम सबकुछ समझ रहे हो। तुम निकम्मे हो! तुम धोखेबाज हो! गोदावरी में एक नाव अभी भी तैर रही है। तुम्हारी नाव क्यों डूब गई? उसमें जरूर छेद रहा होगा।"

अब पति पत्नी की बातें समझने लगा था। वह उसके पास खड़ा हो गया और सान्त्वना के स्वर में बोला, "सेठानी, तुम व्यर्थ दुखी हो रही हो। गोदावरी जवान है और सदियों तक इसमें उफान आती रहेगी। यदि कुछ नावें डूबेंगी तो कुछ पाट को पार भी करेंगी।"

पत्नी ने शायद पति के परामर्श के औचित्य को समझ लिया, या शायद वह अपनी उत्तेजना के कारण थक गई थी, वह उसके कन्धे पर सिर रखकर सुबकने लगी। पति ने उसके सिर और कन्धों को इस तरह थपथपाया जैसे वह संकट में पड़ी हुई कोई छोटी बच्ची हो, फिर धीरे-धीरे ले जाकर उसे अपने स्थान पर, बर्थ की दूसरी तरफ, बैठा दिया। तत्पश्चात् उसने ताम्बे के जल-पात्र से एक गिलास पानी निकाला और उसे पीने के लिए दिया। पत्नी ने दो घूँट पानी पीकर गिलास उसे लौटा दिया।

पति-पत्नी के चेहरे, जो कुछ समय पहले साधारण लोगों के चेहरे की तरह हो गए थे, फिर दरियाई घोड़ों के चेहरे के समान हो गए।

क्षितिज की दूरी

आज तुम्हारा पत्र आया है। मैंने अपने प्रशंसकों के पास से आए बीसों अन्य पत्रों की तरह इसे भी एक सरसरी निगाह से देखा और अलग रख दिया। मैंने पत्र के अन्त में लिखे तुम्हारे नाम को भी देखने का कष्ट नहीं किया, जैसा मैं अपने प्रशंसकों के पास से आए अधिकांश पत्रों के साथ करता हूँ। लेकिन पत्र के हाथ में लेते समय भी मुझे लगा था कि इसमें कुछ परिचित है। लिखावट परिचित लगी, भाषा का हर मोड़ परिचित लगा। मैंने उसे फिर उठाया और लिखनेवाले का नाम देखा।

प्रिय, तुमने मेरे पास पत्र क्यों लिखा? पन्द्रह वर्षों के बाद, डेढ़ दशकों के बाद, मैं तुम्हें भूल चुका था या कम से कम विस्मृति की गहरी धुन्ध मेरे और तुम्हारी स्मृति के बीच खड़ी होने लगी थी। तुमने इस धुन्ध को हटाने की कोशिश क्यों की? नहीं, मैं तुम्हें कैसे भूल सकता हूँ? मैं कागज के पन्नों पर जो कहानियाँ लिखता हूँ, उन्हें दो-चार महीनों में भूल जाता हूँ। लेकिन आत्मा के पन्ने पर लिखी कहानी को कैसे भूल सकता हूँ? हृदय के सबसे प्रबल भावों में लिखी यह कहानी अमिट है। फिर भी, उस पर काल की धूल जमा होती जा रही थी और कहानी के अक्षर उसके अन्दर अस्पष्ट होते जा रहे थे। उसी समय तुम्हारा पत्र आया। आँधी के झोंके से गर्द की परतें बिखर गईं और कहानी के अमिट अक्षर आँखों के सामने ताजा हो गए। दर्द हरा हो गया, जैसे सूखते घाव को कुरेदकर ताजा कर दिया गया हो। सूखते घावों को कुरेदने से क्या मिल गया तुम्हें? तुमने पूछा है कि क्या मैं तुम्हें भूल गया? प्रिये, क्या अपने आपको भूल जाना सम्भव है? क्या सपने के उस महल को भूल जाना सम्भव है जिसमें कोई व्यक्ति दो वर्ष बिता चुका हो? लेकिन मैं सबकुछ भूल जाना चाहता था, ताकि जो बचा है उसे ही सहेजकर शान्ति से जी सकूँ। क्या मुझे भूलने का भी अधिकार नहीं है? मैंने तुम्हारा क्या बिगाड़ा है, प्रिये?

तुम लिखती हो—'अब आप एक प्रसिद्ध कहानीकार हैं, एक बड़े आदमी हैं।

यदि आप मुझे भूल गए हों तो यह कदापि अस्वाभाविक नहीं।' प्रिये, क्या मेरे लिए तुम्हारे हृदय में लेशमात्र भी दया नहीं? या तुम्हारे पास दया नाम की कोई चीज नहीं? तुमने मुझे 'नहीं' कहा, और मैंने उस शहर को छोड़ दिया जिसके अणु-अणु से मैं प्यार करता था और जो मेरे व्यक्तित्व का एक अविच्छिन्न अंग बन गया था। तुमने मुझे स्वीकार नहीं किया क्योंकि मैं किसी अच्छी नौकरी में नहीं था, मेरे पास पैसे नहीं थे और...और क्योंकि मैं तुमसे उम्र में पन्द्रह साल बड़ा था। तुम बीस वर्ष की थीं और मैं पैंतीस पार कर चुका था। तुम्हारे बड़े-बड़े सपने थे, जिन्दगी से ऊँची-ऊँची आशाएँ थीं। आसमान तुम्हारी बाँहों की सीमा में आ जाता था और क्षितिज तुम्हारे लिए एक डग की दूरी थी। तुम्हारी सुन्दर दुनिया में मुझ-जैसे असुन्दर व्यक्ति के लिए स्थान नहीं था। तुम मेरी छाया से उसके रंगों को बिगड़ने देना नहीं चाहती थीं और उसके मधुर संगीत में मेरी आवाज एक कर्कश व्यवधान थी। तुमने मेरी विवशता पर ध्यान नहीं दिया। तुमने यह समझने से इनकार कर दिया कि मैं तुम्हारी तरफ किसी योजना से आकृष्ट नहीं हुआ था। मैं लोहे के उस टुकड़े की तरह था जो चुम्बक की तरफ आकृष्ट हुए बिना रह नहीं सकता, मैं आसमान में फेंके हुए उस कंकड़ की तरह था जिसे धरती की तरफ लौटने के सिवा अन्य कोई विकल्प नहीं। लेकिन तुमने क्यों नहीं सोचा कि मैं लोहे का एक टुकड़ा या कंकड़ नहीं था जिसे उठाकर सड़क के किनारे के घूरे पर फेंक दिया जाए? तुमने क्यों नहीं सोचा कि मैं हाड़-मांस का आदमी था जिसकी दुनिया तुझमें सिमट गई थी?

मैं उस जमीन को भूल जाना चाहता था, कैंसर के मरीज की तरह ताकि पीड़ा से कुछ देर के लिए ही सही, मुक्ति मिले। लेकिन तुमने पन्द्रह वर्षों के बाद पुरानी स्मृतियों को जगा दिया। सूखते घावों को कुरेदने से तुम्हें क्या मिल गया? तुमने पूछा है कि क्या मैं तुम्हें भूल गया? प्रिये, क्या अपने-आपको भूल जाना सम्भव है? तुम जानती हो कि तुम्हें भूल जाना मेरे लिए असम्भव है। तुम्हारे संग के दो वर्ष काले बादलों की बिजली के रंग में रँगे हैं। मैं उस अवधि में प्रवंचना के लोक में खोया रहा। मैं तुम्हें प्यार करता था और तुमसे भी प्यार की अपेक्षा करता था। मैं अन्धा हो गया था और तुम्हारी आँखों में झाँकनेवाले उपहास को नहीं देख सका। शायद तुम समझती थीं कि मुझ-जैसे आदमी के लिए प्रेम करना एक अस्वाभाविक बात थी। मेरे पास इसका क्या जवाब था? मैं अपनी कमियों से पूरी तरह परिचित था। मेरे पास तुम्हें देने के लिए था ही क्या—प्रेम और कष्टों से भरे भविष्य को छोड़कर? तुमने उसे स्वीकार नहीं किया, यह बिलकुल स्वाभाविक था लेकिन तुमने अपने मन की बात प्रारम्भ में ही मुझे क्यों नहीं बता दी?

आज तुम्हारा पत्र आया है। हमारे परिचय का प्रारम्भ भी एक ऐसे ही पत्र

से हुआ था। तुमने मेरी एक कहानी पढ़कर उसकी प्रशंसा लिखी थी और यह जानकर कि मैं तुम्हारे शहर का ही रहनेवाला हूँ, मुझसे मिलने की इच्छा व्यक्त की थी। प्रारम्भ में तुमने ही परिचय बढ़ाया था और मुझे प्रवंचना के संसार में ढकेल दिया था। मेरे साथ अकेले घंटों बैठकर बातें करने में तुमने किसी प्रकार की हिचक नहीं दिखाई थी—कला और साहित्य और न जाने क्या-क्या! उस समय क्या तुमने मेरी आँखों में कभी नहीं देखा, मेरे हृदय की आवाज तुम तक कभी नहीं पहुँची? क्या मेरे व्यवहार में कोई छिपाव-दुराव था जिस कारण मुझे समझने में कोई दिक्कत हुई? मैं साधारण शीशे की तरह पारदर्शी था और मेरे मन की बात आसानी से पढ़ी जा सकती थी। सब देखकर भी तुमने कुछ भी नहीं देखने का बहाना क्यों किया? सबकुछ समझते हुए भी कुछ भी नहीं समझने का स्वाँग क्यों किया? मेरी नींद भाग गई, मेरे हृदय की शान्ति नष्ट हो गई। जितने समय तक तुम मुझसे दूर रहतीं, मैं तुमसे मिलने की प्रतीक्षा में जीता। जब तुम मेरे समीप होतीं, तुम्हारे सम्भावित वियोग की घड़ियाँ नरक की यातना बनकर मस्तिष्क की आँखों के सामने नाचती रहतीं। तुम्हारी अनुपस्थिति में मैं अपना प्रेम प्रकट करने का निश्चय करता, उसे अभिव्यक्त करने की सैकड़ों योजनाएँ बनाता, लेकिन जब तुम मेरे सामने रहतीं, मेरा निश्चय तेज हवा में पानी के बुलबुलों की तरह नष्ट हो जाता। अनिच्छा के बावजूद मैं कला और साहित्य पर बातें करने लगता। प्रिये, तुमने यह सब देखा और समझा था। तुम उसी समय मुझसे मिलना बन्द कर सकती थीं, मुझसे पूर्ण रूप से सम्बद्ध-विच्छेद कर सकती थीं। ऐसा करके तुमने मेरी यातना पर पूर्णविराम क्यों नहीं लगा दिया? क्या मेरे क्लेश से तुम्हें सुख मिलता था? तुमने मेरी यातना से अपने क्षणिक गुप्त हास को ऊँचा स्थान क्यों दिया?

प्रिये, तुम जानती हो कि मैं तुम्हें भूल नहीं सकता। तुमने मेरे जीवन के साथ अपने जीवन को बाँधने से इनकार कर दिया। इसका तुम्हें अधिकार था। लेकिन कुछ स्मृतियाँ मेरी आत्मा का अंग बन गई हैं। उन्हें चाहकर भी तुम नहीं छीन सकतीं और न मैं सारे प्रयत्नों के बाद भी उनसे मुक्त हो सकता हूँ। उसके अन्त का अर्थ मेरा अपना अन्त होगा। आह, वह क्रूर व्यंग्य! मैंने सोचा था, दो वर्षों में मेरा प्रेम तुमसे छिपा नहीं होगा। इसी कारण मैंने उस शाम को तुमसे शादी का प्रस्ताव करने की हिम्मत की थी। क्या वह दृश्य मेरी आँखों से कभी दूर हो सकता है? तुम मेरे कमरे में बैठी मेरी एक नई कहानी को सामने रखे विचारों में डूबी थीं। बाएँ हाथ की तलहत्थी पर अपनी ठुड्डी रख तुम बाहर देख रही थीं और लम्बी पलकों के नीचे तुम्हारे आँखें सागर की तरह गहरी लग रही थीं। मैंने सोचा—'क्या हमारे जीवन एक सूत्र में बँध सकते हैं? क्या मेरे सपने साकार हो

सकते हैं?' मैं एक क्षण के लिए अपनी हिचक भूल गया, मेरी भावनाओं को वाणी मिल गई, अपर्याप्त और हस्यास्पद। तुम्हारे पास जा मैंने तुम्हारा हाथ अपने हाथ में ले लिया और कहा–नहीं, उन शब्दों को दुहराने की हिम्मत मेरे अन्दर नहीं। और तुमने कुतूहल और व्यंग्य से भरी आँखें ऊपर उठाई थीं और कहा था–'आपसे शादी! आपसे! क्या आप पागल हो गए हैं? आप मेरे पिता-तुल्य हैं।'

उफ! अब नहीं!–तुमने अभी तक शादी नहीं की? क्यों नहीं की, प्रिये? क्यों नहीं की? क्या आसमान ने तुम्हारी बाँहो में बँधने से इनकार कर दिया? क्या तुम्हारे कदम क्षितिज तक पहुँचने में असमर्थ रहे? मैंनेभी शादी नहीं की। लेकिन तुम नहीं जान पाओगी कि किस कारण से तुमने पन्द्रह वर्षों के बाद मेरे पास पत्र लिखा, तो मेरी सोई वेदना जाग उठी है। मेरे हृदय की आग फिर प्रज्वलित हो चुकी है। लेकिन तुम मेरी जलन से अवगत नहीं हो सकोगी। यह तुम्हारे पत्र का उत्तर है। लेकिन मैं इसे भेजूँगा नहीं। समझ लेना कि मौन ही मेरा उत्तर है। तुम लड़कियों के एक कॉलेज में पढ़ाती हो। अपनी छात्राओं में ही खो जाओ और उस व्यक्ति को भूल जाओ जिसके जीवन के साथ तुमने क्रूर मजाक किया था।

भगवती का शाप

कुसुमांचल प्रान्त के रोहितपुर जिले में प्रकाशग्राम एक ऐसा गाँव है जिसे जिले के हर हिस्से के लोग जानते हैं। इसका कारण यह नहीं कि इस गाँव का कोई ऐतिहासिक महत्त्व है या जिले या प्रान्त के राजनीतिक, आर्थिक या सांस्कृतिक जीवन में इसका कोई विशेष योगदान है। इसकी प्रसिद्धि का कारण यह जनश्रुति है कि इस गाँव में रहनेवाली कोई भी औरत शादी के दो वर्ष पूरे होते-होते अवश्य विधवा हो जाती है। यह बात कहाँ तक सही है, यह कहना कठिन है, लेकिन यह सही है कि दो सौ घरों की इस बस्ती में हर घर में एक विधवा अवश्य है। इस कारण उसे विधवाओं का गाँव भी कहते हैं।

किंवदन्ती है कि आधी सदी ऊपर, जब सुदेश पर सात सागरों के पास से आए विदेशियों का शासन था और जब धर्म और जाति की दीवालें आज की अपेक्षा अधिक ऊँची थीं, इस गाँव के एक नवयुवक ने, राष्ट्र-धर्म की पुकार से प्रभावित होकर, एक ऐसी युवती को विवाह कर घर लाया जिसके गाँव-घर या माता-पिता का कोई पता उसे नहीं था। युवती ने न अपने पति से और न अन्य किसी से अपने बारे में कुछ बताया, सिवा इसके कि उसका नाम भगवती है। गाँववालों ने युवक से कहा कि वह अपनी पत्नी को छोड़ दे, या गाँव को छोड़कर कहीं अन्यत्र चला जाए। लेकिन उसने दोनों में से कुछ भी करने से इनकार किया। उसकी शादी के दो महीने बीते थे कि वह एक दिन सुबह में घर से बाहर गया और फिर लौटकर नहीं आया। तीसरे दिन दोपहर को गाँव के कुछ लड़कों ने, जो गाँव से एक मील पूरब बहनेवाली सुवर्णा नदी के तट पर गए थे, आकर कहा कि नदी के किनारे झाड़ियों में एक कटा हुआ सिर देखा है। युवक की पत्नी, जिसका हाल पूछने के लिए दो दिनों से कोई नहीं गया था, सुवर्णा के किनारे गई और उसने पाया कि सिर उसके पति का था। भगवती पति के सिर को गोद में लेकर चौबीस घंटे चुपचाप बैठी रही, लेकिन कोई भी उससे हाल-चाल पूछने नहीं गया। उसके बाद वह पति का सिर गोद में लिए उठ खड़ी हुई और गाँव की तरफ हाथ उठाकर

बोली, "मैं चाहती हूँ कि मेरे दुःख के एक अंश का अनुभव इस गाँव की औरतें करें। मैं शाप देती हूँ कि इस गाँव की कोई औरत दो सालों से अधिक तक सधवा नहीं रहे।"

इसके बाद वह पति का सिर गोद में लिए सुवर्णा के जल में समा गई और फिर बाहर नहीं निकली।

यह घटना अविश्वसनीय लगती है, लेकिन प्रकाशग्राम में विधवाओं की संख्या में बहुलता का कोई अन्य विश्वसनीय कारण नहीं दिखाई पड़ता। कैमूर की पहाड़ियों की तलहटी में बसा यह गाँव ऊपर से शान्त लगता है, लेकिन भीतर से यह बहुत अशान्त है और उसकी गलियों में चलते समय ऐसी ऊष्मा की प्रतीति होती है मानो पार्श्व में ईंटों का भट्ठा सुलग रहा हो। गलियों, खलिहानों और खेतों में औरतें ही सारे काम करती दिखाई पड़ती हैं और उनमें से अधिकांश विधवाएँ हैं—गन्दी सफेद साड़ियों में लिपटी औरतें, जिनके हाथों में चूड़ियाँ नहीं, माँग में सिन्दूर नहीं और शरीर पर कोई प्रसाधन नहीं। इस गाँव में जो परिवार आर्थिक रूप से अधिक सम्पन्न है—ऐसे कम से कम दस परिवार अवश्य हैं, वे शहरों में—रोहितपुर या कुसुमपुर में बस गए हैं या अपना अधिक समय शहरों में बिताते हैं, इस आशा में कि भगवती का शाप वहाँ उनका पीछा नहीं करेगा। लेकिन इन परिवारों के सम्बन्ध में तरह-तरह की कहानियाँ गाँव में चक्कर काटती हैं और उनका जिक्र आने पर लोग एक फीकी मुस्कान के साथ अपना चेहरा फेर लेते हैं।

भगवती के शाप का असर बीस दिनों के अन्दर हुआ। सात सागरों के पार से आकर सुदेश पर शासन करनेवाले विदेशियों को यह सूचना मिली कि प्रकाशग्राम में विद्रोहियों का जमावड़ा है और एक दिन अचानक दो सौ सैनिकों ने गाँव को घेर लिया और बीस वर्ष से पचास वर्ष के बीच के पाँच दर्जन पुरुषों को गाँव के बाहर ले जाकर पहाड़ी के नीचे खड़ा किया और गोलियों से भून दिया। उस दिन के बाद गाँव में बीस से पचास वर्ष के बीच के पुरुषों की हत्याओं का जो सिलसिला शुरू हुआ वह कभी रुका नहीं। विदेशियों के सुदेश छोड़ने के बाद भी किसी न किसी कारण से वहाँ जन-संहार होते रहे और विधवाओं की संख्या में वृद्धि होती गई।

जब विदेशियों ने प्रकाशग्राम में दर्जनों पुरुषों को गोली से उड़ाया, उसके पहले वहाँ कोई राजनीतिक जागरूकता नहीं थी। लेकिन उसके बाद वहाँ राजनीतिक चेतना का तेजी से विकास हुआ और वहाँ हर राजनीतिक विचारधारा के प्रबल समर्थक पैदा हुए। सुदेश की स्वतन्त्रता के बाद चार राजनीतिक दल उभरे—राष्ट्रवादी दल, समाजवादी दल, साम्यवादी दल और सामाजिक न्यायवादी दल और

समाज के विभिन्न वर्गों में उन चारों दलों के समर्थक थे। प्रकाशग्राम में भी इन चारों दलों के लोग थे जो समाज में प्रभुत्व के लिए प्रयत्नशील रहते थे। सामाजिक और राजनीतिक प्रभुत्व के लिए किए गए ये प्रयत्न अक्सर ही खूनी संघर्ष में बदल जाते थे, जिसकी परिणति हत्याओं में होती थी। धीरे-धीरे राजनीतिक दलों पर अपराधकर्मियों का वर्चस्व हो गया, ये अपराधकर्मी न सिर्फ उन दलों के सूत्रधार हो गए, बल्कि देश के जीवन के हर क्षेत्र में वर्तमान और भविष्य के नियामक और निर्णायक हो गए। वे एक-दूसरे से प्रतिस्पर्द्धा रखते थे, मारपीट और खून-खराबा करते थे। लेकिन जब उनका सामना शान्तिपूर्ण जीवन व्यतीत करनेवाले लोगों से होता था, तो वे आपस में मिल जाते थे और हत्या, बलात्कार, लूट, आगजनी और अन्य दुष्कर्मों का ऐसा तांडव नृत्य प्रस्तुत करते थे कि उनके सिवा अन्य सभी लोगों के दिल दहल जाते थे।

प्रकाशग्राम की राजनीतिक जागरूकता का लाभ वहाँ के सभी राजनीतिक दलों के नेताओं को कमोबेश हुआ। ये नेता बहुत जल्दी आर्थिक सम्पन्नता प्राप्त कर लेते थे और प्रान्त की राजधानी कुसुमपुर में आलीशान मकान बनवाकर उन्हें अपनी राजनीतिक और आपराधिक गतिविधियों के केन्द्र के रूप में काम में लाते थे। इससे अनेक लाभ थे। इससे उनकी प्रकाशग्राम की सम्पत्ति न सिर्फ सुरक्षित रहती थी, बल्कि बढ़ती भी थी और भगवती के शाप की पहुँच के बाहर चले जाने के विश्वास से इनके आत्मविश्वास में वृद्धि होती थी और ये अपनी गतिविधि का संचालन अधिक स्वतन्त्रता से कर सकते थे। कुसुमपुर में निवास का एक लाभ यह भी था कि राजनीतिक सत्ता के केन्द्र के समीप होने के कारण ये लोंग अपनी सुविधा के अनुसार अपना राजनीतिक विश्वास और सम्बन्ध बदल सकते थे।

ऐसे नेताओं में सुरेन्द्र सिंह का नाम सबसे ऊपर आता था, जो प्रकाशग्राम के सबसे बड़े किसान थे और जिन्होंने विदेशियों के शासन से सुदेश की मुक्ति के लिए होनेवाले संघर्ष में उत्साह से भाग लिया था। सुदेश की स्वतन्त्रता के बाद कुसुमांचल की विधानसभा के लिए जो आम चुनाव हुआ, उसमें उन्होंने राष्ट्रवादी दल के सदस्य के रूप में भाग लिया और विजयी हुए। उसके थोड़े ही दिनों के बाद वे अपनी पत्नी और दोनों बच्चों—पुत्र महेन्द्र और पुत्री सुनयना—के साथ कुसुमपुर में रहने लगे। इस बात के सम्बन्ध में पूरी तरह आश्वस्त थे कि वे भगवती के शाप की पहुँच के बाहर हो गए थे और वह उनका कोई नुकसान नहीं कर सकता था। प्रकाशग्राम में कुछ वर्षों में दो दर्जन पुरुष मारे गए, लेकिन वे स्वयं सुरक्षित रहे।

इस बीच रोहितपुर जिले के कैमूर अंचल में वामपन्थी आन्दोलन का जोर बढ़ा और ऐसे किसानों को, जिनके पास एक विशेष माप से अधिक जमीन थी, ऊपर

से छह इंच छोटा किया जाने लगा। सुरेन्द्र सिंह, अपनी सुरक्षा के प्रति आश्वस्त, प्रकाशग्राम गए। उनका विश्वास था कि वे भगवती के शाप के प्रभाव क्षेत्र के बाहर निकल जाने के कारण सुरक्षित हैं। साथ-साथ उन्हें अपने अंगरक्षकों की कार्यकुशलता पर भी भरोसा था। दूसरे दिन जब उनकी कार पहाड़ियों के नीचे से गुजरनेवाली सड़क पर जा रही थी, उसे रोककर उन्हें और उनके दो अंगरक्षकों को ऊपर से छह इंच छोटा कर दिया गया। सबने यही कहा कि यह भगवती के शाप का फल था और यह भी कि यदि सुरेन्द्र सिंह प्रकाशग्राम नहीं गए होते, तो वे भगवती के शाप के प्रभाव से बच जाते।

सुरेन्द्र सिंह का बेटा महेन्द्र सिंह, जो उस समय बाईस वर्ष का था, पिता की तरह ही सुन्दर और चतुर था। दो वर्ष पहले उसकी शादी एक धनी जमींदार की पुत्री सुषमा सिंह से हुई थी और पति-पत्नी में इतना प्रेम था कि सबको विश्वास था कि महेन्द्र सिंह अपने पिता की परम्परा को आगे बढ़ाएगा और घर और बाहर की शान्ति को कायम रखते हुए परिवार को अधिकाधिक समृद्धि की ओर ले जाएगा। पिता की मृत्यु के बाद महेन्द्र सिंह और उसकी पत्नी सुषमा सिंह ने निश्चय किया कि वे प्रकाशग्राम कभी नहीं जाएँगे और इस तरह भगवती के शाप से सम्भावित किसी भी खतरे से अपने-आपको मुक्त रखेंगे।

महेन्द्र सिंह ने पत्नी से कहा, ‘‘प्रिये, प्रकाशग्राम में नहीं जाने का दुःख मुझे सिर्फ एक कारण से होगा कि मैं सुवर्णा के समीप रहने का अवसर नहीं पा सकूँगा। सुवर्णा मुझे उतना ही प्रिय है जितना तुम हो। तुम मुझसे जितना प्यार करती हो, उससे अधिक प्यार वह मुझसे करती है। जब मैं उसके पास होता हूँ तो मुझे लगता है कि वह मेरा आलिंगन करने के लिए आतुर है और मैं उसके पास जाने के लिए बेचैन हो जाता हूँ।’’

सुषमा देवी ने मुस्कुराकर कहा, ‘‘प्रिय पतिदेव, नदी का आलिंगन किसी आदमी के लिए खतरे की घंटी है। लेकिन सुवर्णा से आपका इतना लगाव है तो आप जब चाहें उससे मिल सकते हैं। इसके लिए आपको प्रकाशग्राम जाने की जरूरत नहीं होगी। नौगढ़ में मेरे भैया सोमपाल सिंह का फार्म है। उससे मुश्किल से दो मील पूरब सुवर्णा नदी बहती है। आपको जब फुर्सत हो, वहाँ चलें और महीना-दो महीना वहाँ रहें। मैं भी आपके साथ रहूँगी, यह देखने के लिए कि सुवर्णा में ऐसा क्या है जो आपको इतना आकर्षित करता है।’’

महेन्द्र सिंह ने कुछ धीमी आवाज में, जैसे हृदय के किसी कोने में लिखी पंक्तियों को पढ़ रहा हो, कहा, ‘‘प्यारी सुषमा, मुझे स्वयं नहीं मालूम कि सुवर्णा

में ऐसा कौन-सा आकर्षण है कि मेरा मन उसकी तरफ इस तरह खिंचता है जैसे वह उससे बँधा हो। शायद यह इस कारण है कि मेरे बचपन के कुछ वर्ष उसके समीप बीते। उसके बारे में सोचते ही ऐसा लगता है कि क्या ही अच्छा होता यदि जिन्दगी के आखिरी क्षण उसी की गोद में बीतते।"

सुषमा देवी नाराज होती हुई बोली, "सुवर्णा की गोद में जाएँ आपके दुश्मन। आप क्यों जाएँगे?"

महेन्द्र सिंह जोर-जोर से हँस पड़ा। लेकिन उसकी हँसी कृत्रिम थी। ऐसा लग रहा था कि वह अपनी पत्नी की चिन्ता को समझते हुए भी उसे दूर करने में स्वयं को असहाय पा रहा था। लेकिन उसने तय किया कि वह प्रकाशग्राम जाने का मोह सँवरण करेगा और कोई भी ऐसा काम नहीं करेगा जिससे चिन्ता बढ़े। वह पिता के अधूरे कामों को पूरा करने में लग गया। सबसे महत्त्वपूर्ण काम जो उसके सामने था, वह था राजनीतिक और आर्थिक प्रभाव में अभिवृद्धि। वह जानता था कि आर्थिक समृद्धि का सर्वोत्तम मार्ग राजनीतिक प्रभाव है और इसी की अभिवृद्धि में उसने अपनी क्षमता का उपयोग करने का निश्चय किया।

उस समय कुसुमांचल में सामाजिक न्याय दल का प्रभाव तीव्र गति से बढ़ रहा था। सामाजिक जीवन के हर क्षेत्र में अपराधकर्मियों के प्रभाव में तेजी से वृद्धि हो रही थी और चूँकि सामाजिक न्याय दल के अधिकांश नेता और कार्यकर्त्ता अपराधकर्मी थे, इस कारण इस दल की शक्ति में सर्वाधिक तीव्र गति से वृद्धि हो रही थी। इस दल का नेता मल्लू गोप बहुआयामी व्यक्तित्व का आदमी था। उसने लड़कपन में दस वर्षों तक भांड पार्टी में नाचने का काम किया था, और धीरे-धीरे अपराध की दुनिया में गहरा सम्बन्ध स्थापित कर लिया था। कुसुमांचल राज्य में जितने बड़े-बड़े अपराध-कर्म होते थे, उनमें वह किसी न किसी तरह से शामिल रहता था और उनसे होनेवाले लाभ का एक बड़ा हिस्सा उसका होता था। वह प्रान्त के अन्य राजनीतिक दलों के नेताओं से मधुर सम्बन्ध बनाए रखता था, क्योंकि वह जानता था कि वे भी अपराध के दुनिया के नेता हैं और एक दूसरे से मित्रतापूर्ण सम्बन्ध रखकर ही वे अपने साझा दुश्मन—साधारण जनता से मुकाबला कर सकते हैं। महेन्द्र सिंह मल्लू गोप के व्यक्तित्व से इतना प्रभावित था कि उसने अपने स्वर्गीय पिता के दल—राष्ट्रवादी दल का त्याग कर दिया और मल्लू गोप के दल—सामाजिक न्याय दल—में शामिल हो गया।

सामाजिक न्याय दल में शामिल होने के कुछ ही दिनों के अन्दर महेन्द्र सिंह के चरित्र में भारी परिवर्तन होने लगे। हर तरह के अपराध के प्रति उसका स्वाभाविक झुकाव हो गया, मानो अपराधकर्म से लगाव उसके लहू में हो और उचित अवसर मिलते ही उसने वृक्ष का रूप धारण करना शुरू कर दिया हो। हत्या,

व्यभिचार, डकैती, अपहरण, दूसरों की सम्पत्ति पर बलपूर्वक अधिकार और ऐसे ही अन्य अपराध, जो सामाजिक न्याय दल की शक्ति के सर्वमान्य अस्त्र थे, अब उसे प्रिय लगने लगे। उसका कुसुमपुर का बँगला जो नगर के एक उच्चवर्गीय आवासीय क्षेत्र में अवस्थित था, हर तरह के अपराधकर्मियों का मिलन-स्थल हो गया। अब उसका अधिक समय अपराधकर्मियों के संरक्षण और अपराधकर्मों से लाभ उठाने में बीतने लगा। इसका एक परिणाम यह हुआ कि उसका अपनी पत्नी से लगाव कम हो गया और वह अन्य औरतों में दिलचस्पी लेने लगा। उसकी पत्नी सुषमा देवी को इससे बहुत मानसिक क्लेश हुआ, लेकिन अब उसमें उसका विरोध करने का साहस नहीं था क्योंकि वह उससे डरने लगी थी। फिर भी उसने सोचा—'सम्भव है, मेरे भैया सोमपाल के फॉर्म नौगढ़ में जाने से मेरे पति का मन कुछ बदले। सुवर्णा वहाँ से मुश्किल से दो मील की दूरी पर है। सम्भव है, सुवर्णा का साथ पति का प्रेम लौटाने में मेरी मदद करे।'

उसने महेन्द्र सिंह से कहा, "कुसुमपुर में लगातार रहते दो साल हो गए। सुवर्णा को देखने की मेरी तीव्र इच्छा हो रही है। लेकिन हम प्रकाशग्राम नहीं जाएँगे। भगवती के शाप की पहुँच से अलग रहना ही अच्छा है। हम क्यों न भैया के फॉर्म नौगढ़ चलें? हम वहाँ दो-चार दिन रहेंगे और सुवर्णा के तट पर शाम-सवेरे घूमेंगे।"

महेन्द्र सिंह की नई जीवन-शैली के कारण सुवर्णा से सामीप्य की इच्छा उसके मस्तिष्क की गहराइयों में तिरोहित हो गई थी। लेकिन पत्नी के स्मरण दिलाने पर यह अपनी पूरी मोहकता के साथ प्रकट हो गई। उसने कहा, "मेरी भी इच्छा सुवर्णा को देखने की है। हम प्रकाशग्राम नहीं जाएँगे। तुम्हारे भैया के नौगढ़ स्थित फार्म पर ही एक सप्ताह बिताएँगे। सुवर्णा वहाँ से समीप है और एक हजार गैंडों के दल के समान दिखाई पड़नेवाली कैमूर की पहाड़ियाँ भी दूर नहीं हैं। अभी बसन्त के प्रथम चरण हैं। इससे अच्छा समय शायद ही मिलेगा।"

महेन्द्र सिंह और सुषमा देवी तीसरे दिन ही नौगढ़ पहुँच गए। सोमपाल सिंह ने बहनोई और बहन के स्वागत में कोई कमी नहीं रखी। उसकी पत्नी सविता देवी अपनी ननद और ननदोई की सेवा में इस तरह लग गई मानो वह अपनी जीविका के लिए उन पर निर्भर हो। वह उनकी सुख-सुविधा का हर क्षण ध्यान रखती और इस बात का खयाल रखती कि उन्हें, विशेष रूप से महेन्द्र सिंह को, असन्तोष का कोई कारण न मिले।

सविता देवी पैंतीस वर्ष की बहुत सुन्दर और स्वस्थ महिला थी। यद्यपि उसकी शादी के दस वर्ष बीत चुके थे, उसकी कोई सन्तान नहीं थी। वह सोमपाल सिंह की दूसरी पत्नी थी। उसका पति उससे बारह वर्ष बड़ा था, और पहली पत्नी की

मृत्यु के बाद उसने उससे शादी की थी। लेकिन वह महेन्द्र सिंह और सुषमा देवी से उम्र में बड़ी थी और शायद यह भी एक कारण था कि उसे उनके स्वागत और साहचर्य से प्रसन्नता होती थी। वह महेन्द्र सिंह से खुलकर मजाक करती और अपना अधिक से अधिक समय उसके और सुषमा देवी के साथ बिताने का प्रयत्न करती। जब वे सुवर्णा के तट पर, या कैमूर की पहाड़ियों में, कुछ समय बिताने के लिए रवाना होते, तो वह भी उनके साथ कार में बैठ जाती। वे इन स्थानों पर अक्सर संध्या को जाते, और बहुत रात बीते तक बैठे बातें और हँसी-मजाक करते। अक्सर ही जोर-जोर से ठहाके लगाते और हँसते-हँसते सविता देवी महेन्द्र सिंह की देह पर लुढ़क जाती और महेन्द्र सिंह, जैसे मजाक में ही, उसे बाँहों में भरकर चूम लेता। सुषमा देवी को यह बुरा लगता लेकिन उसे विश्वास था कि इसमें कुछ भी संकल्पित या नियोजित नहीं था और वह अपनी अप्रसन्नता को दबा लेती।

महेन्द्र सिंह एक सप्ताह रुकने की योजना बनाकर नौगढ़ आया था, लेकिन चार सप्ताह बीत गए और वह कुसुमपुर का नाम ही जैसे भूल गया था। सुषमा देवी का मन नौगढ़ छोड़ने के लिए छटपटाने लगा, लेकिन वह अपने पति से इसके लिए संकेत करने में भी हिचकती थी, क्योंकि उसके अनुरोध पर ही वह वहाँ आया था। अब उसे रात में नींद नहीं आती और तरह-तरह की आशंकाएँ मन में उठतीं। एक सुबह उसके सिर में इतना भयंकर दर्द हुआ कि सोमपाल सिंह डॉक्टर से दिखाने के लिए उसे रोहितपुर ले गया—महेन्द्र सिंह कोई बहाना बनाकर पीछे रह गया और सविता देवी घर के कामों में व्यस्तता के कारण नहीं गई। दोपहर बाद जब वे रोहितपुर से लौटे, तो सोमपाल सिंह बहन को बँगले के अहाते के प्रवेश-द्वार पर उतारकर फार्म की तरफ चला गया। सुषमा देवी ने देखा कि बँगले में सर्वत्र शान्ति थी, मानो नौकरों को छुट्टी दे दी गई हो और अन्य लोग सो गए हों। वह धड़कते दिल से आगे बढ़ी और बँगले के अन्दर जाकर उस कमरे के दरवाजे के सामने खड़ी हो गई, जिसमें उसका पति सोता था। किवाड़ उठंगाए हुए थे, लेकिन कमरे के अन्दर सबकुछ शान्त नहीं था। उसने किवाड़ों को धीरे से धक्का देकर खोल दिया और अन्दर घुसी। पलँग पर महेन्द्र सिंह और सविता देवी, पूर्णरूप से निर्वस्त्र, एक-दूसरे की बाँहों में थे। वह एक क्षण तक वहाँ खड़ी रही, फिर कमरे से बाहर निकल, बँगले के बाहरी बरामदे में एक कुर्सी पर बैठ गई।

कुछ देर के बाद महेन्द्र सिंह वहाँ आया और उसकी बगल में एक कुर्सी पर बैठ गया। उसने इस तरह कपड़े पहने थे, जिससे लगता कि वह कहीं बाहर जाने की तैयारी करके आया था। चार-पाँच मिनटों तक उनमें से कोई कुछ नहीं बोला।

फिर महेन्द्र सिंह ने किंचित् अनिश्चय के साथ पूछा, ''हम कल कुसुमपुर लौट जाएँ तो कैसा रहे? भवन-निर्माण विभाग में तीन लाख रुपए बाकी हैं। ऑफिस के लोगों को कुछ दे-लेकर काम कराना है।''

सुषमा देवी ने दो मिनट के बाद कहा, ''मैं भी सोचती हूँ कि शीघ्र कुसुमपुर लौट जाना अच्छा है। हमें बहुत-सी चीजों का हिसाब करना है।''

महेन्द्र सिंह बोला, ''तो ठीक है। हम कल ही लौट चलें।'' एक क्षण बाद उसने कहा, ''मैं इस समय रोहितपुर जा रहा हूँ। वहाँ कुछ सामान खरीदना है। उसके बाद सुवर्णा के तट पर थोड़ी देर बैठूँगा। न जाने फिर कब यहाँ आने का अवसर मिले! क्या तुम भी चलना चाहोगी?''

सुषमा देवी ने कुछ सोचकर कहा, ''ठीक है। मैं भी चलती हूँ।''

रोहितपुर में महेन्द्र सिंह ने अपनी राइफल के लिए कुछ गोलियाँ और एक दवा की दुकान से कुछ दवाएँ खरीदीं। सुषमा देवी चुपचाप कार में बैठी रही। महेन्द्र सिंह ने कहा, ''चलें, किसी होटल में बैठकर एक कप चाय पी लें। उसके बाद सुवर्णा की तरफ चलेंगे।''

सुषमा देवी ने पूछा, ''और कुछ नहीं खरीदना है क्या?''

महेन्द्र सिंह ने मुस्कुराकर कहा, ''नहीं, अभी कुछ और नहीं खरीदना है।''

वे एक होटल में गए और एक केबिन में बैठे। दो-तीन मिनटों तक कोई बेयरा नहीं आया तो महेन्द्र सिंह ने कहा, ''मैं देखता हूँ कि क्या बात है,'' और बाहर चला गया।

कुछ मिनटों के बाद वह स्वयं दो कप कॉफी लिए केबिन में आया और पीछे से एक बेयरा एक ट्रे में खाने की कुछ चीजें ले आया। बेयरा के चले जाने के बाद महेन्द्र सिंह ने कहा, ''मैं पहले कॉफी पी लूँ, नहीं तो ठंडी हो जाएगी। उसके बाद कुछ खाऊँगा।''

उसने कॉफी पीनी शुरू की और सुषमा देवी ने भी वही किया। महेन्द्र सिंह ने एक बार तीक्ष्ण दृष्टि से उसकी तरफ देखा, फिर सिर झुकाकर कॉफी पीने लगा।

कॉफी पी लेने के बाद वह ट्रे में रखे चिप्स खाने लगा और एक प्लेट पत्नी की तरफ बढ़ा दिया। सुषमा देवी बोली, ''नहीं, मेरी तबियत ठीक नहीं। लगता है, कॉफी पीने से मेरे सिर का दर्द बढ़ गया।''

महेन्द्र सिंह ने कहा, ''तो फिर चला जाए। तुम्हारी दवाएँ बँगले पर हैं न?''

सुषमा देवी ने जवाब दिया, ''हाँ, वहाँ पर ही है।''

वे शीघ्र होटल से निकल गए और कार में बैठकर चल पड़े। लेकिन वे शहर से बाहर निकले भी नहीं थे कि सुषमा देवी महेन्द्र सिंह के कन्धे पर लुढ़क गई।

महेन्द्र सिंह ने धीमी आवाज में कहा, "सुषमा, सीधा होकर बैठो। भार से स्टीयरिंग ह्वील पर कण्ट्रोल नहीं रहेगा और एक्सिडेंट हो सकता है।"

लेकिन सुषमा देवी की आँखें मुँद चुकी थीं और वह उसकी आवाज नहीं सुन पा रही थी। महेन्द्र सिंह ने सन्तोष की साँस ली। उसने गाड़ी को एक अपेक्षाकृत सुनसान जगह में रोका, पत्नी को अपनी सीट पर ही लिटा दिया, और तब गाड़ी को कैमूर की पहाड़ियों की तरफ ले गया।

वह अँधेरा होने के बाद नौगढ़ लौटा। उसके कपड़े खून से लथपथ थे और सुषमा का मृत शरीर, जो आधा दर्जन से ऊपर गोलियाँ लगने से क्षत-विक्षत था, आगे की सीट पर पड़ा था। महेन्द्र सिंह ने बताया कि जब वे कैमूर की घाटी में सुवर्णा के तट पर बैठे थे, डाकुओं ने पीछे से आकर उन पर गोलियाँ चलानी शुरू कर दी थीं और वे तब भागे जब उसने स्वयं अपनी रिवॉल्वर से उन पर गोलियाँ चलाईं। लेकिन वह अपनी पत्नी को बचाने में असमर्थ रहा।

सोमपाल सिंह ने कुछ नहीं कहा। रात में ही सुषमा देवी का दाह-संस्कार कर दिया गया।

महेन्द्र सिंह अपनी पत्नी के अन्तिम संस्कार के लिए नौगढ़ में दो सप्ताह तक रुक गया। वह पत्नी की मृत्यु से इतना दुखी था कि उसकी हालत एक अर्द्ध-विक्षिप्त व्यक्ति-सी हो गई थी और उसे न भोजन की चिन्ता रहती थी और न कपड़े की। सविता देवी भी उतनी ही अधिक दुखी थी, और सुषमा देवी का जिक्र छिड़ते ही उसकी आँखों से आँसू बहने लगते थे। लेकिन वह अपनी भावनाओं पर नियन्त्रण रखने का प्रयत्न करती थी और इस कारण अपने वस्त्र और आभूषण के सम्बन्ध में उतनी ही सावधान थी जितनी पहले थी। लेकिन सोमपाल सिंह, जो अपनी बहन को बहुत प्यार करता था, अब उसके प्रति अन्यमनस्क हो गया लगता था, मानो उसकी मृत्यु के साथ उसकी याद को भी मिटा देना चाहता था। वह अपने बहनोई और अपनी पत्नी के दुःख से दुखी था, लेकिन वह उनके प्रति भी अन्यमनस्क हो गया था लेकिन उसमें एक परिवर्तन और आया था। वह सिर्फ दूसरों के प्रति ही नहीं, अपने प्रति भी अन्यमनस्क हो गया था।

सुषमा देवी के अन्तिम संस्कार के बाद जिस दिन महेन्द्र सिंह को कुसुमपुर लौटना था, उसके एक दिन पहले सविता देवी ने पति से कहा, "बहनोईजी का स्वास्थ्य गिरता जा रहा है। बहनजी की मौत से उन्हें बहुत बड़ा सदमा पहुँचा है। लगता है, इस समय उन्हें अकेले छोड़ना ठीक नहीं।"

सोमपाल सिंह बोला, "हाँ, सुषमा की मृत्यु से महेन्द्र सिंह को बड़ी तकलीफ हुई है। लेकिन क्या किया जा सकता है? मैंने उनसे कहा कि कुछ दिन और नौगढ़ में रुक जाइए, लेकिन वे मानते ही नहीं। कहते हैं कि कुसुमपुर नहीं जाने से नुकसान होगा।"

सविता देवी ने एक क्षण सोचकर कहा, "क्या यह उचित नहीं होगा कि मैं दस दिनों के लिए कुसुमपुर चली जाऊँ? मुझे घुटने के दर्द के लिए किसी डॉक्टर से राय भी लेनी है। रोहितपुर के डॉक्टर रमन की दवा से कोई फायदा नहीं हो रहा।"

सोमपाल सिंह ने जवाब दिया, "सविता देवी, तुम्हारी राय मुझे ठीक लग रही है। मैं इसमें कोई नुकसान नहीं देखता।"

दूसरे दिन महेन्द्र सिंह के साथ सविता देवी कुसुमपुर चली गई। कुसुमपुर में उसने महेन्द्र सिंह के स्वास्थ्य में सुधार के लिए पूरा प्रयत्न किया और परिणामस्वरूप वह दो-चार दिनों में ही पहले की तरह स्वस्थ और प्रसन्नचित्त दिखने लगा। उसके राजनीतिक कार्यकलाप बढ़ गए और मल्लू गोप से उसकी निकटता भी बढ़ गई। एक महीना बीतते-बीतते वह सामाजिक न्याय दल द्वारा सभाओं में एक मान्य नेता और सफल वक्ता की तरह भाग लेने लगा। उसके साथ सविता देवी भी उन सभाओं में जाती और सामाजिक न्याय के लिए विश्वास और उत्साह से भरे भाषण देती। आश्चर्य की बात यह थी कि महेन्द्र सिंह के साथ कुसुमपुर आने के पहले सविता देवी में कोई राजनीतिक दिलचस्पी नहीं थी, लेकिन महेन्द्र सिंह के साथ थोड़े दिनों तक रहने से ही उसमें ऐसी राजनीतिक प्रतिभा विकसित हुई जिसके सम्बन्ध में पहले किसी ने कल्पना भी नहीं की थी। दल की सभाओं में सभी उसे मुक्ति-प्राप्त महिला समझते थे, जिसने परिवार के बन्धनों को तोड़ दिया था और अपनी राजनीतिक निष्ठा के लिए सारी शक्ति लगाने का व्रत लिया था। सामाजिक न्याय दल के नेतागण इस बात से अवगत थे कि वह महेन्द्र सिंह की पत्नी नहीं, बल्कि एक रिश्तेदार है, यद्यपि वह उसके साथ पत्नी की तरह रहती है। लेकिन इससे उसके प्रति उनकी राय अधिक ऊँची होती थी, क्योंकि वे जानते थे कि ये शुभ लक्षण हैं और इससे सामाजिक न्याय दल के नेता के रूप में उसके उत्थान से सम्बन्धित सारा सन्देह निर्मूल हो जाता था। इसके साथ-साथ उसके प्रति उनका लगाव भी बढ़ जाता था क्योंकि वे इस बात के प्रति आश्वस्त हो जाते थे कि उनके प्रयत्न भी सफल हो सकते थे।

सविता देवी को कुसुमपुर आए दो महीने बीत गए और वह वहाँ की जिन्दगी से इस तरह रम गई जैसे उसने इसके अलावा कोई अन्य जिन्दगी नहीं देखी हो। सोमपाल सिंह की चिन्ता बढ़ रही थी, लेकिन वह ऊपर से शान्त रहा। उसने

अपने ही सूत्रों से पता लगाया और उसे जो बातें मालूम हुई, वे बहुत प्रिय नहीं थीं। उसने स्वयं जाकर सबकुछ देखने का निश्चय किया और एक दिन, बिना पूर्व सूचना के कुसुमपुर में महेन्द्र सिंह के घर पहुँच गया।

सोमपाल सिंह में राजनीतिक जागरूकता अवश्य थी, लेकिन उसकी राजनीतिक लगन उस ऊँचाई पर नहीं पहुँची थी जहाँ महेन्द्र सिंह और सविता देवी की पहुँच चुकी थी। वह अपने बहनोई और अपनी पत्नी की राजनीतिक लगन को उचित सम्मान देने में असफल रहा और उसने कुछ कठिन निर्णय कर लिए। लेकिन उसने न अपनी बात से और न अपने व्यवहार से इसे कहीं प्रकट होने दिया।

उसने दो दिन शान्तिपूर्वक महेन्द्र सिंह के घर बिताने के बाद तीसरे दिन उससे कहा, "प्रिय महेन्द्र, मुझे बड़ी खुशी है कि तुम्हारा स्वास्थ्य अब ठीक है। अब मैं अपनी पत्नी के साथ नौगढ़ लौट जाऊँ तो कैसा रहे? वैसे तुम चाहो तो कुछ दिनों के लिए हमारे साथ चले चलो। नौगढ़ में राजनीतिक उठापटक से दूर रहकर थोड़ा विश्राम कर सकते हो। फिर सुवर्णा के तट पर भ्रमण का आनन्द जब चाहो ले सकते हो।"

महेन्द्र सिंह ने सोमपाल सिंह का विरोध करना उचित नहीं समझा। उसने सोचा—'कुछ दिनों तक नौगढ़ में बिताने के बाद कुसुमपुर लौट आऊँगा। सविता देवी को साथ लाने का कोई न कोई उपाय निकल आएगा।' फिर उसने मन ही मन हँसकर अपने आप से कहा—'बूढ़ा समझता है कि मैं सुवर्णा के तट पर घूमने के लिए नौगढ़ में रुकता हूँ। उसे क्या मालूम कि मेरे लिए आकर्षण की एक दूसरी वस्तु है?'

तीसरे दिन सोमपाल सिंह महेन्द्र सिंह और सविता देवी के साथ नौगढ़ लौट आया। उसने महेन्द्र सिंह को इतने प्रेम और आदर से रखा जैसे उसकी खुशी पर ही उसकी जीविका निर्भर हो। महेन्द्र सिंह ने उसके इस व्यवहार को उसकी मूर्खता का प्रमाण माना, क्योंकि वह जानता था कि कोई मूर्ख आदमी ही अपनी पत्नी के प्रेमी से इस तरह का व्यवहार कर सकता है। लेकिन उसने उसे उसकी मूर्खता के लिए क्षमा कर दिया। क्योंकि उसका विश्वास था कि वह अपनी पत्नी से उसके सम्बन्ध के बारे में कुछ भी नहीं जानता है, और यह ऐसी मूर्खता थी जिसके लिए क्षमा करना ही श्रेयस्कर था।

नौगढ़ में रहते महेन्द्र सिंह के पन्द्रह दिन बीत गए। सोमपाल दस बजते-बजते अपने फार्म पर चला जाता और रात में दस बजे के पहले शायद ही कभी लौटता। वहाँ ढेरों काम थे, जिन्हें उसके सिवा कोई अन्य नहीं कर सकता था। बरसात के दिन दूर नहीं थे। आसमान दौड़ लगाते हुए काले-भूरे बादलो से

घिर जाता था, और समय रहते खेती के सारे कामों को पूरा करना था। सोमपाल सिंह की इस दिनचर्या से महेन्द्र सिंह और सविता देवी दोनों को सन्तोष था, क्योंकि उन्हें इससे अपनी दिनचर्या को मनोनुकूल बनाने में सहायता मिलती थी। सोमपाल सिंह के बँगले से चले जाने के बाद उनकी गतिविधि से हर तरह का नियन्त्रण समाप्त हो जाता था और वे अपने समय का पूरा सदुपयोग कर सकते थे। दिन में नाश्ता और भोजन के बाद वे कुछ समय तक विश्राम करते और चार बजते-बजते महेन्द्र सिंह की कार में सुवर्णा के तट पर या कैमूर की तलहटी के झुरमुटनुमा पेड़ों के जंगलों में, प्रकृति की सुन्दरता का आनन्द लेने के लिए घंटों बिताते और दो घड़ी रात बीतने पर नौगढ़ लौटते। सोमपाल सिंह उनकी खुशी में खुश लगता था क्योंकि वह प्रतिदिन सुबह में, नाश्ते के समय उनसे पिछले दिन के कार्यक्रम के बारे में पूछता और नए दिन के कार्यक्रम के सम्बन्ध में अनेक सुझाव देता। ऐसा लगता था कि उनकी खुशी में ही उसकी खुशी थी और वह यही चाहता था कि वे हर तरह से प्रसन्न और सन्तुष्ट रहें।

एक शाम जब सोमपाल सिंह बँगले पर लौटा तो उसने पाया कि अभी तक महेन्द्र सिंह और सविता देवी नहीं लौटे हैं। वह चिन्तित हो गया और उसने नौकरों से पूछा कि क्या वे कुछ कहकर गए हैं? जब नौकरों ने बताया कि उन्हें कुछ नहीं कहा गया है, तो वह अधिक चिन्तित हो गया। चिन्तित होने की बात ही थी। कैमूर की तलहटी के जंगलों में और सुवर्णा के तट पर खड़े झुरमुटों में चोर-डाकू छिपे रहते थे और रात होते ही उनका उत्पात शुरू हो जाता था। दो घंटे और बीते और जब उसके बाद भी वे नहीं आए तो उसने जीप में चार लोगों को लिया और महेन्द्र सिंह और सविता देवी की तलाश में निकल पड़ा। दो घंटों तक खोजने के बाद उनकी लाश सुवर्णा के तट पर एक झुरमुट की बगल में मिली। उनकी देह राइफल की गोलियों से छलनी कर दी गई थी।

सोमपाल सिंह ने उनकी लाशों को जीप पर रखवाया और बँगले पर ले आया। उसने उसी रात को उनका दाह-संस्कार करवा दिया क्योंकि इतनी बुरी तरह क्षत-विक्षत लाशों को सहेजकर रखने से कोई फायदा नहीं था।

प्रकाशग्राम के लोगें ने सारी बात सुनने के बाद अविश्वास से ऊपर-नीचे सिर हिलाया और एक-दूसरे से बोले, "इस बार भगवती का शाप आधा ही सच हुआ। महेन्द्र सिंह मारा जरूर गया, लेकिन उसकी पत्नी विधवा नहीं हुई।"

भाई-भाई

प्यारी लक्ष्मी, मैं दुश्मन की सेना की टोह लेकर अभी-अभी खेमे में लौटा हूँ। इस समय रात के बारह बजे हैं और दो घंटे बाद हमें दुश्मन पर धावा बोलने के लिए कूच करना है। सोचा, क्यों न इसी बीच लक्ष्मी के पास पत्र लिख दूँ। जब मैं बाहर गया था, उसी समय हमारी सेना का एक हेलिकॉप्टर आया था जो तुम्हारी चिट्ठी भी ले आया। सूबेदार साहब ने तुम्हारी चिट्ठी मेरे लौटते ही मुझे दी। तुम्हारे भेजे हुए जनेऊ और ताबीज भी मिले।

प्यारी लक्ष्मी, मैं दुश्मन की टोह में चार जवानों के साथ आठ बजे ही खेमे से गया था। और लोग भी जाने के लिए तैयार थे, लेकिन मेजर साहब ने कहा, ''प्रीतम सिंह जाएगा। हमारी पूरी बटालियन में एक ही चीता है और वह है प्रीतम सिंह।' उन्होंने जब मेरे कमांड में टोही दल को भेजने का निश्चय किया तो मुझे ऐसी खुशी हुई जैसे मेरा प्रमोशन हो गया हो। बात यह है कि दुश्मन बहुत काइयाँ और क्रूर है। वह रात के अँधेरे में चलता है, और जब पाता है कि हम सावधान नहीं हैं तो अचानक धावा बोल देता है। रावण की सेना समझ लो। यह जितना क्रूर है, उतना मायावी भी है और हमें हर क्षण सावधान रहने की जयरत है। मेजर साहब जानते हैं कि मैं दुश्मन की चाल से धोखा खानेवाला नहीं और वह कोई भी रूप क्यों न धरे, मैं उसे पहचान लूँगा। लेकिन सावधान हर क्षण रहना है, क्योंकि वह कभी भी धोखा दे सकता है।

दो दिन पहले की बात मैं बताऊँ। हम दिन के बारह बजे पहुँचे थे और तम्बू गाड़ते और सामान ठीक करते शाम के आठ बज गए। उस समय तक यहाँ इतनी ठंड पड़ने लगती है कि तुम सोच नहीं सकती हो। हमारी बटालियन यहाँ पहले कभी नहीं आई थी और इस कारण हमें मालूम नहीं था कि यहाँ इतना जाड़ा पड़ता है। पहाड़ों के ऊपर बर्फ ही बर्फ है और वहाँ से होकर जो हवा आती है, उसकी साँस में भी बर्फ होती है। हम लोग थके हुए थे और इस भ्रम में भी थे कि हमारे आने की खबर दुश्मन को नहीं लगी होगी और यदि लगी भी हो तो हमारे पास

इतनी जल्दी नहीं आ सकेगा। हमारे आगे ऊँचे-ऊँचे पहाड़ हैं और उन्हें पार करना तभी सम्भव है, जब महीनों से उसके लिए तैयारी की जाए। हमें यह सूचना नहीं थी कि दुश्मन ने यह तैयारी कर ली है वरना हम सचेत रहते। इस कारण हम अपने तम्बुओं में कम्बल में लिपटे पड़े थे और भोर होने का इन्तजार कर रहे थे।

मैं भी बहुत थका हुआ था, लेकिन मुझे नींद नहीं आ रही थी। मुझे तुम्हारी और भुवन बेटा की याद आ रही थी और कैली गाय की याद आ रही थी जो पिछली बार, मेरे आते ही समय, मेरी तरफ इस तरह देख रही थी जैसे वह समझ रही हो कि मैं उसे छोड़कर जा रहा हूँ और इस कारण मेरी उलाहना कर रही थी। मैं पिताजी के बारे में सोच रहा था जो खलिहान के पुआल के गांज के नीचे दुबके हुए मलार गा रहे होंगे। यहाँ बाहर ऐसी शान्ति थी जैसे पहाड़ों और घाटी ने ही नहीं, बल्कि हवा ने भी डरकर साँस रोक ली हो। मैं दो कम्बलों के अन्दर सिकुड़कर लेटा हुआ ठंड को दूर रखने की कोशिश कर रहा था, यद्यपि वह न जाने किस रास्ते से अन्दर प्रवेश कर समूची देह में सूइयाँ गड़ा रहा थी। धीरे-धीरे मुझे ऐसा लगा कि ठंड ने सुइयाँ गड़ाना बन्द कर दिया और तम्बू के अन्दर की हवा गर्म होने लगी और बाहर का वातावरण भारी हो गया, जैसे वहाँ असंख्य प्रेत प्रकट हो गए हों। मैं उठ बैठा और तम्बू में दूसरी तरफ सोए सूबेदार मंगल दूबे को पुकारकर बोला, "सूबेदार साहब, जल्दी उठिए। मुझे लगता है कि दुश्मन कहीं समीप है।"

सूबेदार मंगल दूबे मेरे साथ खेमे के बाहर गए और हमने दुश्मन की आहट लेने की कोशिश की, लेकिन कहीं आहट नहीं थी। सूबेदार साहब बोले, "प्रीतम सिंह, तुमने जरूर किसी भूत की आवाज सुनी होगी। मुझे तो कहीं कुछ सुनाई नहीं पड़ता।"

मैंने कहा, "सूबेदार साहब, मुझे उत्तर-पश्चिम के पहाड़ की घाटी से आनेवाली हवा में एक विचित्र किस्म की गर्मी मालूम पड़ रही है। मेरा विश्वास है कि दुश्मन वहाँ छिपा है और हमला होने में देर नहीं है।"

सूबेदार साहब ने दुबारा ध्यान से सुनने की कोशिश की और बोले, "प्रीतम सिंह, मुझे तुम्हारी बात में दम मालूम होता है। चलो, बटालियन को आगाह किया जाए। समय खोना ठीक नहीं।"

दस मिनट के अन्दर पूरी बटालियन खेमे से दो फर्लांग अलग हटकर दुश्मन पर हमला करने के लिए तैयार हो गई। हम जानते थे कि दुश्मन खेमे पर धावा बोलेगा, इस कारण उसके फ्लैंक में हमला करने में होशियारी थी। कुछ ही समय बीता होगा कि दुश्मन एक हजार की संख्या में खेमे के पास आकर गोले बरसाने लगा। इस बीच हमने उसके बाएँ फ्लैंक पर हमला बोल दिया। घंटे भर की

गोलाबारी के बाद दुश्मन मैदान छोड़कर भाग गया। हमारे चार जवान काम आए, लेकिन दुश्मन के पचास सिपाही मारे गए। दुश्मन ने अपने मरे हुए सिपाहियों को छोड़ दिया, लेकिन घायल सिपाहियों को साथ लेता गया। यह हमारे लिए एक बड़ी सफलता थी क्योंकि दुश्मन के एक हजार से ऊपर सिपाहियों को हमारे सौ जवानों ने रौंद दिया था। जानती हो, लक्ष्मी, सबने मिलकर मुझे बटालियन का हीरो बना दिया। इसी कारण आज जब टोह लेने की बात उठी तो मेजर साहब ने टोही पार्टी की कमान मुझे दे दी।

हम शाम को आठ बजे ही निकल गए थे। चाँद के डूबने में अभी आधे घंटे की देर थी, मानो उन्होंने रात्रि-विश्राम की तैयारी कर ली हो। लेकिन आसमान में तारों की संख्या कुसुमपुर के तारों की संख्या से दुगुनी हो गई थी, मानो उन्हें सूचना मिल गई हो कि धरती पर कोई असाधारण खेल होने जा रहा है, और उसे देखने के लिए बच्चे, जवान और बूढ़े सभी बाहर निकल आए हों। इस अँधेरे-उजाले में आँखें दस गज से बाहर कुछ नहीं देख पाती थीं कि दुश्मन हमसे दूर है, क्योंकि हवा में वह गर्मी नहीं थी जो लोगों की भीड़ के कहीं आस-पास होने से होती है। लेकिन हमें विश्वास था कि दुश्मन कहीं समीप ही घात लगाकर बैठा है और आज रात ही हमारे खेमे पर आक्रमण होगा। अतएव हम पूरी सतर्कता से आगे बढ़ते गए।

दो किलोमीटर जाने पर हमें मोंपा लोगों का वह गाँव मिला जहाँ मैं और मेरे साथी परसों दिन में गए थे। यह करीब दो दर्जन घरों की बस्ती थी जिसमें सुखी और प्रसन्नचित्त लोग रहते थे। वे अपनी गरीबी के बावजूद अतिथि-प्रेमी थे, और उन्होंने हमारा सत्कार भाई-बन्धुओं की तरह किया था। आज जब हम उस गाँव के समीप पहुँचे तो हमारे कदम खुद ही तेज हो गए। हमारे एक साथी ने अँधेरे में एक दरवाजे पर दस्तक देने के लिए हाथ बढ़ाया, लेकिन दरवाजा खुला था। हमें आश्चर्य हुआ। हमने घर के अन्दर प्रवेश किया और टॉर्च जलाकर देखा, घर में कोई नहीं था। मिट्टी के बर्तन-भांडे फूटे हुए। कमरों में बिखरे थे और दरवाजों की चौखट और किवाड़ों को जलाकर ताप दिया गया था। हमने दूसरे घरों को भी देखा। पूरी बस्ती की यही दशा थी। पन्द्रह-बीस मिनटों तक ढूँढ़ने के बाद एक घर में एक बूढ़ा आदमी मिला। उसके घर की भी वही दशा थी जो अन्य घरों की थी, लेकिन वह बस्ती छोड़कर गया नहीं था और एक कमरे में दुबका हुआ सोया था। हमने जगाया तो वह डर के मारे काँपने लगा और उसकी घिग्घी बँध गई। अँधेरे में उसने समझा कि हम दुश्मन के सिपाही हैं। लेकिन उसने जब हमें पहचाना तो उसकी आँखों में चमक आ गई। उसने बताया कि एक दिन पहले दुश्मन के सिपाही गाँव में आए थे और वे बस्तीवालों को पकड़कर खाइयाँ खोदने

के लिए ले गए। वे उनकी औरतों को पकड़ अपने बिस्तर गर्म करने के लिए ले गए। उन्होंने चौखट और किवाड़ों को तोड़कर जला दिया और बर्तन-भाँड़ों को फोड़कर अनाज को उठा लिया। बूढ़ा बीमार था, इस कारण उसे पीछे छोड़ दिया गया।

उसी मोम्पा बुजुर्ग से मालूम हुआ कि दुश्मन की सेना की वह टुकड़ी, जो बस्ती के लोगों को पकड़कर ले गई थी, वहाँ से दो किलोमीटर दूर, एक घाटी में डेरा डाले हुए है। हम लोगों ने उसे अपने साथ लिया और इस बात से आश्वस्त होने के लिए कि हमारी आँखों में धूल नहीं झोंका जा रहा है, उसके साथ उस पहाड़ी को पार किया जिसके आगे वह घाटी है। तब तक चाँद डूब चुका था और चारों तरफ घना अँधेरा छा चुका था। हमें पहाड़ी के ऊपर से ही आगे की घाटी में कुछ जलती-बुझती रोशनियाँ दिख पड़ीं। हमने आगे बढ़ना उचित नहीं समझा और मोम्पा बुजुर्ग को साथ लिए अपने खेमे लौट आए। आधे घंटे बाद हमारी बटालियन दुश्मन पर धावा बोलने के लिए कूच करेगी। हम उसकी छाती फाड़ देंगे और उसके लहू से भारत माँ के पैर धोएँगे, जिसकी धरती पर उसने धोखे से प्रवेश कर उसे अपमानित किया। इन कुकर्मियों ने मित्रता का नाटक कर हमारी पीठ में छुरा मारा। इन्होंने अपनी अपवित्र योजना को निर्दोष मुस्कुराहट और मधुमिश्रित बातों के पीछे छिपाए रखा और जैसे ही इन्होंने पाया कि हम अपनी सुरक्षा के प्रति लापरवाह हो गए हैं, इन्होंने हम पर गोली चलाई। प्यारी लक्ष्मी, जिस दिन हमारे देश की वह धरती, जो इस समय इनके अधिकार में है, मुक्त हो जाएगी, मैं घर लौटूँगा और तुम्हें और भुवन को यह क्षेत्र दिखाने के लिए ले आऊँगा। यहाँ के मैदान रोहितपुर के मैदानों से कुछ भिन्न हैं—घने जंगल और ऊँचे पहाड़ोंवाले, और जैस-जैसे आगे बढ़ो, पहाड़ अधिक ऊँचे होते जाते हैं, मानो वे स्वर्ग को ले जानेवाली सीढ़ियाँ हों। तुम्हें याद है न, लक्ष्मी कि युधिष्ठिर हिमगिरि के पहाड़ों से होते हुए स्वर्ग को गए थे? दुश्मन को नर्क का रास्ता पकड़ाने के बाद मैं घर लौटूँगा और तुम्हें और भुवन को कम से कम एक बार यहाँ अवश्य ले आऊँगा।

सूबेदार साहब ने अभी-अभी दस मिनट के अन्दर तैयार होने का हुक्म दिया है। मैं यह पत्र लिखना बन्द करता हूँ। तुम्हें और भुवन को बहुत-बहुत प्यार। माँ को मेरा प्रणाम कहना। मैं जल्द ही घर लौटूँगा। न भी लौट पाऊँ तो अफसोस मत करना। मातृभूमि की रक्षा के लिए अपने पति का बलिदान करने का सौभाग्य हर सुहागिन को कहाँ मिलता है!

नई किरण

[गौरी देवराज को खाना खिला रही है। वह आवाज देती है :]

गौरी : बहू, अनुराधा! देव के लिए चपातियाँ ले आओ। सब्जी भी लेती आना।

अनुराधा : *(नेपथ्य से)* आई, माँजी!

देवराज : अब नहीं चाहिए, माँ।

[अनुराधा का प्रवेश]

अनुराधा : चपातियाँ ले आई, माँजी।

गौरी : कितनी है? चार देवराज को दो।

देवराज : नहीं, नहीं, अब और नहीं चाहिए। किस पेट में खाऊँगा भला!

अनुराधा : माँजी कह रही हैं। कम-से-कम चार लेनी होंगी।

अनुराधा : माँ, जब तुम्हारी बहूरानी खाने के लिए बैठे, तो पेट भर जाने के बाद एक दर्जन चपातियाँ और दे देना।

रंजन : पिताजी, माँ को तो घर पर रहना है। आप लड़ाई के मैदान में जा रहे हैं। खूब मोटे और मजबूत होकर जाएँगे तभी दुश्मन को पछाड़ सकेंगे।

अनुराधा : बोलिए, अब क्या कहते हैं?

देवराज : अब मुझसे नहीं खाया जाएगा। *(उठकर हाथ-मुँह धोता है)* माँ के द्वारा बनाए भोजन में अमृत मिला रहता है जैसे। *(बैठता है)* रंजन ने क्या कहा? दुश्मन से लड़ने के लिए मोटा बनकर जाना है? रंजन बेटा, इन रगों में बहादुर माँ के दूध का रक्त बह रहा है। यह बिजली बनकर दुश्मनों का नाश करेगा।

रंजन : पिताजी, आपकी माँ बूढ़ी हो गईं। इनके दूध में क्या ताकत होगी भला!

[सभी हँसते हैं]

देवराज : *(हँसकर)* माँ, सुन रही हो? यह लड़का जितना छोटा है, उतना ही खोटा है। बेटा रंजन, न माँ कभी बूढ़ी होगी और न उसका दूध कभी बूढ़ा होगा। मैं माँ का एक अंश हूँ। मैं अभी जवान हूँ और मेरे बाद तुम जवान रहोगे। उसके बाद तुम्हारा लड़का जवान होगा। तुम जवान होगे या नहीं?

रंजन : हाँ, मैं जवान होऊँगा।

देवराज : फिर माँ बूढ़ी कैसे हुई? माँ तो अपनी सन्तान में जीती है।

रंजन : *(अविश्वास के साथ)* हूँ। *(किंचित् विलम्ब से)* लेकिन देखने में वह बूढ़ी लगती हैं।

[सभी हँसते हैं]

देवराज : बेटा रंजन, माँ देखने में बूढ़ी इस कारण लगती है कि तुम उसके शरीर को देखते हो, उसके खून को नहीं देखते जो उसकी सन्तान में विद्यमान है, समझे?

रंजन : *(अविश्वास के साथ)* हूँ!

देवराज : रंजन, क्या तुम जानते हो कि हमारी एक और माँ है—भारत माँ? वह इस देश में रहनेवाले करोड़ों लोगों की माँ है।

रंजन : कहाँ रहती है वह?

देवराज : बेटा, भारत माँ लाखों वर्गमील में फैले इस महान देश के मैदानों और जंगलों में, पहाड़ों और तराइयों में, देश में निवास करनेवाले स्त्री-पुरुष के हृदय में रहती है। वह देश की हजारों वर्ष पुरानी संस्कृति में रहती है। भारत माँ के आँचल में एक पीला अजगर आ गया है। हमें उस अजगर को माँ के आँचल से खदेड़ना है।

रंजन : पिताजी, सिर्फ खदेड़ने से वह लौटकर आ सकता है। उसकी कमर तोड़ देनी चाहिए जिससे वह सरकने न पावे।

[एक क्षण मौन]

गौरी : देवराज, अभी कुछ देर और रुकोगे न?

देवराज : नहीं माँ, छुट्टी खत्म हो गई। कल सुबह मैं रवाना हो जाऊँगा। सात बजे की गाड़ी पकड़ूँगा। तुमने वह तार पढ़ा है जो आज आया है। मुझे जल्दी से जल्दी मोर्चे पर जाना है।

गौरी : बेटा, क्या और दो दिन नहीं रुक सकते? तुम्हारे यहाँ आए आठ दिन

भी नहीं हुए। अभी मैं तुम्हें नजरभर देख भी नहीं पाई हूँ। कम से कम दो दिन और ठहरो। क्या माँ का घर अब छोटा लगता है? क्या बूढ़ी माँ की बेवकूफी-भरी बातें अप्रिय लगती हैं? बेटा, दो दिन और ठहरो। कल मत जाओ। तुम तार भेजकर अपनी छुट्टी बढ़वा सकते हो।

देवराज : *(हँसता है)* माँ, तुम कैसी बातें करती हो? बेटे के लिए माँ का घर स्वर्ग से भी अधिक सुन्दर और प्रिय होता है। माँ की बातें अमृत से अधिक मीठी और प्राणदायिनी होती हैं। मैं हमेशा तुम्हारे कदमों की छाया में रहना चाहता हूँ माँ। लेकिन इस समय मैं अपनी छुट्टी नहीं बढ़ाऊँगा। मैं तुम्हारे लहू का, जो मेरी रगों में बह रहा है, अपमान कैसे कर सकता हूँ? जब तक पीला अजगर भारत माँ के आँचल से खदेड़ नहीं दिया जाता, जब तक उसकी कमर को तोड़ उसे हमेशा के लिए अपंग नहीं बना दिया जाता, तब तक घर मेरे लिए अग्नि-शैया की तरह है। माँ, जब तक इस देश की एक-एक इंच भूमि को दुश्मन की साया से मुक्त नहीं कर लिया जाता, तब तक मेरा एक दिन भी घर रुकना एक जघन्य अपराध है।

गौरी : *(आवाज कुछ भारी हो गई है)* बेटा, कुछ सोचो तो। लड़ाई में कुछ भी हो सकता है। *(एक क्षण मौन)* मैं यह नहीं कहती कि तुम हमेशा के लिए यहाँ रुको। मैं तुम्हें सिर्फ दो दिन और रुकने के लिए कह रही हूँ। आज का अखबार देखा तुमने? दुश्मन की सेना तवांग तक आ गई है। मोर्चे पर घमासान युद्ध हो रहा है। बेटा, कुछ भी हो सकता है। दो दिनों के लिए और रुक जाओ।

अनुराधा : माँजी, आप यह क्या कह रही हैं? मोर्चे पर हजारों जवान लड़ रहे हैं। सबकी माँ है, सबकी पत्नियाँ हैं, सबके बच्चे हैं। यदि देश ही नहीं रहा तो हम कहाँ रहेंगे? आप अपने पुत्र को आशीर्वाद दीजिए। आपका आशीर्वाद इनके लिए रक्षा-कवच होगा।

गौरी : *(भीगी आवाज में)* बहूरानी, मैं क्या आशीर्वाद दूँ? *(एक सुबकी)* मैं क्या आशीर्वाद दूँ, बहूरानी? आज से बीस साल पहले देव के पिता भी इसी तरह मोर्चे पर गए थे। वे भी लेफ्टिनेंट थे और छुट्टी पर घर आए थे। देव उस समय चार साल का था। वे गए और मैं राह देखती रह गई। वे लौटकर नहीं आए। बहूरानी, मैं क्या आशीर्वाद दूँ? *(सिसकती है)*

रंजन : *(ताली बजाता है)* दादीमाँ रोती हैं! दादीमाँ रोती हैं!

देवराज : *(कृत्रिम हँसी हँसता है)* देख माँ, तुम्हारा पोता तुम्हें चिढ़ा रहा है। माँ, सोचो, यदि तुम रोओगी तो मैं दुश्मनों पर विजय कैसा पा सकूँगा? तुम आशीर्वाद दो माँ। तुम्हारा आशीर्वाद विष्णु का चक्र बनकर मेरी रक्षा करेगा और इन्द्र का वज्र बनकर दुश्मनों का संहार करेगा।

रंजन : *(ताली बजाता है)* दादीमाँ रोती हैं! दादीमाँ रोती हैं!

गौरी : *(अपने आँसुओं पर विजय पाने का प्रयत्न करती हुई)* नहीं रे, रंजन बेटा। मैं क्यों रोऊँगी? रोएँ मेरे दुश्मन। मैं जानती हूँ कि मेरा देव मातृभूमि की रक्षा के लिए लड़नेवाले सैनिकों की अगली पंक्ति में रहेगा। मेरी आँखों में कमजोरी के कारण आँसू आ गए। बूढ़ी जो हो गई।

देवराज : धन्यवाद माँ। मुझे तुम्हारा आशीर्वाद चाहिए। तुम जैसी लाखों माताओं का आशीर्वाद चाहिए। भारत के सैनिकों की वीरता विश्व में अद्वितीय है। हम दुश्मनों को उनकी नीचता का दंड देंगे। हमारी पवित्र मातृभूमि उनके आक्रमण से अपवित्र हो गई है। हम इस अपवित्रता की गर्द को उनके लहू से धोएँगे। इसके बाद मैं आऊँगा, और हमेशा तुम्हारे चरणों की छाया में रहूँगा।

गौरी : *(संयत आवाज में)* हाँ, बेटा, मैं भी यही चाहती हूँ। तुम्हारे पिताजी ने मौत से कभी भय नहीं किया। वे दूसरों के लिए लड़ने गए थे, लेकिन लड़ाई के मैदान में उन्होंने कभी पीठ नहीं दिखाई। तुम तो बेटा, अपनी माँ की लाज की रक्षा के लिए लड़ने जा रहे हो। मैं भगवान से प्रार्थना करती हूँ कि तुम्हारा निश्चय कभी कमजोर नहीं हो। तुम्हारे पाँव तब न थकें जब तक तुम मंजिल तक पहुँच न जाओ।

देवराज : धन्यवाद माँ। मुझे तुमसे यही आशा थी।

गौरी : बेटा, मैं तुमसे रुकने के लिए नहीं कहूँगी। तुम मोर्चे पर जाओ और पूरी सजगता से अपना कर्त्तव्य करो। बहूरानी की, रंजन की और मेरी चिन्ता मत करना। मेरा रंजन बेटा सब सँभाल लेगा। क्यों रंजन? *(कृत्रिम हँसी हँसती है)*

रंजन : *(ताली बजाता हुआ)* पिताजी, देखिए, आपकी माँ हँसते-हँसते रोती हैं।

[सभी हँसते हैं]

[2]

[अनुराधा स्वेटर बुनती हुई मीरा का गीत गुनगुनाती है–'सखी, मेरी नींद नसानी हो' :]

अनुराधा : *(ऊँची आवाज में)* रंजन! रंजन! *(अपनी गलती महसूस करके)* उँह! मेरी याद भी खूब है।

गौरी : *(नेपथ्य से)* बहू, किसे पुकार रही हो?

अनुराधा : रंजन के लिए स्वेटर बुन रही हूँ माँजी। माप लेने के लिए उसे बुला रही थी।

गौरी : रंजन घर में नहीं है। बाहर गली में लड़कों के साथ खेल रहा होगा।

अनुराधा : नहीं, माँजी। वह अपने पिताजी के साथ पार्टी में गया हुआ है। मुझे स्मरण नहीं रहा।

गौरी : कैसी पार्टी?

अनुराधा : रंजन के पिताजी के कुछ पुराने मित्रों ने मोर्चे के लिए उनकी विदाई के अवसर पर एक पार्टी का आयोजन किया है।

गौरी : बेटी, क्या देवराज कल जाएगा ही?

अनुराधा : हाँ, माँजी। कल वे अवश्य जाएँगे। इस समय उनका यहाँ रुकना उचित नहीं है।

गौरी : बेटी, क्या तुम उसे किसी उपाय से रोक नहीं सकतीं?

अनुराधा : माँजी, वे सिपाही हैं। उन्होंने देश की रक्षा का व्रत लिया है। आज हमारी मातृभूमि संकट में है। हजारों युवक देश की सीमाओं पर दुश्मनों से जूझ रहे हैं। खेत और फैक्टरियाँ दुश्मन से लड़ने के लिए दूसरा मोर्चा बन चुका है। ऐसे समय में किसी सिपाही के लिए घर पर बैठना कर्तव्यच्युत होना है।

गौरी : बेटी, मेरा कलेजा धड़क रहा है। मेरे अन्दर एक आवाज बार-बार उठ रही है–'देवराज को दो दिनों के लिए रोक लो।' बेटी, जैसे भी हो, उसे दो दिनों के लिए रोक लो।

अनुराधा : *(अस्थिर आवाज में)* माँजी, क्या मैं स्वयं चाहती हूँ कि वे आग में कूदें? मेरी शादी हुए पाँच वर्ष होने को आए, लेकिन मैं उनके साथ कितने दिन बिता सकी? मैं कितने दिन अपना सिर उनके चरणों के पास रखकर सो पाई? माँजी, मुझे अपना भविष्य स्पष्ट दिखाई पड़ रहा है। मैं देख रही हूँ कि आपकी कहानी अपने आप को दुहराने जा रही है। लेकिन मैं इसे रोक नहीं सकती। *(संयत होकर)* मैं यह क्या बक

रही हूँ? देश का मान मेरी साधों और अरमानों से ऊपर है। यह हमारे हृदय की कमजोरी है जो हमसे कह रही है कि उन्हें कुछ समय के लिए रोक लिया जाए।

गौरी : बेटी, बीस साल पहले देव के पिता भी ठीक इसी तरह मोर्चे पर गए थे। वे देव की तरह ही लम्बे-तगड़े जवान थे—जोश से भरे हुए। उस दिन भी मेरा कलेजा बुरी तरह धड़क रहा था। इसी आवाज ने, जिसे मैं आज फिर सुन रही हूँ, उस दिन भी कहा था—'देव के पिता को मोर्चे पर जाने से रोको।' लेकिन उन्होंने मेरी बात को अनसुनी कर दी और चले गए।

[दृश्य परिवर्तन]

देवराज के पिता : प्यारी गौरी, तुम कभी-कभी इस तरह की बातें करती हो कि बस कुछ न पूछो। *(हँसता है)* तुम्हारा कलेजा धड़क रहा है, ऐं? इसी कारण मुझे मोर्चे पर नहीं जाना चाहिए, ऐं? *(हँसता है)*

युवती गौरी : प्रिय, क्या मैं आपकी इच्छा का कभी विरेध करती हूँ? लकिन आज एक प्रार्थना कर रही हूँ। आप मोर्चे पर मत जाइए। कम-से-कम दो दिनों के लिए रुक जाइए। पिछली रात में मैंने दुःस्वप्न देखे हैं। मैंने देखा कि एक काली, भयावनी औरत मुस्कुराती हुई मेरे माथे का सिन्दूर पोंछ रही है। फिर मैंने देखा कि घुप्प अँधेरे में किसी ने पीछे से आकर मुझे एक खाई में ढकेल दिया और जब मैं उसमें से निकली तो मेरे हाथों में चूड़ियाँ नहीं थीं, और मेरी देह पर विधवा की सफेद साड़ी थी। मैं दुःस्वप्नों के कारण रात-भर सो नहीं पाई। मैं आपसे प्रार्थना करती हूँ, आप आज मत जाइए।

देवराज के पिता : मेरी रानी, डरपोक दिलों को कदम-कदम पर अपशकुन दीखते हैं। जानती हो, भगवान बुद्ध ने क्या कहा था? मनुष्य को अपना कर्तव्य करना चाहिए, नक्षत्र क्या कहेंगे? तुम मेरी चिन्ता मत करो। ईश्वर मेरी रक्षा करेगा। मैं भारत माँ की सन्तान हूँ। भारत माँ की सन्तान के लिए सबसे प्रिय वस्तु कर्तव्य है, सुरक्षा नहीं।

गौरी : मेरे प्रियतम, आपको देवराज की कसम। कम से कम दो **दिनों** के लिए रुक जाइए। मैं आपके पाँव पड़ती हूँ।

देवराज के पिता : प्रिये, तुम मुझे अनुचित काम करने के लिए क्यों बाध्य कर रही हो? तुम भारतीय नारी हो। क्या तुम्हें यह शोभा देता है?

[दृश्य परिवर्तन]

गौरी : बेटी, उन्होंने मेरी बात नहीं मानी और चले गए। *(एक क्षण मौन)* बहूरानी, उनसे वह मेरी आखिरी भेंट थी।

अनुराधा : माँजी, दिल को कड़ा कीजिए। सबकुछ भगवान के हाथ में है। हमें कर्तव्यच्युत नहीं होना चाहिए।

गौरी : बेटी, मेरी तरफ देखो। मेरी उम्र पैंतालीस से अधिक की नहीं है। लेकिन क्या मैं साठ से कम की दिखती हूँ? मैंने बहुत देखा है, बहुत सहा है। सभी कहते हैं, भगवान ही सबकुछ करता है, और वह जो करता है, अच्छा करता है। लेकिन क्या यह सच है? नहीं बेटी, एक बार नहीं, हजार बार नहीं। मैं भी सपने देखती थी—सुन्दर भविष्य के सपने, प्रेम से भरी जिन्दगी के सपने। क्या वे सपने सच हुए? मैंने भगवान का क्या बिगाड़ा था? क्या मैंने उनकी पूजा में कोई कमी की थी? क्या मैंने किसी की बुराई की थी, कोई पाप किया था? मेरी छोटी-सी दुनिया थी, पति और पुत्र की। मैं उसी में रमी थी, उसी में सन्तुष्ट और सुखी थी। मैं उसे सुन्दर देखना चाहती थी। लेकिन वह उजड़ गई और मेरे सपने चूर-चूर हो गए। ऐसा क्यों हुआ बेटी? मैंने कौन-सा अपराध किया था जिसका दंड मुझे मिला?

अनुराधा : माँजी, आपके लिए मैं हूँ, रंजन है, रंजन के पिता हैं। आदमी सपने देखता है, लेकिन क्या सभी सपने सच होते हैं? इसके लिए कोई दोषी नहीं है। यह प्रकृति का नियम है।

[एक क्षण मौन]

गौरी : हाँ बेटी, यही सोचकर मैं भी सन्तोष करती हूँ। देव के पिता मोर्चे से नहीं लौटे और मैंने अपनी छाती पर पत्थर रख लिया। वे नहीं थे, देव तो था। उसी के लिए मैंने अपनी जिन्दगी लगा दी। मुझे और ईश्वर को छोड़कर यदि ईश्वर है तो—कोई तीसरा नहीं जान पाएगा कि मैंने अपनी जिन्दगी के दो युग कैसे बिताए। मैं अपनी सहेलियों को, हमउम्र युवतियों को, उनके पति के साथ सुखी देखती थी और मेरी छाती का घाव हरा हो जाता था। मेरे रात-दिन पुरानी स्मृतियों को सँजोते बीतते थे, लेकिन व्रह असह्य पीड़ा का जनक था। मेरी सहेलियाँ सुन्दर कपड़ों और गहनों से अपने शरीर को सजातीं लेकिन मुझे न इसका अधिकार था और न मेरे पास इसके लिए साधन थे। बेटी, तुम औरत हो और मेरे दिल की हालत समझ सकती हो। मैंने

उन अशान्त क्षणों में देवराज का मुँह देखकर सन्तोष किया। पति नहीं था, बेटा तो था। मैंने अपना पेट काटकर उसकी पढ़ाई-लिखाई का प्रबन्ध किया। हमेशा इस बात का ध्यान रखा कि उसे किसी तरह का कष्ट नहीं होने पावे। आज देव भी जा रहा है। बेटी, तुम ही बताओ, मैं कैसे चुप रहूँ?

अनुराधा : माँजी, क्या मैं आपको सीख देने लायक हूँ? क्या मेरे मन की स्थिति आपसे छिपी है? मातृभूमि का कल्याण सबसे ऊपर है, माँजी। हमें अपने कर्तव्य से च्युत नहीं होना चाहिए।

[एक क्षण मौन]

माँजी, जब तक दुनिया में युद्ध होंगे, मानवीय भावनाओं की हत्या होती रहेगी। सौन्दर्य, प्रेम, सुख!—युद्धों का घोषित उद्देश्य इनकी रक्षा होता है, लेकिन युद्धों में हमेशा इनकी हत्या होती है। जब तक युद्ध होते रहेंगे, माँ बेटे से, पत्नी पति से और पिता पुत्र से बिछुड़ते रहेंगे।

गौरी : बेटी, क्या युद्धों को समाप्त करने का कोई रास्ता नहीं? क्या उनका कभी अन्त नहीं होगा?

अनुराधा : युद्धों का अन्त अवश्य होगा, माँजी। वह समय अवश्य आएगा, जब युद्ध नहीं होंगे। लेकिन जब तक अत्याचार है, जब तक एक राष्ट्र द्वारा दूसरे को नीचा दिखाने या हड़प जाने की भावना वर्तमान है, तब तक युद्ध होंगे।

[3]

[रात्रि की शान्ति। कहीं दूर से कुत्ते के भूँकने की आवाज आती है। फिर पहरा देनेवाले सिपाही की आवाज हवा में छनकर आती है—'जागे रहो जी, घर में चोर घुसा है।' सिपाही समीप आता है, फिर आगे बढ़ जाता है। यह उसके बूटों की नियमित आवाज से स्पष्ट है। जाते समय पहली दूरी से ही एक बार फिर आवाज देता है—'जागे रहो जी, घर में चोर घुसा है।' उसकी पग-ध्वनि मन्द पड़ती हुई विलीन हो जाती है।]

देवराज : अनु, घड़ी को देखो। दो बज गए। पहरुआ आखिरी चक्कर लगाकर अभी-अभी गया है। अब सो जाओ।

अनुराधा : *(खिलखिलाकर हँसती हुई)* उहूँ। मैं सोऊँगी नहीं। इस तरह तुम्हारी गोद में सिर रखकर तुम्हारा चेहरा निरखती रहूँगी।

देवराज : *(हँसता है)* मैं तुम्हें अधिक कष्ट नहीं दूँगा। पाँच घंटों की देर है। सात बजे की गाड़ी से चला जाऊँगा।

अनुराधा : नहीं प्रिय, तुम्हारे जाने के बाद मैं कैसे सो पाऊँगी? मेरी नींद तुम्हारे साथ चली जाएगी। *(एक क्षण मौन)* फिर मैं ही क्यों सोऊँ? उधर खिड़की के बाहर देखो। आसमान के तारे जाग रहे हैं। शंकर के ललाट की चन्दन-टीका-सा चाँद भी अभी-अभी जागा है। आज कृष्ण पक्ष की एकादशी है।

देवराज : तुम एकादशी व्रत करती हो न?

अनुराधा : हाँ, प्रिय, मैं चौबीसों एकादशी करती हूँ। मैं अपने उनके लिए और अपने बेटे के लिए सभी व्रत करती हूँ।

देवराज : तुम्हारे 'वे' कौन हैं?

अनुराधा : *(हँसकर)* तुम्हें नहीं बताऊँगी। तुम्हारी अक्ल बहुत मोटी है। सिपाही हो न। मेरे साथ कुछ दिन रहो। अपने-आप समझ जाओगे।

देवराज : मैं समझ गया कि 'वे' तुम्हारे कौन हैं।

अनुराधा : अच्छा, बताओ, 'वे' मेरे कौन हैं?

देवराज : 'वे' तुम्हारे 'वे' हैं और क्या!

[दोनों हँसते हैं]

अनुराधा : क्या तुम जानते हो कि मैं ईश्वर से क्या मनाती हूँ? मैं मनाती हूँ कि ईश्वर उन्हें वज्र का शरीर दे और हजार वर्ष की उम्र दे।

देवराज : और भूसा-भरा दिमाग दे। क्यों?

[दोनों हँसते हैं]

अनुराधा : *(एक क्षण मौन के बाद)* प्रिय, वहाँ देखो। खिड़की से आसमान के तारे दिखाई पड़ रहे हैं। ये सारे स्वर्ग के देवता लोग हैं। ये धरती पर ताकते हुए मनुष्यों के कर्मों का लेखा-जोखा लेते रहते हैं। जो जैसा करता है वैसा फल पाता है। वहाँ देखो। वह चमकीला तारा मेरी बातों को सुनकर मुस्कुरा रहा है और सिर हिला रहा है। वह मेरी बात का समर्थन कर रहा है।

देवराज : यह भी हो सकता है कि वह तुम्हारी नादानी से भरी बातों पर व्यंग्य से हँस रहा हो!

अनुराधा : नहीं, प्रिय। प्रेम नादानी नहीं है। प्रेम दुनिया की सबसे अधिक कीमती और पवित्र वस्तु है। वह ईश्वरत्व का एक अंश है।

देवराज : अनु, क्या तुम नहीं जानतीं कि सभी देव-पत्नियाँ प्रेम को तुम्हारी तरह विवाह की परिधि तक सीमित नहीं मानतीं? वे तुमसे द्वेष करती हैं और द्वेष का परिणाम कमजोर पक्ष के लिए अच्छा नहीं होता।

अनुराधा : *(भावुकता से बोझिल आवाल में)* नहीं, प्रिय। ईश्वर में मेरा अटूट विश्वास है और मैं जानती हूँ कि वह तुम्हारा एक बाल भी बाँका नहीं होने देगा। मैं एक गरीब और कमजोर औरत हूँ। मेरी आवाज ईश्वर तक जाती होगी और वह मेरे सपनों को अभयदान देगा। मैं माँगती ही क्या हूँ? मेरे प्रिय, मेरी सारी इच्छाएँ तुम तक सीमित हैं, मैं सिर्फ तुम्हें माँगती हूँ। मुझे तुम्हारे सिवा और कुछ नहीं चाहिए। क्या यह इच्छा भी असंयमित है?

देवराज : *(कृत्रिम हँसी हँसता है)* अरी पगली, तुम हर बात को इतनी गम्भीरता से क्यों लेती हो? तुम्हारी देह पूजा के धूम की तरह काँप रही है।

[एक क्षण मौन]

अनुराधा : कैसी सुनसान रात है! लगता है, धरती भी अपने ऊपर बसनेवाले प्राणियों के साथ-साथ सो गई है। मन्द हवा पंखा झल रही है, इस डर से कि अलसाकर सोई दुलहन की नींद न टूट जाए। वहाँ सड़क के किनारे पीपल का विशालकाय वृद्ध पेड़ भी सिर झुकाए सो गया है। प्रेमी के आशंका-भरे हृदय की तरह काँपती रहनेवाली उसकी पत्तियाँ नींद की मदिरा पीकर बेसुध पड़ी हैं। सारे के सारे मकान भी सिमटे हुए सो रहे हैं। लेकिन आसमान जाग रहा है, जैसे धरती का पहरा कर रहा हो। यह धरती ईश्वर की सृष्टि का सबसे प्यारा अंग है—है न देव? मनुष्य ईश्वर की सबसे प्रिय सृष्टि है। ईश्वर कभी भी इस धरती का और मनुष्य का नुकसान नहीं होने देगा।

देवराज : हाँ, प्रिय। ईश्वर स्वयं धरती का या मनुष्य का कोई नुकसान नहीं करेगा। लेकिन मनुष्य स्वयं कर सकता है और कर रहा है। हमेशा ही ऐसे मनुष्य हुए हैं जो अपने स्वार्थों के लिए लाखों लोगों की हत्या करने में नहीं हिचके हैं। आज भी ऐसे लोगों की कमी नहीं जिनके लिए सच्चाई, बन्धुत्व, न्याय और ऐसे मानवी गुणों का कोई महत्त्व नहीं। उनके शरीर के रंग की तरह उनके दिल और दिमाग का रंग भी पीला है। ये जहाँ शासन करते हैं वहाँ शासितों के लहू से धरती को सिंचित करते हैं और अनाज के बदले नारों से उनका पोषण करते हैं। वे 'भाई-भाई' के नारे से अपने पड़ोसी देशों को धोखे से रख रात

के अँधेरे में उनकी सीमाओं में अपनी सेना भेज देते हैं और तब उनके भूखंडों का अपने देश का भाग होने का दावा करते हैं। इनका वश चले तो पीले लहूवाले शासक हृदय में उल्लास और होंठों पर प्रसन्नता की मुस्कान लिए किसी भी क्षण मानवता को अणुयुद्ध की भट्ठी में ढकेल दें। ऐसे लोगों से मानवता को बचाने के लिए ईश्वर की तरफ से विशेष सतर्कता की आवश्यकता है।

अनुराधा : प्रिय, इन पागल कुत्तों को दुनिया पहचान गई है और लोग इनकी गतिविधियों से सतर्क हैं। आज धरती का एक-एक इनसान अणुयुद्ध के खतरे को समझता है और इसकी सम्भावना खत्म करने के लिए सक्रिय है। उनके देश की जनता भी इन पागल कुत्तों को जान गई है और वे दिन दूर नहीं जब उसकी मोटी लाठी इन कुत्तों से निबटने के लिए उठे। देव, मेरी आत्मा कहती है कि वे दिन अब दूर नहीं जब दुनिया से युद्धों का अन्त हो जाएगा।

देवराज : अनु, आदमी के लहू के प्यासे इन पागल कुत्तों को छोड़ अन्य कोई नहीं चाहता कि युद्ध हो। हर व्यक्ति शान्ति के साथ रहते हुए परिश्रम करने की आजादी चाहता है और यह भी चाहता है कि उसके परिश्रम का पारितोषिक उसे ही मिले, कोई उसे इससे वंचित न करे।

अनुराधा : *(हँसकर)* यदि समाज ऐसा हो गया तो तुम्हें अपनी सैनिक की वर्दी उतारनी पड़ेगी। उस समय फौज की क्या जरूरत होगी? देव, जानते हो, मैं क्या सोचती हूँ? हम देहात में थोड़ी-सी जमीन खरीदेंगे। तुम खेतों में काम करना और मैं तुम्हारे लिए खाना बनाकर लाऊँगी। मैं रंजन को क्या बनना चाहती हूँ, जानते हो?

देवराज : यह पूछो कि मैं क्या नहीं जानता हूँ। जब तुम मेरी बाँहों में होती हो, मैं दिव्यदर्शी बन जाता हूँ।

अनुराधा : धत्! मैं रंजन को कवि बनाना चाहती हूँ।

देवराज : कवि? कवि बनकर क्या करेगा?

अनुराधा : रंजन कवि बनेगा और प्रेम के गीत गाएगा— अटूट प्रेम के गीत, हिमगिरि की चोटियों पर पड़नेवाली प्रभात की किरणों की तरह सुनहले प्रेम के गीत, कन्याकुमारी के चरणों को धोनेवाले विस्तृत सागर की तरह गहरे प्रेम के गीत, गंगा-यमुना के आँचल में लहरानेवाले सरसों के पीले फूलों की तरह आकर्षक प्रेम के गीत, खेतों और फैक्टरियों में काम करनेवालों के कंठों से निःसृत विजय-गान की तरह गम्भीर प्रेम के गीत। तुम रंजन के लिखे गीत गाते हुए खेतों

में काम करोगे और मैं उन्हें गुनगुनाती हुई तुम्हारे लिए खाना लेकर आऊँगी।

देवराज : नहीं देवी, रंजन के लिए यह पेशा मेरे गले नहीं उतरता। मैं उसे इंजीनियर बनाऊँगा। वह फैक्टरियाँ बनाएगा, पुल बनाएगा, जहाज बनाएगा और लद्दाख और नेफा की जमीन को उपजाऊ करने के लिए ट्रैक्टर बनाएगा।

[4]

[अनुराधा रंजन को कपड़े पहना रही है। कपड़ा झाड़ने के कारण उसकी चूड़ियों की खनखनाहट होती है। रंजन ऊँ-ऊँ-ऊँ करता है।]

अनुराधा : हाँ, अब ठीक है। मेरा राजा बेटा गुड़िया बन गया। बस, काजल करना बाकी है।

रंजन : नहीं, मैं काजल नहीं करूँगा। आँख दुखने लगती है।

अनुराधा : बेटा, क्या तुम्हारी अक्ल घास चरने गई है?

रंजन : नहीं, घास चरने दादीमाँ की गाय गई है।

[अनुराधा हँसती है]

अनुराधा : ऐं! तुम्हारी अक्ल को घास भी खाने को नहीं मिली? तब वह बहुत भूखी होगी!

रंजन : नहीं, वह भूखी नहीं है। उसने दालमोट खाई है। दादीमाँ ने खरीद दी थी।

अनुराधा : इसी कारण वह मोटी हो गई है। मैं सोच रही थी कि क्या बात है। बेटा, क्या तुम्हारी अक्ल तुम्हारे पेट में रहती है?

रंजन : नहीं, नहीं। वह मेरे मुँह में रहती है।

अनुराधा : यह तुम्हें किसने बताया?

रंजन : दादीमाँ ने बताया है।

अनुराधा : बिलकुल ठीक बताया दादीमाँ ने। बेटा, जब तुम्हारी अक्ल मोटी हो ही गई, तो आँखों में काजल जरूर कर लो। नहीं तो जानते हो, क्या होगा?

रंजन : क्या होगा, माँ?

अनुराधा : चलोगे तो रास्ते में ठेस लग जाएगी। मोटी अक्लवालों को बहुत ठेस लगती है और उँगली के साथ-साथ नाक भी टूट जाती है। काजल कर

लेने से हर चीज साफ-साफ दिखाई देगी।

रंजन : ऐं?

अनुराधा : हाँ, बेटा। तो काजल लगा दूँ न?

रंजन : अच्छा लो, लगा दो।

[अनुराधा काजल लगाती है, उसकी चूड़ियाँ बजती हैं।]

अनुराधा : लो, हाँ। हो गया। अब मेरा बेटा नाटक कम्पनी के कृष्ण जैसा हो गया। रंजन!

रंजन : क्या माँ?

अनुराधा : किसी नाटक कम्पनी में काम करोगे?

रंजन : कौन-सा काम?

अनुराधा : झाड़ू देने का काम?

रंजन : धत्!

[अनुराधा हँसती है]

अनुराधा : नहीं रे, राजा बेटा, तुम कवि बनोगे या इंजीनियर? तुम्हारे पिताजी कहते हैं कि मेरा बेटा इंजीनियर बनेगा। लेकिन मैं कहती हूँ कि वह कवि बनेगा। तुम ही बताओ कि क्या बनोगे?

रंजन : माँ, पिताजी कब घर आएँगे?

अनुराधा : जल्दी जी आएँगे, बेटा। वे दुश्मनों का सफाया करके शीघ्र लौटेंगे।

रंजन : माँ, एक कहानी कहो न।

[नेपक्य से गौरी की आवाज—'रंजन! ऐ रंजन!]

[समीप आती हुई गौरी की पगध्वनि]

गौरी : रंजन, चलो, खाना खा लो।

रंजन : नहीं, पहले कहानी कहो तब खाना खाऊँगा।

गौरी : कहानी? दिन के ग्यारह बजे कहानी! बेटा, दिन में कहानी कहने से क्या होता है, जानते हो? कहानी की देवी रूठकर भाग जाती है। चलो, खाना खा लो।

रंजन : तब एक गाना गाओ।

गौरी : यह भी अपने बाप की तरह की जिद्दी है।

अनुराधा : अच्छा, सुन। मैं गाती हूँ :

आली रे मेरे नैणाँ बाण पड़ी।
चित्त चढ़ी मेरे माधुरी मूरत,
डर बीच आन अड़ी।
कब की खाड़ी पन्थ निहारूँ,
अपने भवन खड़ी।

रंजन : माँ, तुम किसका पन्थ निहार रही हो?

अनुराधा : *(हँसती है)* तुम्हारे पिताजी का बेटा। वे आएँगे और तुम्हारे लिए खुशियाँ लाएँगे। तुम्हारी दादी के लिए आँचल की लाज लाएँगे। वे भारत माँ की लाज-रक्षा के लिए गए हैं, बेटा। वे अपने कर्तव्य का पालन कर शीघ्र लौटेंगे।

[बाहर दरवाजे पर खटखटाहट होती है]

गौरी : कौन है? *(दरवाजे पर फिर खटखटाहट होती है।)*

['अभी आई,' कहकर दरवाजा खोलती है। रंजन साथ जाता है]

[दृश्य परिवर्तन]

गौरी : कहिए।

एक पुरुष की आवाज : माँजी, मैं थाने का सिपाही हूँ। सरकारी काम से आया हूँ। आप लेफ्टिनेंट देवराज की माँ हैं?

गौरी : जी हाँ। वह सकुशल तो है न?

रंजन : माँ! माँ! पिताजी के पास से थाने का सिपाही आया है।

अनुराधा : *(नेपथ्य से)* क्या कहा, बेटा? थाने का सिपाही पिताजी के पास से?

[बाहर आती है]

रंजन : *(ताली बजाता है)* माँ, अभी तुम गा रही थीं कि पिताजी आएँगे। तुम्हारी आवाज पिताजी के पास पहुँच गई। उन्होंने सूचना देने के लिए थाने के सिपाही को भेजा है। सिपाही जी, मेरे पिताजी कब आएँगे?

[एक क्षण मौन]

अनुराधा : *(सशंक आवाज में)* सिपाही जी, आपने मेरे बेटे का प्रश्न सुना? आप चुप क्यों हैं? आपके होंठ क्यों काँप रहे हैं?

सिपाही : हुजूर *(मौन)*।

रंजन : *(कुछ निराश-सा)* क्या पिताजी अभी नहीं आ रहे हैं?

सिपाही : हुजूर, ये लेफ्टिनेंट साहब के कपड़े हैं और यह सरकारी चिट्ठी है। *(जमीन पर कपड़े रखने की और जेब से कागज निकालने की आवाज। एक क्षण मौन)* हुजूर, हम आपके सेवक हैं। जरूरत पड़ने पर खबर कीजिएगा। अब आज्ञा दें।

[फौजी बूटों के दूर जाने की आवाज]

रंजन : *(खुशी से)* माँ, तुमने पिताजी को बुलाया और वे आ गए। उन्होंने चिट्ठी में क्या लिखा है? देखो, उन्होंने अपने कपड़े भी भेज दिए। *(कपड़े उलटने-पलटने की आवाज)* माँ, पिताजी की वर्दी में लाल रंग के धब्बे लगे हैं। (गौरी के जमीन पर गिरने की आवाज) माँ, माँ! देखो, दादीमाँ गिर गई।

अनुराधा : *(दौड़कर गौरी को सँभालती है। शान्त आवाज में)* माँजी, यदि आप ही धीरज खो बैठेंगी तो हमारा क्या होगा?

रंजन : दादीमाँ को क्या हो गया, माँ? पिताजी कब आएँगे?

अनुराधा : *(शान्त आवाज में)* तुम्हारे पिताजी अब कभी नहीं आएँगे, बेटा। मेरी आवाज उन तक पहुँची और उन्होंने सूचना भेज दी। अब वे हमारी पहुँच के बाहर हैं। माँजी, आँखें खोलिए। देखिए, आपका बेटा आपके सामने हैं। रंजन में भी आपका ही खून है।

गौरी : *(क्षीण आवाज में)* यह क्या हुआ, बेटी? यह क्या हुआ?

अनुराधा : *(शान्त आवाज में)* कोई विशेष बात नहीं हुई, माँजी। वही हुआ जो हमेशा युद्धों में होता है। एक और माँ की गोद सूनी हो गई, एक और सुहागिन का सिन्दूर धुल गया, एक और पुत्र से पिता का सहारा छूट गया। कोई विशेष बात नहीं हुई, माँजी।

गौरी : बेटी, क्या घर में जहर नहीं है? मुझे दे दो। अब मैं जीना नहीं चाहती।

अनुराधा : नहीं, माँजी। हम अभी मरने की बात कैसे सोच सकते हैं? आपके बेटे ने जिस पुण्य कार्य के लिए अपने प्राण दिए, वह अभी अधूरा है। मेरे पति ने जिस उद्‌देश्य के लिए अपने जीवन की बलि दे दी, वह अभी अप्राप्त है। हम अभी मरने की बात कैसे सोच सकते हैं।

गौरी : *(एक सुबकी)* बेटी, मुझसे सहा नहीं जाता। मुझे जहर दे दो। मैं अपने बेटे के पास जाना चाहती हूँ। अब मेरे अन्दर शक्ति नहीं रही बेटी। अपनी जवानी के सभी अरमानों और सुखों का गला घोंटकर मैंने एक

घोंसला बनाया था। बर्बरों ने इस घोंसले को जला दिया। अब फिर से नया घोंसला बनाने की शक्ति मेरे अन्दर नहीं, मुझे जहर दे दो।

अनुराधा : घोंसला फिर बनेगा, माँजी—सुन्दर और मजबूत घोंसला, सुनहले सपनों का साकार रूप। शायद यह हमारे लिए न हो। हमारी सन्तानें उसमें रहेंगी, हमारे बाद की पीढ़ियाँ उसमें रहेंगी। लेकिन नया घोंसला बनाने के पहले बर्बरों का हाथ काट देना होगा ताकि वे फिर उसमें आग न लगा सकें। रंजन बेटा!

रंजन : क्या है, माँ?

अनुराधा : *(शान्त आवाज में)* जानते हो, मैं तुम्हें क्या बनाऊँगी? बेटा, मैं तुम्हें कवि नहीं, सिपाही बनाऊँगी। बर्बरों ने तुम्हारी दादी और तुम्हारी माँ के घोंसले को जला डाला है। तुम्हें उनके हाथों को काट फेंकना है। बर्बरों ने तुम्हारे पिता का खून किया है। तुम्हें इस खून का बदला लेना है। भारत माँ की पवित्र देह पर अभी भी इन पापियों के पैर हैं। तुम्हें इन पापियों के पैरों को काटकर फेंक देना है और उनकी छाती के लहू से अपनी पवित्र भूमि को स्नातकर इसकी मैल धोली है। बेटा, मैं तुम्हें कवि नहीं, सिपाही बनाऊँगी।

सहारा

अनिता पाल को पिछले छह महीनों से सिर में लगातार दर्द रहता था। उसे ऐसा लगता था कि उसके सिर के अन्दर धुआँ भरा हुआ है जिससे उसकी विचार-शक्ति मृत-प्राय हो गई है। उसकी आँखें वस्तु-जगत को देखती अवश्य थीं, लेकिन वह यथार्थ की प्रतिच्छाया से कुछ अधिक नहीं लगता था।

उसका ऐसा खयाल था कि उसके इस रोग का प्रारम्भ शादी के एक वर्ष बाद ही हो गया था, जब उसे ऐसा लगने लगा था कि एक छाया उसका पीछा कर रही है। घर में उसके तीन वर्ष के लड़के क्रिस्टोफर के सिवा अन्य कोई नहीं था, पति अलेक्जेंडर अजीत पाल, जो रेलवे में टिकट-परीक्षकों के एक उड़नदस्ते के सदस्य थे, सप्ताह में एक-दो दिन ही घर पर रुक पाते थे। लेकिन जब अजीत पाल घर में नहीं होते तो अनिता को लगता कि एक काली छाया लगातार उसका पीछा कर रही है। उसे उसकी पगध्वनि नहीं सुनाई पड़ती थी, लेकिन उसे हर क्षण ऐसा आभास होता था कि कोई उसके पीछे-पीछे चल रहा है और उसको धर दबोचने के लिए मौके की तलाश में है। जब वह रात के अँधेरे में अपने पलँग पर लेटी रहती, तब भी उसे लगता कि कोई उसके पलँग की बगल में खड़ा है और वह किसी भी क्षण पलँग पर चढ़ जाएगा और उसे अंक में भर लेगा। लेकिन आश्चर्य की बात यह थी कि इस कल्पना से उसे भय के बदले सुखद गुदगुदी होती थी औरं शायद इस कारण कि उसका पीछा करनेवाली छाया की दूरी कम नहीं होती थी, उसके सिर का दर्द अधिक बढ़ जाता था।

अनिता पाल ने चार वर्ष पहले प्रेम-विवाह किया था और विवाह के छह महीने के अन्दर उसे पुत्ररत्न की प्राप्ति हुई थी। विवाह के समय उसकी उम्र सत्ताईस वर्ष की थी। उसके पिता काशीधाम में एक प्राइवेट स्कूल में शिक्षक थे और वह चार बहनों में सबसे बड़ी थी। उसने शादी के चार वर्ष पहले बी.ए. पास किया था और तब से नौकरी की तलाश में इधर-उधर भटकती रही थी। उसी सिलसिले में उसकी मुलाकात अलेक्जेंडर अजीत पाल से हुई जो टिकट-परीक्षकों के उड़नदस्ते

के साथ हर हफ्ते कम-से-कम दो दिन काशीधाम में बिताते थे। अजीत पाल उस समय पचास वर्ष से ऊपर के हो चुके थे, लेकिन उनकी रंगीन-मिजाजी में कमी नहीं आई थी। इस कारण वे अपनी पत्नी से असन्तुष्ट रहते थे और इधर-उधर चारा फेंकने का मौका हाथ से नहीं जाने देते थे। उनकी पत्नी अपने दो लड़कों के साथ भरतपुर की रेलवे कॉलोनी में एक क्वार्टर में रहती थी। जब अजीत पाल घर आते, वह प्रसन्नमुद्रा में उनका स्वागत करती और उनकी सेवा में कोई कमी नहीं होने देती। अजीत पाल को अपनी पत्नी से कोई शिकायत नहीं थी और गृहस्थी की गाड़ी बिना किसी व्यवधान के चल रही थी। लेकिन जब परिचय के दो महीने बाद भी अनिता ने दूरी बनाए रखी और विवाह के पहले उन्हें सटने देने से इनकार किया, तो उनकी बेचैनी बहुत बढ़ गई और उससे कोर्ट मैरेज कर ली। उन्होंने पहली पत्नी को दोनों बच्चों के साथ मायके भेज दिया और अनिता को रेलवे क्वार्टर में भरतपुर ले आए।

विवाह के बाद सालभर तक सबकुछ ठीक चला। अनिता को भरतपुर की रेलवे कॉलोनी का जीवन काशीधाम की गन्दगी और कोलाहाल से भरी उस गली की जिन्दगी से सौगुना अच्छा लगता था जिसमें वह अपने माता-पिता और बहनों के साथ रहती थी। यहाँ अलग-अलग मकान थे। यद्यपि वे छोटे-छोटे और एकतल्ले थे, लेकिन उनमें रहनेवाले परिवार भी साधारणतः छोटे ही थे और इस कारण जिन्दगी में तनाव नहीं था। जब अजीत पाल उड़नदस्ते के साथ बाहर गए होते, वह दिन में पास-पड़ोस के घरों की औरतों से बातें कर मन बहलाती, लेकिन रात के अँधेरे में, रेलगाड़ियों की घड़-घड़ और खड़-खड़ उसे घंटों जगाए रहती और तब उसे कभी-कभी ऐसा लगता कि कमरे के एक कोने में खड़ी एक छाया उसकी तरफ घूर रही है। लेकिन वह जानती थी कि वह छाया उसके मन के भ्रम के सिवा कुछ नहीं है और इस कारण वह उस पर ध्यान नहीं देती थी। लेकिन इस छाया की उपस्थिति से उसे घबड़ाहट के बदले, किसी कथ्य ढंग से बल मिलता था। उसे ऐसा लगता था कि वह एक पुरुष है जो उसकी चिन्ता करता है और उसकी मदद करना चाहता है।

धीरे-धीरे उसका हृदय अजीत पाल के प्रति कटुता से भरता गया और उसे उनकी बड़ी तोंद, लाल सफाचट चेहरे, काले रँगे केश और मोटी आवाज से घृणा हो गई। जब वे उड़नदस्ते के साथ भरतपुर से बाहर होते, उसके मन में हमेशा यह खटका बना रहता कि वे काशीधाम में किसी नई औरत के साथ रंगरेलियाँ कर रहे हैं। पहले इस खयाल से उसे बहुत मानसिक क्लेश होता था, धीरे-धीरे पति के किसी अन्य औरत के साथ होने की कल्पना से उसे राहत की प्रतीति होने लगी क्योंकि इससे उसे इस बात की आशा बँधती कि वे उससे अलग रहेंगे।

वस्तुतः अब पति के स्पर्श से ही उसके रोंगटे इस तरह खड़े हो जाते थे, मानो वे कोई खतरनाक कीड़ा हों। अनुभव का नयापन खत्म होने के बाद अजीत पाल का मन भी अनिता से फिर गया था और वे अकारण उससे डाँट-डपट करने लगे थे और कभी-कभी उसे एक-दो थप्पड़ लगा देते थे। शायद इन्हीं कारणों से अनिता के सिर में लगातार दर्द रहने लगा था। यह दर्द मस्तिष्क के बीचोबीच स्थित एक भारीपन के रूप में था जो पति की उपस्थिति में गुरुतर हो जाता था। उस समय उसके चेहरे पर एक ऐसा तनाव आ जाता था, जिससे वह अत्यन्त अनाकर्षक हो जाता था और यह अजीत पाल के असन्तोष और क्रोध की आग में घी का काम करता था। अनिता ने सिरदर्द से मुक्ति के लिए तरह-तरह की दवाएँ खाईं, आधा दर्जन से ऊपर डॉक्टरों के पास गई, लेकिन कष्ट कम होने के बदले बढ़ता ही गया।

उन्हीं दिनों एक तान्त्रिक भरतपुर में आया और रेलवे कॉलोनी के सामुदायिक भवन में एक कमरे में रहने लगा। उसने अपना नाम शिवशंकर शर्मा बताया और दावा किया कि उस पर देवी चण्डिका की विशेष कृपा है और वह भूत-प्रेत के प्रभाव से जनित हर कष्ट को दूर कर सकता है। वह तीस वर्ष का, आकर्षक व्यक्तित्ववाला आदमी था और वह किसी भी बात को इस आत्मविश्वास से कहता था कि सुननेवाले पर तत्क्षण उसका असर होता था। उसके लम्बे ढंग से सँवारे हुए बाल, छैले की तरह छँटी हुई मूँछ और दाढ़ी और ललाट पर इस पार से उस पार तक पड़ी मोटी लाल रेखा उसके व्यक्तित्व की प्रभावकता को बढ़ा देते थे और उसके इस दावे में कि उसे अतिमानवी शक्तियाँ प्राप्त हैं, विश्वास उत्पन्न करते थे। थोड़े ही दिनों में उसके पास तरह-तरह की व्याधियों से मुक्ति पाने के इच्छुक स्त्री-पुरुषों की भीड़ होने लगी। वह हर तरह की व्याधि के लिए एक चुटकी अभिमन्त्रित भभूत देता था जिसे व्याधिग्रस्त व्यक्ति को अपने ललाट पर मल लेना होता था। वह इसके लिए दक्षिणा के रूप में सवा रुपए लेता था। अभिमन्त्रित भभूत से दर्जनों लोगों के कष्ट दूर हो गए और शिवशंकर शर्मा से अपने कष्टों का निदान खोजनेवालों की संख्या दिनोंदिन बढ़ने लगी। तब उसने प्रार्थियों से मिलने का समय निश्चित कर दिया, चार घंटे सुबह और दो घंटे शाम। लेकिन विशेष किस्म के रोगियों को शाम में, मिलने के लिए निश्चित समय बीतने के बाद भी, उससे परामर्श लेने की छूट थी।

एक दिन अजीत पाल ने अनिता से कहा, "क्यों सिरदर्द का बहाना कर मुँह लटकाए फिरती हो? उस ढोंगी तान्त्रिक से भभूत क्यों नहीं लेतीं? हो सकता है

कि दूसरे लोगों की तरह तुम्हारा रोग भी भाग जाए!''

अजीत पाल की आवाज में व्यंग्य था, लेकिन अनिता स्वयं भी तान्त्रिक से मिलने की बात बहुत दिनों से सोच रही थी और वह उसी शाम, अपने दो वर्ष के लड़के क्रिस्टोफर को साथ लेकर शिवशंकर शर्मा से मिलने गई।

शिवशंकर शर्मा का प्रार्थी लोगों से मिलने का निश्चित समय समाप्त हो गया था और वह अपने कमरे में चौकी पर लेटा किसी पोथी को उलट-पुलट रहा था। जब उसने बरामदे में किसी महिला के आने की आवाज सुनी तो हाथ में पोथी लिए हुए ही तुरन्त कमरे से बाहर आ गया। अनीता ने उसे देखा और मन्त्र-मुग्ध-सी, एकटक उसकी आँखों में देखती हुई, खड़ी हो गई। उसे लगा कि वह छाया, जो महीनों से उसका पीछा कर रही थी, उसके सामने आकर खड़ी हो गई है। उसका हृदय एक विचित्र किस्म के उत्साह से भर गया जिसमें आशा और आशंका के गंगा-जमुनी ने भविष्य के लिए इन्द्रधनुषी चित्रों की सृष्टि कर दी थी।

उसे बिना कुछ बोले, एकटक अपनी तरफ देखती हुई पाकर शिवशंकर शर्मा ने कहा, ''मेरे कमरे में आइए, देवि। माँ चंडिका आपकी मनोकामना पूरी करेगी।''

अनिता ने एक क्षण के लिए भी नहीं सोचा कि एक अनजान पुरुष के कमरे में जाना उचित नहीं है। शाम घिरती जा रही थी और उस समय सामुदायिक भवन में अन्य कोई व्यक्ति नहीं था—चौकीदार भी किसी दुकान में चाय पीने गया था। वह शिवशंकर शर्मा के पीछे-पीछे गई और क्रिस्टोफर को उसकी चौकी पर बैठाकर स्वयं भी बैठ गई। शिवशंकर शर्मा उसके सामने खड़ा हो गया और उसके बोलने की प्रतीक्षा करने लगा। जब वह दो मिनटों तक कुछ नहीं बोली तो उसने कहा, ''देवि, आप एलेक्जेंडर अजीत पाल साहब की पत्नी अनिताजी हैं न?''

अनिता ने साश्चर्य कहा, ''हाँ! लेकिन आपको कैसे मालूम?''

शिवशंकर शर्मा ने उसी तरह हँसकर जवाब दिया, ''देवि, मैं माँ चंडिका का भक्त हूँ। उनकी कृपा से मुझे अनेक सिद्धियाँ प्राप्त हैं।''

एक क्षण बाद उसने पूछा, ''देवि, आप काशीधाम की रहनेवाली हैं न?''

अनिता ने अधिक आश्चर्य से कहा, ''हाँ। लेकिन आपको यह सब कैसे मालूम?''

शिवशंकर शर्मा ने जवाब दिया, ''देवि, आप मेरी बात को अन्यथा न लेंगी। लेकिन घोड़े की चाल को देखकर ही पता लग जाता है कि वह किस नस्ल का है। भरतपुर जैसे पिछड़े शहर में आपकी शादी अवश्य हुई है, लेकिन कोई भी पारखी कह सकता है कि यह हीरा यहाँ का नहीं है, यह काशीधाम का ही हो सकता है। मैंने अपनी साधना के बारह वर्ष काशीधाम में ही बिताए हैं।''

अनिता समझ नहीं पाई कि वह क्या कहे। उसे लगा कि पर-पुरुष से इस

तरह की प्रशंसा सुनना उसके लिए उचित नहीं है। लेकिन शिवशंकर शर्मा की बातों से उसके मन में ऐसी गुदगुदी होने लगी थी जिसमें उचित और अनुचित के सारे विचार डूब गए। उसके होंठों पर एक अस्पष्ट मुस्कान थी और वह शिवशंकर शर्मा को एकटक देख रही थी। उसे ऐसा प्रतीत हुआ कि वह उससे पहले से परिचित है और महीनों से जो छाया उसका पीछा कर रही थी, वह वही है। इससे उसे गहरी खुशी हुई। उसे लगा कि अनिश्चय के काल का अन्त हो गया है, और उसके आगे का सारा धुन्ध छँट चुका है।

शिवशंकर शर्मा ने कहा, "देवि, मैं जानता हूँ कि काशीधाम के वासियों पर माँ चंडिका की विशेष कृपा रहती है। इस कारण कोई बड़ी व्याधि उन्हें कष्ट नहीं दे सकती। लेकिन परीक्षा लेने के लिए उन पर कभी-कभी छोटा-मोटा संकट आ जाता है। कृपया आप बताएँ कि आप पर क्या संकट है?"

अनिता को अपने सिर का दर्द इतना छोटा संकट लगा कि उसे बताने में उसे लज्जा आई। उसने दबी जबान में कहा, "महात्माजी, बात यह है कि मेरे सिर में पिछले छह माह से लगातार दर्द रहता है। मैंने बहुत दवा की, लेकिन कोई फायदा नहीं हुआ।"

शिवशंकर शर्मा ने दो मिनटों तक आँखें बन्द कर लीं। फिर उन्हें धीरे-धीरे खोलता हुआ गम्भीर आवाज में बोला, "देवि, आपके सिर का दर्द साधारण दर्द नहीं है। काशीधाम में पद्मावती के दशाश्वमेघ घाट का एक प्रेत आपका पीछा कर रहा है। आप घाट की तरफ गई होंगी और उसकी नजर आप पर पड़ गई होगी। वह भागेगा, लेकिन अभी और थोड़े दिनों तक आपको कष्ट देगा। अभी मैं आपके ललाट में मन्त्रसिद्ध भभूत लगाए दे रहा हूँ। कल शाम को मैं आपके घर आऊँगा और अलेक्जेंडर अजीतपाल साहब से बातें करूँगा।"

उसने ताम्बे के कटोरे में रखी एक चुटकी भभूत ली और बाएँ हाथ से अनिता का सिर पकड़कर दाहिने हाथ से भभूत को उसके ललाट पर रगड़ दिया। उसके स्पर्श से अनिता को ऐसा लगा कि उसकी पूरी देह में आग की एक लहर प्रवेश कर गई और उसमें सिरदर्द के साथ-साथ नारी-सुलभ लज्जा और पत्नी के रूप में उसकी जिम्मेवारी के सारे विचार नष्ट हो गए। लेकिन एक हिचक बाकी थी। उसने चौकी से उठते हुए कहा, "ठीक है, महात्माजी। आप मेरे पति से अवश्य मिलें।"

उसने क्रिस्टोफर का हाथ पकड़ा और वहाँ से चल पड़ी। उसके पैर डगमगा रहे थे, जैसे वह नशे में हो, लेकिन उसका मन सातवें आसमान की ऊँचाइयों पर था।

दूसरे दिन शाम को शिवशंकर शर्मा अलेक्जेंडर अजीतपाल से मिलने उनके घर गया। उस समय अजीतपाल घर पर ही थे—शिवशंकर शर्मा को यह बात पहले से मालूम थी। अजीतपाल शिवशंकर की ख्याति से परिचित थे। उन्होंने उसे प्रेम से बैठाया और चाय पिलाई।

शिवशंकर शर्मा ने कहा, "महाशय जी, मैं माँ चंडिका का सेवक हूँ और एक प्रसिद्ध तान्त्रिक हूँ। मैं इसी मुहल्ले में सामुदायिक भवन के एक कमरे में पिछले दो महीनों से रह रहा हूँ। माँ चंडिका का आदेश है कि उसकी कृपा से जो सिद्धि मुझे मिली है, उससे जगत का कल्याण करूँ। इस कारण मैं देश-भ्रमण करता रहता हूँ। मैं किसी भी स्थान पर बहुत दिनों तक नहीं रुक सकता। आपसे निवेदन है कि आप भी मुझे सेवा का अवसर दें।"

अजीत पाल को नहीं मालूम था कि अनिता शिवशंकर शर्मा के यहाँ से एक बार घूम आई है। उन्होंने कहा, "महात्माजी, आपकी कृपा से यहाँ सब ठीक है। बस, एक छोटा-सा कष्ट है। मेरी पत्नी को पिछले कुछ महीनों से सिर में दर्द रहता है। मैंने बहुत दवा की, लेकिन ठीक नहीं हुआ।"

शिवशंकर शर्मा ने दो मिनटों के लिए आँखें मूँद लीं और जब खोलीं तो वे अस्वाभाविक रूप से लाल हो गई थीं, जैसे उनमें मिर्च की बुकनी डाल दी गई हो। उसने भारी और अस्थिर आवाज में कहा, "महाशयजी, यह एक प्रेत है। यह पद्मावती के दशाश्वमेघ घाट का प्रेत है। मैंने बारह वर्षों तक काशीधाम में रहकर माँ चंडिका की आराधना की है। क्या आपकी श्रीमती जी कभी दशाश्वमेघ घाट पर गई हैं?"

अजीतपाल ने कुछ चिन्तित आवाज में कहा, "मेरी पत्नी का मायका काशीधाम में ही है।"

शिवशंकर शर्मा बोला, "वही तो। मैं दशाश्वमेघ घाट के हर प्रेत को पहचानता हूँ। आपकी श्रीमतीजी को एक खतरनाक प्रेत लगा है। लेकिन मैं उस प्रेत को बाँधकर ले जाऊँगा। इसके लिए मुझे सात दिनों तक हर शाम एक घंटा तन्त्र-साधना करनी होगी। आपकी श्रीमतीजी के लिए प्रतिदिन सामुदायिक भवन में जाना कठिन होगा। अतएव मैं स्वयं यहाँ आ जाया करूँगा।"

अलेक्जेंडर अजीतपाल सोच में पड़ गए। एक क्षण बाद उन्होंने पूछा, "महात्माजी, इसमें कितना खर्च लगेगा?"

शिवशंकर शर्मा ने जवाब दिया, "महाशयजी, मैं इतने खतरनाक प्रेत को बाँधने के लिए किसी दूसरे से पचीस सौ से कम नहीं लेता। यदि तन्त्र-साधना में थोड़ी-सी भी गड़बड़ी हुई तो वह मेरे सिर पर चढ़ जाएगा। लेकिन चूँकि आपकी श्रीमतीजी का मायका काशीधाम में है, जहाँ मैंने बारह वर्षों तक साधना कर सिद्धि

प्राप्त की है, मैं आपसे सिर्फ पचीस रुपए लूँगा।"

अनिता दरवाजे के पीछे खड़ी होकर सारी बातें सुन रही थी। उसे ऐसा लगा कि उसके लिए मुक्ति का मार्ग खुल रहा है और वह उस छाया से हमेशा के लिए मुक्ति पा लेगी जो उसके लिए चिन्ता का कारण था। वह उसके स्थान पर उस व्यक्ति का सान्निध्य प्राप्त कर लेगी जो उसकी जिन्दगी से हर छाया को निकाल बाहर करेगा। यद्यपि उसके विचार स्पष्ट नहीं थे, उसके मन में इतनी खुशी थी कि उसका सिरदर्द स्वतः दूर हो गया लगता था, और उसके अन्दर एक ऐसा विश्वास जाग्रत हुआ था जो भविष्य के सम्बन्ध में उसे आश्वस्त करता था। उसने अपने पति से एक दिन पहले शिवशंकर शर्मा से मिल आने की बात नहीं कही थी, लेकिन उसे विश्वास था कि शिवशंकर शर्मा जो करेगा वह बुद्धिमत्तापूर्ण होगा और उसका पति उसे उचित कदम उठाने से रोक नहीं पाएगा।

दूसरे दिन शाम को शिवशंकर शर्मा अँधेरा होते-होते लाल रंग के झोले में अड़हुल के फूल, अक्षत चावल, लौंग, कपूर और पूजा के अन्य सामान लेकर आ गया। अलेक्जेंडर अजीतपाल पहले से वहाँ मौजूद थे। शिवशंकर शर्मा ने बाहर के बरामदे में कुश की दो चटाइयाँ बिछाईं—एक अपने लिए और दूसरी अनिता के लिए—और वहाँ पर ही पूजा की और मन्त्र का जाप किया। पूजा के बाद उसने ताम्बे की चुनौटी से एक चुटकी भभूत निकाली और उसे अनिता के ललाट में मला। इसके बाद वह दोनों को आशीर्वाद देकर चला गया।

उसके जाने के बाद अजीतपाल ने पत्नी से पूछा, "क्या कोई फायदा है?"

अनिता ने अन्यमनस्क भाव से जवाब दिया, "जब सैकड़ों रुपए की दवा से कोई फायदा नहीं हुआ तो पचीस रुपए की राख-भभूत से क्या होगा?"

अजीतपाल ने बिगड़कर कहा, "तुम्हारा यही अविश्वास तुम्हें खा जाएगा। क्या पैसे से ही रोग जाता है? तन्त्र-मन्त्र कोई चीज नहीं है—ऐं? मन्त्र-तन्त्र से सैकड़ों लोगों को फायदा होता है। यह कैसे होता है? विश्वास से! समझीं?"

अनिता ने कुछ नहीं कहा, लेकिन उसके चेहरे पर अविश्वास की रेखाएँ पहले की तरह ही गहरी थीं।

अजीतपाल का सारा सन्देह दूर हो गया और साथ-साथ उनका निश्चय दृढ़ हो गया। उन्होंने कड़ी आवाज में कहा, "तुम्हें सात दिनों तक मन्त्र का जाप कराना ही होगा। मैंने तुम्हारे सिरदर्द की बहुत दवा कराई, अब पूजा-पाठ कराकर देख लेना चाहता हूँ। शाम को अँधेरा होने के पहले सात दिनों तक तान्त्रिक बाहर बरामदे में बैठकर पूजा करेगा। तुम स्नान करके प्रतिदिन तैयार रहना। मैं उसकी

पूरी फीस दे चुका हूँ।"

अनिता के चेहरे पर अनिच्छा की रेखाएँ अधिक गहरी हो गईं लेकिन उसके मन में खुशियों की लहरें उठ रही थीं।

दो दिनों के बाद अजीतपाल उड़नदस्ते में काशीधाम चले गए। उसके अगले दिन जब शिवशंकर शर्मा उनके घर पूजा करने गया तो वहाँ एक घंटे के बदले दो घंटों तक रुका और जब वह वहाँ से बाहर निकला तो अनिता और क्रिस्टोफर भी उसके साथ थे। अनिता को लगा कि वह यातना-गृह से सदा के लिए मुक्त हो गई है और उसकी जिन्दगी ने वह राजमार्ग पकड़ लिया है जो उसे सुख और शान्ति के महल में ले जाएगा।

संगमधाम में शिवशंकर शर्मा ने एक गन्दी गली में दो कमरों का एक मकान किराए पर लिया और दो खाटें, कुछ कपड़े, बर्तन और गृहस्थी के अन्य सामान खरीद लाया। अनिता ने गृहस्थी सँभाल ली। वह बहुत खुश थी, उसका सिर-दर्द भाग गया था और वह छाया, जो उसके लिए आशंका और आशा दोनों का स्रोत थी, लुप्त हो गई थी।

लेकिन पन्द्रह दिन भी नहीं बीते होंगे कि उसने लक्ष्य किया कि उसके बेटे क्रिस्टोफर की आँखों में एक विचित्र किस्म की गम्भीरता और उदासी उतर आई है, जैसे वह एकाएक बूढ़ा हो गया हो। उसने सोचा, शायद वह उसका भ्रम है। उसकी आँखों पर रंगीन चश्मा लगा है जिससे सबकुछ भिन्न दिखाई पड़ता है। उसने क्रिस्टोफर से तरह-तरह के प्रश्न किए और उसकी गम्भीरता और उदासी का कारण जानना चाहा। लेकिन उसके व्यवहार में खोएपन का भाव उसी तरह बना रहा, मानो वह एक ऐसी दुनिया में जी रहा हो जहाँ सबकुछ अनजान हो और इस कारण, आत्मरक्षा के लिए, वह अपने-आप में सिकुड़ गया हो।

अनिता जीवन में पहली बार अपराध-भावना और ग्लानि से दब गई। उधर शिवशंकर शर्मा उसके पैसों को पानी की तरह बहा रहा था। नई गृहस्थी के पहले दिन से ही अनिता के हृदय में कोई घाव हो गया था जो कचोट रहा था। लेकिन वह कुछ समय तक इसके अस्तित्व से अनभिज्ञ रही, क्योंकि उस पर एक ऐसा नशा छाया हुआ था जिसके प्रभाव में वह सामान्य दृष्टि और संवेदना से वंचित हो गई थी। शिवशंकर शर्मा के सहवास से उसके शरीर की भूख मिटती थ्री जो वर्षों की वंचना के कारण अत्यन्त उग्र हो गई थी। वह अजीतपाल के साहचर्य से घबड़ाने लगी थी और जब वह उसका स्पर्श करते थे तो उसे लगता था कि कोई जोंक उससे सट गया है और उसके रोंगटे खड़े हो जाते थे। शिवशंकर शर्मा

से भी वह आशंकित रहती थी, लेकिन वह आशंका उस व्यक्ति के भय की तरह थी जो शराब पीने के दुष्परिणामों से परिचित है लेकिन जिसका रोम-रोम उसके लिए अशान्त है। इस स्थिति में भी उसका लड़का क्रिस्टोफर के व्यवहार में होनेवाले परिवर्तन से उसके उस सपने को भारी आघात लगा और वह तिलमिला गई।

उसने लक्ष्य किया कि शिवशंकर शर्मा जब तक घर में रहता है, क्रिस्टोफर उससे दूर, घर के किसी कोने में बैठा रहता है, मानो उससे प्रताड़ित होने का भय उसके हृदय में समा गया हो या फिर वह उसमें कोई खतरनाक प्राणी देख रहा हो जिससे जान का खतरा हो। अब वह उससे, अनिता से भी, दूर रहने की कोशिश करता था, मानो उसके प्रति भी अविश्वास और भय की भावना समा गई हो। पुत्र के व्यवहार में इस अस्वाभाविक विकास से अनिता को बहुत दुःख हुआ और एक महीना बीतते-बीतते नए घर में उसका दम घुटने लगा।

शिवशंकर शर्मा हर सुबह दस बजे तक नहा, खा और तैयार होकर घर से निकलता और रात में दस बजे के बाद ही घर लौटता। अनिता के मन में उसकी गतिविधियों के बारे में सन्देह होने लगा था, लेकिन वह उससे कुछ नहीं पूछती, क्योंकि वह जानती थी कि वह कुछ बताएगा नहीं। शिवशंकर शर्मा उसकी भौतिक आवश्यकताओं की पूर्ति का खयाल रखता था, लेकिन उससे एक रखैल की तरह व्यवहार करता था जिससे अपने मन की बात कहने की या अपनी योजनाओं के बारे में बताने की कोई जरूरत नहीं थी। इस स्थिति में अनिता का मानसिक तनाव इतना बढ़ा कि उसका सिरदर्द पहले से दुगुने वेग से लौट आया। उसने परिस्थिति पर विचार किया और इस निष्कर्ष पर पहुँची कि उसके लिए मुक्ति का एक ही मार्ग बच गया है। पति के घर का दरवाजा उसके लिए हमेशा के लिए बन्द हो चुका है। वह पिता के घर जा सकती है, लेकिन वहाँ भी अनिश्चित काल तक नहीं रह सकती। फिर वह कहाँ जाए? अच्छा, सोचा जाएगा। पहले क्रिस्टोफर के लिए रास्ता निकाला जाए। वह कुछ दिनों के लिए नाना के यहाँ रह सकता है। उसके बाद उसका बाप उसे ले जाएगा।

दूसरे दिन पूर्वाह्न में जब शिवशंकर शर्मा अपने प्रतिदिन के कार्यक्रम के अनुसार घर से चला गया, तब अनिता ने कुछ कपड़े लिए, क्रिस्टोफर को अपने साथ किया और घर में बाहर से ताला लगाकर सड़क पर आ गई। क्रिस्टोफर ने उसकी तरफ देखा और दो महीनों में पहली बार मुस्कुराया। अनिता ने उसे गोद में उठाया और जोर से चूम लिया। उसकी आँखों से आँसू निकल पड़े—खुशी के आँसू।

वह क्रिस्टोफर के साथ रेलवे स्टेशन गई और काशीधाम की गाड़ी पकड़ ली।

वह रेल के डिब्बे में एक ऐसे कोने में बैठी जहाँ बाहर से किसी की नजर उस पर या क्रिस्टोफर पर नहीं पकड़ सके। जब गाड़ी स्टेशन से बहुत दूर चली गई तो उसने क्रिस्टोफर की ओर देखा। क्रिस्टोफर की आँखें खुशी से चमक रही थीं और उसके चेहरे पर मुस्कान थी। अनिता ने उसे छाती से लगा लिया।

काशीधाम में जब वह अपने पिता के घर पहुँची तो उसे देखकर सभी बड़े खुश हुए। पुलिस ने उसकी बहुत तलाश की थी, लेकिन उसे खोज पाने में असफल रही थी। इस कारण घरवाले उसके मिलने की आशा छोड़ चुके थे। उनके पूछने पर उसने सिर्फ यही कहा कि एक तान्त्रिक ने उसे कोई ऐसी दवा खिला दी थी कि उसकी स्मरण शक्ति नष्ट हो गई थी। इस कारण उसे कुछ भी याद नहीं कि वह कहाँ थी।

अनिता को यह देखकर बड़ी खुशी हुई कि क्रिस्टोफर शीघ्र ही अपने नाना के घरवालों से घुलमिल गया और उसकी एक बड़ी चिन्ता दूर हो गई लेकिन उसके सिर का दर्द बढ़ता गया और उसे लगा कि उसके मस्तिष्क के सारे दरवाजे बन्द हो गए हैं और वहाँ धुआँ भर गया है। रात को उसे ऐसा लगा कि एक काली छाया कमरे के एक कोने में खड़ी हो उसकी तरफ एक क्रूर मुस्कान के साथ देख रही है। उसने डरकर चेहरा दूसरी तरफ फेर लिया और आँखें बन्द कर लीं, लेकिन वह बन्द आँखों से भी उसकी क्रूर मुस्कुराहट को देख सकती थी। वह भय से काँप उठी।

उसने सवेरे सूर्योदय के पहले ही स्नान किया, क्रिस्टोफर को, जो अभी तक सोया था, हल्के से चूमा और धर में किसी से बिना कुछ कहे निकल पड़ी। उसके सामने कोई उद्देश्य नहीं था, कोई गन्तव्य नहीं था। लेकिन उसके कदम स्वतः पद्मावती के दशाश्वमेघ घाट की ओर बढ़ चले। कुछ मुर्दे जहाँ-तहाँ जल रहे थे, लेकिन अभी तक भीड़ कम थी। अनिता को एकाएक लगा कि गंतव्य उसके सामने है। उसका सिर-दर्द लुप्त हो गया और वह डरावनी छाया, जो उसका पीछा कर रही थी, कहीं दूर चली गई। बरसात अभी खत्म नहीं हुई थी और पद्मावती उफान पर थी। वह धीरे-धीरे जल में प्रवेश करती गई जैसे स्नान करने जा रही हो। जब यहाँ पहुँची जहाँ पानी गर्दन तक था, एक क्षण के लिए रुकी, सिर को प्रणाम की मुद्रा में झुकाया और एक कदम आगे बढ़कर डुबकी लगा दी।

सरस्वती का भोंपू

पंडित रामनाथ मिश्र भरतपुर के मॉडल हाईस्कूल में संस्कृत-शिक्षक थे। उन्होंने संस्कृत में प्रथम श्रेणी में एम.ए. किया था और पास करने के तुरत बाद उनकी नियुक्ति डेढ़ सौ रुपए की मासिक तनख्वाह पर हो गई थी। आदमी कितना भी भला क्यों न हो, उसके कुछ दुश्मन अवश्य होते हैं। पंडितजी भी इसके अपवाद नहीं थे। उनकी नियुक्ति के समय उनके दुश्मनों ने अफवाह फैलाई कि पंडितजी के पूज्य पिता पंडित दशरथ मिश्र स्कूल के मन्त्री के पुरोहित हैं और इसी कारण पंडितजी को नौकरी मिली है। यह बात पंडित रामनाथ मिश्र के कानों तक नहीं पहुँची, अन्यथा वे विरोधियों के मुँह पर सीधा तमाचा लगाने में नहीं हिचकते।

लेकिन थोड़े ही दिनों में पंडितजी की विद्वत्ता ने अपनी धाक जमा ली और उनके विरोधियों के मुँह स्वयं बन्द हो गए। पंडितजी संस्कृत के अक्खड़ विद्वान थे और देव भाषा पर पूर्ण अधिकार का उन्हें स्वाभाविक गर्व था। संस्कृत की अनेक पुस्तकें उन्हें आदि से अन्त का कंठस्थ थीं। जब वे धारा-प्रवाह संस्कृत बोलने लगते तो उनके विरोधियों के दाँत खट्टे हो जाते।

पंडितजी को लड़कपन से ही दिवा-स्वप्न देखने की आदत थी और वे अभी तक इससे मुक्त नहीं हो पाए थे। वे स्कूल के अन्य शिक्षकों से बहुत कम मिलते-जुलते और उनमें से किसी से उनकी आत्मीयता नहीं थी। वे स्कूल में पढ़ाने के बाद रास्ते में कहीं कोई विलम्ब किए बिना सीधा घर जाते और अपनी पुस्तकों में डूब जाते। पुस्तक के पन्नों पर आँखें गड़ाए हुए पाणिनी, बाणभट्ट और शंकराचार्य के जीवन-वृत्त के पृष्ठ उलटने लगते। इतिहास एक मोहक सत्य के रूप में उनके सामने आ खड़ा होता। पंडितजी के चेहरे पर एक चमक आ जाती और अतीत को देखती हुई उनकी आँखों में एक विचित्र रोशनी होती। बहुत दूर, बहुत पीछे, छूटा हुआ जमाना है वह, क्या वह लौटकर आ सकता है? क्या बीते हुए दिन किसी उपाय से लौटाए जा सकते हैं? क्या इतिहास फिर वर्तमान

का सत्य बन सकता है? पंडितजी की आँखें घंटों कहीं खोई रहतीं। फिर वे दुगुने उत्साह से अध्ययन में लग जाते। वे रात में एक बजे से पहले कभी नहीं सोते। उनकी पत्नी डर के मारे उन्हें नहीं टोकतीं और अक्सर ही स्वयं जगकर उनका ध्यान टूटने की प्रतीक्षा करतीं। इतना विलम्ब कर सोने पर भी पंडितजी ठीक पाँच बजे प्रातः उठ जाते और एक घंटा में नित्य कर्म सम्पन्न कर फिर पुस्तकों में डूब जाते।

पंडितजी की उम्र तीस वर्ष से अधिक नहीं थी, लेकिन अस्वाभाविक परिश्रम का प्रभाव उनकी आकृति पर स्पष्ट था। उनकी आँखें धसी हुई थीं, गाल की हड्डियाँ निकली हुई थीं और चेहरे पर अस्वास्थ्य का पीलापन था। हाथ-पैर की नसें, मांस के उचित पर्दे के अभाव में, उद्दंडतापूर्वक बाहर झाँकती थीं। लेकिन पंडितजी की चाल में कमजोरी अथवा अस्वास्थ्य का कोई प्रभाव नहीं था। वे छाती तानकर और गर्दन लाठी की तरह सीधी कर चलते थे। उनका विश्वास था कि जमाना बदल गया है और हवा की तरफ पीठ कर चलने में ही समझदारी है। इस कारण वे हमेशा अँग्रेजी पोशाक पहनते थे। वस्त्र की सफाई और सजीलापन उनके लिए रोग की सीमा तक पहुँच चुका था।

पंडितजी के अन्दर एक विचित्र भावना हमेशा क्रियाशील रहती थी, जो उनके अकेलेपन के लिए प्रधान रूप से जिम्मेवार थी। वे अपने सहकर्मी शिक्षकों को हेय दृष्टि से देखते थे। उनका विश्वास था कि उनसे अभिन्नता के योग्य उनमें कोई नहीं था। उनकी पत्नी बौद्धिक स्तर में उनसे कोसों दूर थीं और उनके साथ अपने सपनों और अरमानों को एक करने की बात उठ नहीं सकती थी। परिणाम यह हुआ था कि उनका कोई अंतरंग मित्र नहीं था, ऐसा कोई नहीं था जिसके सामने अपने हृदय की कुरेदती हुई महत्त्वाकांक्षा को प्रकट कर सकें। वे दिनोंदिन अन्तर्मुखी होते गए और इसके साथ ही बाहर की दुनिया से उनका परिचय कम होता गया।

कालिदास पर भाषण का आयोजन था। स्थानीय विद्वानों के अलावा अन्य स्थानों के विद्वानों को भी आमन्त्रण था। सभा के आयोजकों तक पंडितजी की विद्वत्ता की ख्याति पहुँच चुकी थी और वे उन्हें आमन्त्रण देना कैसे भूल सकते थे? पंडितजी ने दस दिनों से इस अवसर पर भाषण देने की तैयारी की थी। उन्होंने रात के दो-दो बजे तक कालिदास के श्लोकों को कंठस्थ किया और संस्कृत साहित्य और कालिदास पर लिखी पुस्तकें छान डालीं। भाषण के दिन पिछले दस दिनों के परिश्रम के कारण उनके पैर मुश्किल से उठ पाते थे और शरीर का

अंग-अंग पीड़ा से टूटता था। फिर भी उनका मस्तिष्क साफ था। बीसों पुस्तकें और लेखक, सैकड़ों श्लोक और अन्य उद्धरण, उनके मस्तिष्क में टेलीफोन एक्सचेंज की लाइनों की तरह सुसम्बद्ध ढंग से पड़े थे।

दो वक्ताओं के बाद पंडितजी की बारी थी। विशाल भाषण-कक्ष श्रोताओं से खचाखच भरा था। कुर्सियों और बेंचों पर सीट के अभाव के कारण सैकड़ों व्यक्ति हॉल के किनारे-किनारे चारों तरफ खड़े थे। दो एम.एल.ए. लोग थे, कतिपय सरकारी अफसर थे, कॉलेजों के प्राध्यापक, स्कूलों के शिक्षक और कॉलेजों और स्कूलों के विद्यार्थी थे। आगे की सीटों पर दो दर्जन भद्र महिलाएँ बैठी थीं। मंच पर पंडितजी के अलावा पाँच वक्ता और थे। सभा का सभापतित्व एक मन्त्री जी कर रहे थे।

लेकिन पंडितजी की आँखें यह सब नहीं देख रही थीं। वे शंकराचार्य के शास्त्रार्थों को देख रही थीं, विशाल जन-समूहों के बीच, राजसभाओं में, तलवार और भालों से लदे, मुरेठों और सोने के तार के कामवाले वस्त्रों में सजे सभासदों के बीच। उस महान विद्वान और जन-नेता का जीवित चित्र उनकी आँखों के सामने था। उनकी आँखें बीते हुए जमाने की आकर्षक भव्यता देख रही थीं। सामने बैठा और खड़ा जन-समूह एक धुँधली तसवीर थी, जिसकी रेखाओं से इतिहास झाँक रहा था।

पंडितजी ने भव्य अतीत के दर्शन से उत्पन्न जोश में अपना व्याख्यान आरम्भ किया। उनके पहले के वक्ताओं ने अपने भाषण हिन्दी में दिए थे। पंडितजी ने विशुद्ध संस्कृत में बोलना शुरू किया। उनका भाषण शुरू होने के पाँच मिनटों के अन्दर ही स्पष्ट हो गया कि उसे समझनेवालों की संख्या उँगलियों पर गिनी जा सकती है। अन्य सभी, मुँह बाए, सिर्फ उनकी गूँजती हुई आवाज को सुन रहे थे। सभा-भवन में सन्नाटा था, मानो कोई ऐसी बात हो रही हो जिसे पहले किसी ने कभी सुनी या देखी न हो। पंडितजी की आँखों में प्रतिमा की ज्वाला थी और उनकी वाणी में विद्वत्ता का अधिकार था जो श्रोताओं को मन्त्र-मुग्ध किए हुए था।

एकाएक सभाभवन के एक कोने में किसी की नाक खुजलाई, उसने होंठ सिकोड़े छत की ओर एक बार देखा और जोर से 'छी'! किया। आस-पास बैठे श्रोताओं ने आँखें तरेरकर देखा। दूर बैठे लोगों की आँखें भी उसी तरफ मुड़ गईं। लेकिन एक मिनट भी नहीं बीता होगा कि पहली छींक के जवाब में हॉल के दूसरे कोने से भयंकर 'ठीं!' की आवाज शान्त वातावरण में गूँज उठी। इस बार अधिकांश श्रोता रंज होने के बदले दबी हँसी हँस पड़े। पंडितजी ने शायद कुछ नहीं सुना या न देखा और उनके भाषण के प्रवाह में कोई व्यवधान नहीं आया। लेकिन जिस तरह किसी दुकान में रखे पटाखों में बारी-बारी से आग लगती जाती

है और एक साथ फूटनेवाले पटाखों की संख्या में वृद्धि के साथ-साथ आवाज का घनत्व बढ़ता जाता है, उसी तरह पूरे सभा भवन में छींकों का प्रबल दौरा शुरू हुआ। यहाँ तक कि रंगमंच पर बैठे लोगों को भी दो-दो, तीन-तीन शक्तिशाली छींके आईं।

छींकों का यह दौरा दस-पन्द्रह मिनटों तक चालू रहा। पंडितजी प्रारम्भ में किसी दूसरे युग के श्रोताओं को सम्बोधित करते हुए बोलते गए। बीसों श्लोक और उद्धरण अविराम गति से उनकी जिह्वा पर आते गए। लेकिन जब छींकों का आक्रमण अत्यन्त शक्तिशाली हो गया, तब उनकी तन्द्रा टूटी। अचानक उन्होंने अपने सामने बैठे श्रोताओं के विरोधी-समूह को देखा जो उन पर हँस रहा था। उन्हें सिर में चक्कर-सा मालूम पड़ा। उसी समय श्रोताओं की भीड़ से एक ऊँची आवाज आई—'भोंपू!' फिर हॉल को हिला देनेवाली भयंकर हँसी का विस्फोट हुआ। पंडितजी के पैर काँपने लगे। वे आगे एक शब्द भी बिना बोले हॉल से बाहर निकल गए। किसी ने उन्हें रोकने की कोशिश नहीं की।

ठंडी रात थी, और बाहर हड्डियों में समा जानेवाली हवा बह रही थी। लेकिन पंडितजी को लग रहा था कि गर्मी से उनका दम घुट रहा है। एकाएक उनका सिर भारी हो गया और उनके विचार अस्पष्ट हो गए, जैसे वे नशे में हों। वे तेजी से चलते हुए घर आए, और सीधा अपने कमरे में चले गए। उन्होंने अन्दर से दरवाजा बन्द कर लिया और पत्नी से भी मिलने से इनकार कर दिया।

वे अपने कपड़े बिना बदले ही बिछावन पर लेट रहे। कमरा लालटेन की मद्धिम रोशनी से प्रकाशित था। चारपाई के आगे रखी मेज पर एक दर्जन पुस्तकें थीं। खिड़की खुली थी और बाहर अशान्त, ठंडी काली रात थी। लेकिन पंडितजी के मस्तिष्क की अशान्ति उससे अधिक प्रबल थी। उनके विचार अस्पष्ट थे, और एक ही बात उनके मस्तिष्क को बार-बार कुरेद रही थी—'यह क्या हुआ? यह क्या हुआ?'

वे घंटों तक मेज पर रखी पुस्तकों की ओर एकटक ताकते रहे। 'आखिर यह क्यों हुआ? पाणिनी, बाणभट्ट, कालिदास, शंकराचार्य और भरी सभा में बेइज्जती। अब मैं घर से बाहर कैसे निकलूँगा? मैं दूसरों को अपना मुँह कैसे दिखाऊँगा? क्या इसी के लिए मैंने इतना परिश्रम किया था? क्या इसी के लिए मैंने रात-दिन में कोई भेद नहीं माना? नहीं, अब मेरा मुँह किसी को दिखाने लायक नहीं है। क्या बुराई है मेरे रूप में? क्या मैं पागल हूँ? क्या यह सम्भव है? लेकिन मैं तो सबकुछ सोच सकता हूँ, अच्छे और बुरे में भेद कर सकता हूँ। नहीं, मैं पागल नहीं हो सकता, तो क्यों हुआ यह? आज तक किसी ने कुछ नहीं कहा, फिर यह एकाएक क्यों हुआ? मेरी सभा में मेरी बेइज्जती हुई, सैकड़ों लोगों के बीच। उन्होंने

मुझे स्वीकार नहीं किया और सभी मुझ पर हँस पड़े। मैं जब बाहर जाने लगा, किसी ने मुझे रुकने के लिए नहीं कहा। मैं इतने लोगों के बीच नहीं खप सका। क्या मैं सचमुच पागल हूँ?'

पंडितजी ने दोनों हाथों से अपना चेहरा ढँक लिया और एक सुबकी उनके कंठ से उठकर आँखों तक आ गई।

रात का अँधेरा बढ़ता गया। मकानों की रोशनी गुल हो चुकी थी, सड़क के खम्भे की मिट्टी के तेल की लैम्प हवा के झोंकों के बीच काँप राही थी। हवा अधिक अशान्त होती गई। सड़क के किनारे खड़ा नीम का पेड़ उसके आक्रमण से कराह रहा था। पंडितजी के मस्तिष्क की अशान्ति भी बढ़ती गई। उन्होंने उस रात सोने की कोशिश नहीं की, शायद करते भी तो नहीं सो पाते। कभी वह चारपाई पर लेट जाते, कभी उठकर टहलने लगते। उनके अन्दर लगी आग अधिक प्रचंड होती गई।

दूसरे दिन पंडितजी ने अत्यन्त परिश्रम से स्कूल जाने की तैयारी की। उन्होंने अन्य दिनों की अपेक्षा दुगुने परिश्रम से अपने कपड़े ठीक किए। कहीं कोई कमी न रह जाए, कहीं कोई त्रुटि न हो, इस बात का उन्होंने पूरा खयाल रखा। लेकिन उनका चेहरा पीला पड़ गया था और उनके हाथ-पैर काँप रहे थे। उनके शरीर की शक्ति क्षीण हो चुकी थी और वे अपने-आपको मुश्किल से सँभाल पाते थे।

स्कूल में उनके सहकर्मियों ने पिछले दिन के भाषण की सफलता पर उन्हें बधाई दी। पंडितजी ने मुस्कुराकर उन्हें धन्यवाद दिया, लेकिन उनके हृदय की धड़कन की गति बढ़ गई थी और एक आवाज बार-बार कह रही थी, 'ये लोग तुम पर हँस रहे हैं, तुम्हारा मजाक उड़ा रहे हैं।' पंडितजी की मुस्कुराहट सिर्फ होंठों पर थी, उनकी आँखें कोई दूसरी बात कह रही थीं।

उसी समय बाहर सड़क पर एक लाउडस्पीकर गीत गाने लगा। पंडितजी के एक साथी ने कहा, "देखिए पंडितजी, भोंपू बजा रहा है।"

पंडितजी ने अत्यन्त पीड़ा-भरी नजरों से उस साथी की ओर देखा और मुँह मोड़कर वहाँ से चले गए।

पंडितजी की कक्षा में लड़के हमेशा शान्त रहा करते थे और अनुशासन का पालन करते थे। इस बात को वे अपने व्यक्तित्व का प्रभाव और अपनी विद्वत्ता का प्रमाण मानते थे। लेकिन उस दिन पंडितजी के कान अनावश्यक रूप से खड़े थे और अशान्ति ने उनकी आत्मा को घेर रखा था। जब वे अपनी कक्षा में गए, तब भी बाहर भोंपू बज रहा था। यह भोंपू क्यों बज रहा है? क्यों कोई जाकर उसे बन्द नहीं करता?

पंडितजी का गला सूख रहा था और उनके पैर काँप रहे थे। फिर उन्होंने

साहस करके पढ़ाना शुरू किया। बाहर सड़क पर भोंपू शोर मचाए हुए था। पंडितजी ने उसकी आवाज को दबाने के लिए जोर से चिल्लाकर पढ़ाना शुरू किया। प्रारम्भ में लड़के शान्त थे। लेकिन धीरे-धीरे खाँसने-खँखारने की आवाजें उठने लगीं। फिर एक लड़का जोर से चिल्ला पड़ा, "पंडितजी, भोंपू!"

पंडितजी ने आगबबूला होकर पूछा, "क्यों, क्या बात है?"

एक लड़का खड़ा होकर बोला, "पंडितजी, भोंपू बज रहा है।"

पंडितजी को कोई बात नहीं सूझी। बाहर से भोंपू की आवाज लगातार आ रही थी फिर भी उन्होंने पूछा, "कहाँ बज रहा है?"

उसी लड़के ने जवाब दिया, "पंडितजी, कमरे के बाहर!"

इसी बीच कक्षा के पीछे की किसी बेंच से आवाज आई, "पंडितजी, कमरे के अन्दर!"

समूचा कमरा जोर के ठहाके से गूँज उठा। जब हँसी कुछ कम हुई तो पंडितजी ने पूछना शुरू किया, "किसने कहा कि अन्दर? जल्दी बताओ, नहीं तो सब पर फाइन कर देंगे।"

फिर शान्ति, कोई जवाब नहीं। पंडितजी ने पढ़ाना शुरू किया। इस बीच कमरे के एक कोने से जोर-से 'छीं!' की आवाज आई। शायद ये लड़के भी पिछली शाम की सभा में उपस्थित थे। एक छींक का आना क्या था, छींकों का संक्रामक रोग हो गया। पंडितजी रुक गए और कड़ी आवाज में बोले, "क्यों, क्या बात है?"

कक्षा के पीछे की किसी बेंच से आवाज आई, "पंडितजी, सर्दी।" फिर एक भयानक हँसी।

पंडितजी ने पूछा, "क्यों सर्दी? क्या सर्दी?"

पीछे से आवाज आई, "लग गई है!" फिर जोर की हँसी।

पंडितजी ने पढ़ाना बन्द कर दिया और कक्षा के बाहर चले गए। बाहर जाते-जाते उन्हें पीछे से एक ऊँची आवाज सुनाई पड़ी, 'भोंपू!' उनके लिए अब स्कूल में रुकना असम्भव हो गया। वे बिना किसी से मिले या किसी को कुछ कहे घर के लिए रवाना हो गए। रास्ते-भर एक आवाज कान में गूँजती रही, 'भोंपू!' जब वे घर पहुँचे तब भी बाहर भोंपू बज रहा था।

पंडितजी ने सीधे अपने कमरे में जाकर खिड़कियों और दरवाजे को अन्दर से बन्द कर लिया। उन्होंने मफलर से अपने कान बाँध लिए ताकि वह घृणास्पद आवाज सुनाई नहीं पड़े। लेकिन भोंपू जैसे उनके मस्तिष्क में समा गया था। उनकी लाख कोशिशों के बावजूद यह आवाज वहाँ गूँजती रही। उन्हें एक क्षण के लिए भी नींद नहीं आई और वे सारी रात छटपटाते रहे। सुबह होते-होते वे अपना मानसिक सन्तुलन खो चुके थे।

उपहार

ग्यारह कब के बज चुके थे, तरलोक ने गुरुद्वारा में बजनेवाले घंटे की आवाज बहुत पहले सुनी थी। उसने रजाई को खींच अच्छी तरह समेट लिया और 'वाह गुरु' का नाम बार-बार दुहराने लगी। जब वह बच्ची थी, उसके पिता कहा करते थे, 'बेटी, 'वाह गुरु' का नाम लेने से हर चिन्ता दूर हो जाती है और चित्त को शान्ति मिलती है।' उसके पिता, स्कूल से लौटने के बाद, हाथ-मुँह धोकर ग्रन्थ साहब का पाठ करने बैठ जाते थे। तरलोक जिद कर उनकी गोद में बैठती थी और उनके साथ 'वाह गुरु' की रट लगाती थी। उस समय पड़ी हुई आदत अब भी यदा-कदा उस पर हावी हो जाती थी और अशान्ति के क्षणों में वह अनचाहे अपने-आपको 'वाह गुरु' का नाम दुहराते हुए पाती थी।

उसका ग्यारहवर्षीय भाई भूपेन्दर बगलवाले कमरे में सोया था और बीच के दरवाजे से, जो खुला हुआ था, वह उसके खर्राटे को सुन सकती थी। भूपेन्दर जब खर्राटे लेने लगता, तरलोक को अनचाहे, अपनी माँ सुरेन्द्र कौर की याद आ जाती थी और उसका मुँह एक कड़वे स्वाद से भर जाता था। जब उसके पिता ग्रन्थ साहब का पाठ करने बैठते, उसकी माँ कुल्हाड़ी उठाती और समीप ही, बरामदे में, जलावन की लकड़ी फाड़ने लगती या कपड़ा धोनेवाली मुँगरी उठाती और आँगन में, नल पर, गन्दे कपड़े पीटने लगती। तरलोक देखती कि पिता के चेहरे पर एक काली छाया घिर आई है। लेकिन वे सिर्फ अपना चश्मा सीधा करते और ग्रन्थ साहब के पाठ में लग जाते। माँ से विरोध करने की उनकी हिम्मत नहीं होती। जब तक वे घर पर रहते, माँ गन्दे और फटे कपड़े पहने रहती। उसके चेहरे से, हाव-भाव से और चाल से असन्तोष और वितृष्णा टपकती रहती और उसकी हर मुद्रा से ऐसा लगता कि वह सबको नोच खाना चाहती है। जब वह रसोईघर में जाती तो थाली और गिलास पूरी आवाज के साथ नाचना शुरू कर देते, बरामदे या आँगन में से गुजरती तो सामने और अगल-बगल में रखी वस्तुओं की शामत आ जाती। लेकिन जब पिता घर में नहीं रहते, वह भड़कदार सलवार और पाजामा

पहन ऊपर के तले पर सड़क के सामनेवाले बरामदे में कुर्सी रख बैठ जाती और आते-जाते लोगों को देखती रहती या जब तरलोक घर में होती तब अपना लाल रंग का पर्स ले बाजार में घूमने चली जाती।

तरलोक जब कभी अपनी माँ के बारे में सोचती, उसके हृदय और मस्तिष्क पर एक विचित्र किस्म का बोझ पड़ जाता। वह एक अस्पष्ट अपराध-भावना से दब जाती और उसे लगता कि अपने पिता की मृत्यु के लिए वह स्वयं भी जिम्मेवार है। क्या उसके पिता के भीरुपन का एक कारण यह भी नहीं था कि वे उसे उन अप्रिय अनुभवों से बचाना चाहते हों जो उनके द्वारा उसकी माँ को प्रताड़ित किए जाने से उत्पन्न स्थिति में उसे होती? जब कभी उसकी माँ उन्हें गालियाँ देने लगती, वे स्वयं को उस कमरे में बन्द कर लेते, जिसमें अब तरलोक सोती थी या चुपचाप घर से बाहर चले जाते।

एक दिन की घटना की याद कर आज भी तरलोक का कपोल शर्म से लाल हो जाता है। पिता जब शाम को चार बजे स्कूल से लौटे तो माँ घर में नहीं थी। उन्होंने स्वयं चाय बनाई, एक प्याली तरलोक को दी और एक प्याली स्वयं ली और बरामदे में एक कुर्सी पर बैठ पीने लगे। उसी समय माँ आ गई और एक प्रश्न जैसे अनायास पिता के मुँह से निकल पड़ा, "इस समय कहाँ गई थी?" सुरेन्द्र कौर ने उन्हें आँखें तरेरकर देखा, मानो उन्हें पहचानने की कोशिश कर रही हो फिर जोर-जोर से हँसने लगी। वह हँसती हुई ही बोली, "जानना चाहता है मैं कहाँ गई थी? अपने यार के यहाँ गई थी। यह देख, मेरे यार ने मुझे कितना प्यार किया।" यह कहकर उसने अपना पाजामा खोलकर अलग फेंक दिया और आगे से सलवार को उठा उनसे दो फीट की दूरी पर खड़ी होकर हँसने लगी। यह दृश्य देखकर तरलोक इतना डर गई थी मानो उसने भूत देख लिया हो और चाय का प्याला गिरा, रोती हुई भागकर अपने कमरे में चली गई थी और अन्दर से किवाड़ बन्द कर लिए थे।

भूपेन्द्र के जन्म के बाद उसकी माँ पूरी तरह बदल गई थी। वह दिन-रात बेटे की सेवा में लगी रहती और इस तरह उसका पहरा करती मानो सभी उसका गला दबाने के लिए अवसर की प्रतीक्षा में हों। उसका पिता के प्रति व्यवहार अधिक उदार हो गया था और उनकी अनुपस्थिति में बाजार में घूमने की प्रवृत्ति कमजोर पड़ गई थी। लेकिन उस समय भी तरलोक उससे भयभीत ही रहती थी। उसे लगता था कि उसकी माँ नशे में है और किसी भी क्षण कोई ऐसा अविवेकपूर्ण काम कर सकती है जिससे उसका नुकसान हो जाए या जिसके लिए उसे लज्जित होना पड़े। इस कारण वह उससे अलग रहने की कोशिश करती और कोई ऐसा काम नहीं करती जो उसकी माँ के लिए किसी भी तरह असन्तोष का कारण बनता।

छह वर्ष इसी तरह बीत गए और एक दिन चौबीस घंटे की बीमारी के बाद, उसके पिता की मृत्यु हो गई। उसकी माँ अपने कमरे के दरवाजे और खिड़की बन्द कर रोती और सिर धुनती रही और चार दिनों तक कमरे से बाहर नहीं निकली। लेकिन दो महीने बीतते-बीतते वह फिर साज-शृंगार कर बाजार में घूमने के लिए जाने लगी और एक दिन जब वह बाजार गई तो लौटकर नहीं आई। तरलोक को पीछे मालूम हुआ कि वह किसी गैरेज में काम करनेवाले एक युवक के साथ भागकर देवल चली गई।

यह घटना आज से चार वर्ष पहले घटी थी। उस समय तरलोक बी.ए. में पढ़ती थी। माँ अपने साथ अपने गहने और पिता की कमाई के बचे रुपए लेती गई थी। तरलोक ने नीचे के दो कमरों को किराए पर दे दिया और सालभर के बाद जब बी.ए. पास किया तो एक स्कूल में नौकरी कर ली।

उसकी जिन्दगी एक साँचे में बँध गई, यद्यपि भीतर धातु अपने द्रव रूप में था, ऊपर से यह ठोस हो चुका था और उस पर साँचे की मुहर लग चुकी थी। भूपेन्द्र के लिए उसने अपने माँ-बाप की जगह ले ली थी। वह अपने सारे अरमानों और महत्त्वाकांक्षाओं को उसी में केन्द्रित करना चाहती थी। लेकिन जब भूपेन्द्र हँसता या नींद में खर्राटे लेता, तो तरलोक की आँखों के सामने उसकी माँ का चेहरा अनायास उभर जाता। उसके हृदय पर एक बोझ-सा पड़ जाता और अनायास मुँह से 'वाह गुरु' का नाम बार-बार निकलने लगता।

इस समय तरलोक की बेचैनी का एक कारण यह भी था कि गली के उस पारवाले मकान में पन्द्रह-बीस मिनट पहले ही शान्ति हुई थी। यह बूटा सिंह का मकान था जिसकी बाजार में एक आरा मशीन थी। उसकी पत्नी सालभर पहले ग्यारह और बारह वर्ष दो की बेटियों को छोड़ चल बसी थी। बूटा सिंह सुबह आठ बजे घर से निकलता और रात में आठ बजे के बाद ही लौटता। उस समय वह अक्सर पीए हुए रहता और अपनी बेटियों को, जो माँ की मृत्यु के बाद पढ़ाई छूट जाने के कारण दिनभर घर में ही रहती थीं, गालियाँ देता और पीटता। लड़कियाँ मार खाकर भी चुप रहने की कोशिश करतीं और कभी-कभी ही, जब मुँह बन्द रखना असम्भव हो जाता, रोतीं। तरलोक के कमरे की स्थिति ऐसी थी कि वह बूटा सिंह के घर में होनेवाले शोरगुल और मारपीट की हर आवाज को सुन सकती थी। आज घर में प्रवेश करते ही बूटा सिंह ने अपनी बड़ी लड़की सुखबीर से खाना माँगा था और जब सुखबीर ने बताया था कि खाना बनने में कुछ देर है तो उसने उसे पीटना और गाली देना शुरू किया था। "हरामजादी, कहाँ थी दिनभर?...भारी हो गया है क्या? भार हलका करने के लिए यार खोजती-फिरती है? बोल रंडी, बोल! ठीक अपनी माँ पर गई है साली। वह भी फेरी लगाती थी! साली ने इतने

यार पाल रखे थे कि घाव हो गया और सड़कर मरी।''

इसके बाद तरलोक ने अपने कान बन्द कर लिए थे और 'वाह गुरु' की रट लगाने लगी थी। घंटाभर तक बूटा सिंह के यहाँ गाली-गलौज और चिल्ला-पों होता रहा था और तरलोक ने अपने कान बन्द कर रखे थे। वह सोचती रही थी कि बूटा सिंह से अपनी शादी के प्रस्ताव को कैसे टाले। बूटा सिंह एक प्रभावशाली आदमी था और इस शादी के लिए सभी बिरादरीवाले जोर दे रहे थे। उसके सामने अन्धकारमय भविष्य था और वह निश्चय नहीं कर पा रही थी कि आगे का रास्ता किधर से है। बगल के कमरे में भूपेन्द्र लगातार खर्राटे भर रहा था, जिससे उसकी बेचैनी अधिक बढ़ गई थी और वह अनजाने ही 'वाह गुरु' का नाम रटने लगी थी।

वह बरामदे में जाकर रेलिंग के पास खड़ी हो गई जहाँ से वह नीचे के उस कमरे को देख सकती थी जिसमें उसका किराएदार तसवीरें बनाया करता था। वह जानती थी कि आज चित्रकार का जन्मदिन है और वे दोनों व्यक्ति जो उसके साथ मेज की दो तरफ बैठे हुए हैं, उसके साथी हैं जो उसका जन्मदिन मनाने के लिए आए हुए हैं।

विचित्र आदमी था वह। चार वर्षों से वह इस मकान में रह रहा था, लेकिन उनका परिचय साधारण औपचारिकता से आगे नहीं बढ़ पाया था। लगता था कि वह एक ऐसी दुनिया में जीता है जो उसके चारों तरफ की दुनिया से बिलकुल अलग है और इस कारण वह बाहर के लोगों और घटनाओं को देख नहीं पाता। वह दिन में बाहर रहता था, शायद कहीं नौकरी करता था लेकिन शाम होते ही अपने कमरे में चित्रपटों के सामने बैठ जाता था और आधी रात के बाद तक रंगों से जूझता रहता था। तरलोक रात में अक्सर उसी स्थान पर खड़ी हो उसे देखती। बिजली की रोशनी में उसके केश जिसमें से एक-चौथाई सफेद हो चुके थे, इस तरह चमकने लगते जैसे वे प्रकाश का वृत्त बन गये हों। चित्रपट पर रेंगती तूलिका को पकड़े उसका हाथ सृष्टिकर्ता ब्रह्म की तरह महिमामय लगने लगता। रात के सुनसान क्षणों में तरलोक के मन में अक्सर एक बलवती इच्छा जगती कि वह अपना सबकुछ छोड़कर प्रकाश की उस दुनिया में चली जाए, जिसमें उसका किराएदार रहता था। लेकिन मन की किसी उलझन ने आखिरी क्षणों में उसके पैरों में बेड़ियाँ डाल दी थीं और वह अपनी दुनिया से नहीं निकल पाई थी।

मेज के बीच में दो बोतलें रखी थीं। ये निश्चय ही शराब की बोतलें थीं। एक तरफ बिस्कुट का एक डिब्बा था और पास ही सिगरेट के दो पैकेट पड़े थे। तीनों साथियों के हाथों में गिलासें थीं और वे कभी-कभी चुस्कियाँ लेते हुए नीची आवाज में बातें कर रहे थे। तरलोक को लगा कि वे किसी अन्य लोक के वासी हैं और उनका अपने चारों तरफ की दुनिया से बहुत क्षीण सम्बन्ध है। इस अज्ञात

दुनिया का आकर्षण उसे अपनी ओर प्रबल वेग से खींच रहा था, लेकिन उसने अपने कदमों को इच्छा-शक्ति से रोक रखा और मन्त्रमुग्ध सी, रेलिंग के पास खड़ी हो उन्हें देखती रही।

एक साथी ने कहा, ''आशु, आज तुम्हारा जन्मदिन है। होना तो यह चाहिए कि हम तुम्हें ऐसा उपहार देते जो तुम्हारे लिए कोई मोल रखता। लेकिन हम एक बोतल शराब के आगे कुछ नहीं सोच सके। हम जिस पथ के दावेदार हैं उसमें तुम हमारे गुरु और पथ-प्रदर्शक हो। इस कारण मैं एक ऐसा निवेदन कर रहा हूँ जो असाधारण है। आज तुम ही हमें कोई ऐसा उपहार दो, जिसे तुम देने लायक समझते हो।''

'आशु' नाम तरलोक के लिए कुछ ऐसी ध्वनि और अर्थ रखने लगा था कि उसे सुनते ही उसके अन्दर एक हलचल-सी होने लगी थी। उसके कान उत्तर की प्रतीक्षा में उस ओर लग गए।

आशु ने कहा, ''भाई, हम एक पथ के पथिक अवश्य हैं, लेकिन हमारे बीच न कोई गुरु है और न चेला। हम सभी एक ही देवी के आराधक हैं और यदि सचमुच कोई हमारा पथ-प्रदर्शक है तो वह है हमारी आराधना। रही उपहार देने की बात, तो मेरे पास जो कुछ है वह तुमसे छिपा नहीं। जो इच्छा हो, ले लो।''

साथी बोला, ''नहीं भाई। यह ठीक नहीं। तुम जो उचित समझो, वही दो। लेकिन याद रखना कि आज तुम्हाना जन्मदिन है। आज हम कोई ऐसी वस्तु लेना चाहेंगे जिसे तुम सचमुच मूल्यवान समझते हो।''

तरलोक ने देखा कि आशु दो मिनटों तक सिर झुकाए कुछ सोचता रहा। फिर वह उठा और कमरे के एक कोने से एक ऐसा चित्रपट उठा लाया जो नीले रंग के परदे से ढका हुआ था। वह एक मिनट तक ठिठका, फिर परदे को हटाकर उसने तसवीर को अपने मित्रों के सामने मेज पर रख दिया।

तरलोक ने देखा कि यह तसवीर उसी की, तरलोक की थी। एक क्षण के लिए उसके हृदय की धड़कन रुक गई और आँखें फैल गईं। उसे लगा कि वह नीचे आँगन में गिर पड़ेगी, अतएव उसने रेलिंग को जोर से हाथों से पकड़ लिया।

आशु के साथी ध्यान से उस तसवीर को देख रहे थे। एक बोला, ''तुमने इस तसवीर को पहले कभी नहीं दिखाया! यह दो हजार से कम में कदापि नहीं बिकेगी।''

आशु ने कहा, ''दोस्त, यह तसवीर बेचने के लिए नहीं है। तुमने मुझसे कहा कि मैं तुम्हें कीमती वस्तु भेंट करूँ। यही मेरी भेंट है। इससे अधिक कीमती वस्तु मेरे पास नहीं। यद्यपि यह तसवीर मुझसे अलग है, फिर भी यह मैं ही हूँ। यह मेरे किसी भाव का अनुवाद नहीं।''

दूसरा साथी, जो अब तक चुप था, बोला, ''धन्यवाद, आशु। अब हम भी इसी

स्थिति में हैं कि तुम्हें कोई बहुमूल्य वस्तु भेंट कर सकें। इस तसवीर को, जो अब हमारी है, हम तुम्हें भेंट कर रहे हैं।''

उसने तसवीर को उठाया और आशु के हाथों में रख दिया। आशु ने जमीन की तरफ ताकते हुए उसे ले लिया और कहा, ''धन्यवाद!''

तरलोक ने लक्ष्य किया कि उसकी आवाज भारी थी और वह मुश्किल से इन शब्दों को बोल पाया था।

वह एक घंटा तक उस स्थान पर बँधी-सी खड़ी रही। लेकिन अब उसका ध्यान उनकी बातों में नहीं था, अब वह आशु पर और उसकी तसवीर पर टिका था, जो उसकी गोद में थी। जब तक उसके साथी कमरे में रहे, तसवीर उसकी गोद में पड़ी रही, वह इस सहजता से उसे थामे रहा, जैसे वह उसके व्यक्तित्व का एक अंग हो। जब उसके साथी चले गये, तो उसने तसवीर को मेज पर रखा और उसे एकटक देखने लगा।

तरलोक के पैरों का बन्धन खुल गया और वह किसी अज्ञात आकर्षण-शक्ति से खींचती हुई आशु के सामने जाकर खड़ी हो गई। पिछले चार वर्षों से, जब से वह इस मकान में रह रहा था, वह आज पहली बार इस कमरे में आई थी। आशु ने तसवीर से दृष्टि उठाकर उसे देखा। उसकी दृष्टि में आश्चर्य नहीं था, सन्तोषभरी प्रसन्नता थी, जैसे वह उसी की प्रतीक्षा करता रहा हो।

वह एक क्षण के बाद बोला, ''आप?''

तरलोक ने कहा, ''हाँ, मैं ही हूँ। आपने मुझे अपने जन्मदिन पर आमन्त्रित नहीं किया?''

उसने हँसकर जवाब दिया, ''बात यह है कि मेरे साथी मेरे जन्मदिन पर मुझसे ही उपहार लेते हैं। मैं उन्हें जो दे देता हूँ, उसे वे खुशी से ग्रहण कर लेते हैं। लेकिन यदि मैं आपको कुछ दूँ और आपको स्वीकार न हो तो?''

तरलोक बोली, ''नहीं, मैं आपके जन्मदिन पर आपसे उपहार लेना नहीं चाहती। मैं आपको देना चाहती हूँ।''

आशु ने उसकी तरफ ध्यान से देखा और कहा, ''तरलोक, मेरे लिए इससे अधिक सौभाग्य का दिन अन्य कौन-सा होगा?''

वह बोली, ''मैं अपना या अपने किसी भाव का अनुवाद नहीं कर सकती। वह क्षमता मेरे अन्दर नहीं। इस कारण मैं स्वयं आ गई हूँ। क्या यह उपहार आपको स्वीकार है?''

त्याग

उस दिन भी स्कूल से निकलते-निकलते साढ़े पाँच बज गए थे। स्कूल साढ़े चार बजे ही बन्द हो गया था और दस मिनट के अन्दर ही सारे विद्यार्थी और शिक्षक चले गए थे। लेकिन मुझे प्रधानाध्यापक ने दो वर्षों से स्कूल की फुलवारी का चार्ज दे रखा था और प्रतिदिन छुट्टी के बाद एक घंटा फूलों की देखभाल में लग जाता था। दिन बड़ा होने पर यह बुरा नहीं लगता था, लेकिन जाड़े के दिनों में, जब पाँच बजते-बजते सूर्यास्त हो जाता था, छुट्टी के बाद रुकना बहुत अखरता था। अधिक बुरा तब लगता था जब मैं देखता था कि अन्य सभी अध्यापक, यहाँ तक कि प्रधानाध्यापक भी छुट्टी की घंटी बजते न बजते स्कूल छोड़ देने की जल्दी में लगते थे। लेकिन जब मैं मीठी धूप में सिर हिलाते जाड़े के फूलों को देखता था तो फुलवारी को छोड़ने की इच्छा नहीं होती थी। एक आशंका सताने लगती कि बिरजू ने, जो स्कूल का माली था, कहीं उन्हें ठीक से पानी नहीं दिया हो, उनकी जड़ों से घास-पात को साफ न किया हो। मैं जानता था कि बिरजू स्वयं उन फूलों से बहुत प्यार करता है और उससे उनकी सेवा में किसी कमी की आशंका गलत है। लेकिन तब भी मेरा मन नहीं मानता था और मुझे तभी शान्ति मिलती थी जब फूल के हर पौधे को मैं स्वयं देख लेता था।

स्कूल कस्बे से डेढ़ मील की दूरी पर एक खुले, रेतीले मैदान के बीचोबीच था और पुराने जमाने के किसी आश्रम की तरह लगता था। प्रबन्ध समिति के अध्यक्ष शम्भु शंकरजी के दिमाग में एक आदर्श शिक्षण-संस्था की कल्पना थी और इसी कारण उन्होंने स्कूल के लिए कस्बे से इतनी दूर जमीन दी थी, जहाँ का वातावरण भीड़भाड़ से दूषित न हो सके। स्कूल का भवन बन गया था, लेकिन अभी तक कोई छात्रावास नहीं बना था और न शिक्षकों के रहने के लिए क्वार्टर्स ही बने थे। इस कारण शाम को छुट्टी के बाद स्कूल का पहरेदार धरीछन और माली बिरजू के सिवा वहाँ कोई नहीं रहता था। मुझे अक्सर स्कूल से कस्बे तक की डेढ़ मील की दूरी अकेले ही तय करनी पड़ती थी, जहाँ मैं एक छोटे-से मकान

में पत्नी और दो बच्चों के साथ रहता था। उस दिन भी मैं अकेले ही जल्दी-जल्दी कस्बे की ओर जा रहा था, क्योंकि सूर्यास्त हो चुका था और स्वेटर बढ़ती हुई ठंडक के प्रकोप से बचने के लिए पर्याप्त नहीं पड़ रहा था। मैं स्कूल से डेढ़ फर्लांग ही गया होगा कि मेरी मुलाकात एक विशेष सम्प्रदाय की साधुनियों से हो गई। दल में आठ साधुनियाँ थीं। मैंने सम्प्रदाय के साधुओं को बहुत बार देखा था, लेकिन साधुनियों को पहली बार देख रहा था। सबके सिर मुंडित थे और सबने अपने-आपको उजले कपड़े के बने विचित्र वस्त्र से ढक रखा था जो बोरों के आकार में सिले हुए थे। सभी साधुनियाँ समान रूप से मोटी थीं और दूर से ऐसा लगता था कि अनाज से भरे सफेद बोरे चले आ रहे हैं। उनके पीछे-पीछे करीब छह फीट लम्बे, चार फीट चौड़े और इतने ही ऊँचे लकड़ी के दो बक्से आ रहे थे जो रबर के चार-चार पहियों के ऊपर बने ढाँचों पर फिट किए हुए थे और जिन्हें दो नौकर पीछे से ढकेल रहे थे। हर बक्से पर आगे, दाएँ और बाएँ मोटे-मोटे अक्षरों में लिखा था, 'पवित्र तीर्थस्थलों की मंगलमय पदयात्रा' और कुछ कम मोटे अक्षरों में कतिपय सूक्तियाँ लिखी थीं जैसे 'त्याग, मानव की महानतम उपलब्धि', 'दया, मानवता का सबसे बड़ा गुण', 'अपरिग्रह, मानव का सबसे बड़ा धन', आदि।

जब यह दल मेरे समीप पहुँचा, मैं सड़क के एक किनारे खड़ा हो गया और इसे अपने सामने से गुजरते हुए देखने लगा। मुझे अचानक एक बांग्ला लेखक के उपन्यासों में वर्णित साधुनियों के दल स्मरण हो आए जिन्हें मैं वास्तविक नहीं बल्कि लेखक की कल्पना में जनित मानता था। लेकिन इस दल को देखकर मुझे विश्वास हो गया कि इस उपन्यासकार द्वारा वर्णित दल भी वास्तविक होंगे। इस दल में अधिक साधुनियाँ चालीस से पचास वर्ष की उम्र की थीं, लेकिन दो ऐसी थीं जो पचीस से अधिक की नहीं लगती थीं, वे अन्य साधुनियों के पीछे-पीछे, सहेलियों की तरह अगल-बगल में चल रही थीं। दोनों समान रूप से मोटी थीं, दोनों की ऊँचाई लगभग एक थी और दोनों की चाल अन्य साधुनियों की चाल से कुछ कम ढीली-ढाली थी, यद्यपि वे भी बायाँ कदम रखतीं तो पूरी देह बायीं तरफ थोड़ा झुक जाती और दायाँ कदम रखतीं तो दायीं तरफ झुक जाती। उनमें से एक का चेहरा इतना गोरा था कि पीला-सा लगता था और नाक-नक्श इतना सुन्दर था कि मुझे कस्बे की रासलीला की राधा की याद आ गई जिसके कदमों पर अनुरागी भक्तों द्वारा फूलों और पैसों की वर्षा की जाती थी। साधुनी ने शायद इस बात को जान लिया कि मेरी दृष्टि उसका पीछा कर रही है और उसने घूमकर मेरी तरफ देखा। हमारी आँखें मिलीं और मैं एक क्षण के लिए तिलमिला गया। उन बड़ी-बड़ी मुस्कुराती आँखों में एक ऐसा आमन्त्रण था जिसका अर्थ समझने

में कोई गलती नहीं कर सकता था और जिसका सम्बन्ध उस पवित्र आत्मा के साथ करने में कोई भी हिचकता। एक क्षण के बाद साधुनी ने अपना चेहरा आगे की तरफ घुमा लिया और अपनी सहेली की तरफ मुड़कर धीरे-से कुछ कहा। उसकी सहेली साधुनी ने मेरी तरफ मुस्कुराते हुए देखा फिर अपनी चाल को कुछ तेज कर आगे बढ़ एक प्रौढ़ा साधुनी से कुछ कहा। साधुनियों का दल, जो उस स्थान से बीस-पच्चीस गज आगे निकल गया था, जहाँ मैं खड़ा था, रुक गया। प्रौढ़ा साधुनी मेरी तरफ लौट आई और बोली, "युवक, हम साधुनियाँ हैं, हमें पता चला है कि आगे समीप ही कोई माध्यमिक विद्यालय है। हम आज रात विद्यालय-भवन में ही विश्राम करना चाहती हैं। क्या आप हमें वहाँ तक का मार्ग बतला देंगे?"

मैंने कहा, "मैं उस स्कूल का एक शिक्षक हूँ। चलिए, आप लोगों को वहाँ तक पहुँचा दूँ।"

साधुनी बोली, "ईश्वर आपका कल्याण करेगा। आप जैसे साधु-मना नौजवानों से ही पाप-पंक में धँसे सुदेश को मुक्ति मिलेगी।"

मैं साधुनियों के आगे-आगे फिर स्कूल को लौट पड़ा। मेरे ठीक पीछे, अन्य सभी साधुनियों से आगे, दोनों युवती साधुनियाँ थीं। वे लगातार बातें कर रही थीं और कभी-कभी खिलखिलाकर हँस पड़ती थीं। मैं इस बात को भूल गया कि मुझे घर लौटने की जल्दी है और स्कूल लौटकर अधिक देर करने की कोई जरूरत नहीं, वे स्वयं वहाँ आसानी से पहुँच सकती हैं।

जब हम स्कूल पहुँचे, बिरजू और धरीछन अपने कमरे के बरामदे में चूल्हा जलाने की तैयारी में थे। मैंने धरीछन से कहकर स्कूल का एक कमरा साधुनियों के लिए खुलवा दिया, यद्यपि मैं जानता था कि प्रधानाध्यापक की अनुमति के बिना ऐसा करना अनुचित है। साधुनियों ने कमरे में डेरा डाल दिया और उनके दोनों नौकर कमरे के सामने की सहन पर गाड़ियों को खड़ी कर धरीछन से भोजन बनाने के लिए लकड़ी, गोयठा आदि के सम्बन्ध में बातें करने लगे। बिरजू भी, जो अब तक वहाँ आ गया था, उनकी बातचीत में शामिल हो गया।

मैंने बिरजू और धरीछन से कहा, "तुम लोग मेम साहब लोगों के लिए हर चीज का इन्तजाम कर देना। इन्हें कोई कष्ट न हो।"

बिरजू, जो ढलती उम्र का था, बोला, "मेमसाहब लोगों को कोई कष्ट नहीं होगा, मास्टर साहब। आप बेफिक्र होकर जाइए।"

प्रौढ़ा साधुनी, जिसके आग्रह पर मैं उन लोगों को स्कूल में ले आया था, कमरे से बाहर आई। उसके साथ दोनों युवती साधुनियाँ भी बाहर आ गईं। प्रौढ़ा साधुनी ने मुझसे कहा, "वत्स, हमें मेमसाहब मत कहो। हमें प्रभु की दासी कहो। हम

ईश्वर की सेविकाएँ हैं। मेरा नाम दिव्य ज्ञानेश्वरी है। ये मेरी सह-दासियाँ हैं, परम सिद्धेश्वरी और सर्व त्यागेश्वरी। अन्य पाँचों भी हमारी तरह ईश्वर की दासियाँ हैं।''

तो उसका नाम परम सिद्धेश्वरी है। वह उस समय सर्व त्यागेश्वरी के कन्धे पर हाथ रख खड़ी थी और मुझे एकटक देख रही थी मानो मैं आदमी नहीं बल्कि कोई निर्जीव वस्तु हूँ। धरीछन, जो बिरजू और दोनों नौकरों को बातें करते छोड़ हमारे पास आ गया था, परम सिद्धेश्वरी को इस तरह एकटक देख रहा था, जैसे निगल जाना चाहता हो।

मैंने दिव्य ज्ञानेश्वरी से कहा, ''देवि, आप ईश्वर की दासियाँ हैं लेकिन हमारे लिए पूज्यनीया हैं। आप साधारण जनों की कोटि में नहीं आतीं। आपके पास क्या नहीं था? लेकिन आपने हर वस्तु को लात मार दी और ईश्वर की सेवा में स्वयं को समर्पित कर दिया।''

मैंने अँधेरे में तीर मारा था, लेकिन वह निशाने पर लगा। दिव्य ज्ञानेश्वरी ने लम्बी साँस छोड़ी और बोली, ''वत्स, जिसे त्याग दिया, उसके लिए पश्चात्ताप कैसा? लेकिन यह सच है कि हम ऐसे घरों में नहीं पैदा हुई थीं कि इस तरह दर-दर घूमने की जरूरत पड़ती। हम हाथ-पैर गन्दा किए बिना जीवनभर आराम से खा सकती थीं। परम सिद्धेश्वरी की बात ही लीजिए। इसके पास क्या नहीं था? ऊँचा कुल, ऐश्वर्य, सुख के सभी साधन। ईश्वर ने सिर्फ पति को ही छीना था। यदि अन्यत्र कहीं रहती तो इसकी दोबारा शादी हो जाती। लेकिन इसने सबकुछ त्याग दिया और ईश्वर की सेवा में दर-दर खाक छान रही है।''

उसने परम सिद्धेश्वरी की तरफ इस तरह देखा जैसे वह स्वयं उससे शादी करने का विचार कर रही हो। फिर किंचित् पश्चात्ताप से भरी आवाज में बोली, ''लेकिन मैं यह क्या कह रही हूँ? हम सभी ईश्वर की दासियाँ हैं। हम सेवा में ही खुश हैं। परम सिद्धेश्वरी, यह ठीक है न?''

परम सिद्धेश्वरी ने मुँह बिचकाया और हँस पड़ी।

मैंने कहा, ''देवियो, मुझे अभी कस्बे जाना है। मुझे अब आज्ञा दें। मैं कल सबेरे आपकी सेवा में उपस्थित हो जाऊँगा। इस बीच यदि किसी वस्तु की आवश्यकता हो तो...'' मैंने बिरजू और धरीछन की तरफ संकेत किया, ''आप इन भृत्यों को आज्ञा देंगी।''

दिव्य ज्ञानेश्वरी ने कहा, ''धन्यवाद वत्स। हमारे पास आवश्यकता की सभी चीजें हैं।''

मैं आठ बजे घर लौटा। पत्नी और दोनों बच्चे बेसब्री से मेरी प्रतीक्षा कर रहे थे।

पत्नी ने तरह-तरह के प्रश्न किए, क्या कोई दुर्घटना हो गई थी? क्या स्कूल में कोई मीटिंग थी? क्या प्रधानाध्यापक के यहाँ कोई काम था? मैंने पत्नी के प्रश्नों के उत्तर में सिर्फ इतना कहा कि एक जरूरी काम आ गया था, जिससे देर हो गई। पत्नी को सन्तोष नहीं हुआ और उसने क्षुब्ध होकर मुँह फुला लिया। लेकिन मैंने उसके मन की मैल को दूर करने की कोशिश नहीं की, क्योंकि मेरा मन दूसरी तरफ लगा हुआ था।

दूसरे दिन सवेरे नौ बजते-बजते मैं स्कूल पहुँच गया, जबकि स्कूल खुलने का समय साढ़े दस बजे था। मैं एक बार फिर उस चेहरे को देखना चाहता था जिसमें वैरागिणी-सुलभ गम्भीरता कम थी, नारी-सुलभ रहस्यमयता अधिक थी। कोई ऐसा आकर्षण था जो एक प्रबल शक्ति से मुझे अपनी तरफ खींच रहा था। लेकिन यह प्रेम नहीं था। शायद यह जिज्ञासा थी, वैसी ही जैसे एक नई, अनजान जगह को देखने और जानने की होती है या शायद यह एक प्रकृतिजन्य आकर्षण था जो पुरुष का नारी के प्रति होता है।

साधुनियाँ स्नान, भोजन आदि से निवृत्त होकर प्रस्थान करने के लिए तैयार बैठी थीं। उनके चेहरों पर प्रसन्नता और ताजगी थी। उनकी मोटी, स्वस्थ काया, चिन्तारहित मुखमंडल, धवल, स्वच्छ वस्त्र—सभी सांसारिक बन्धनों से पूर्ण मुक्ति के सुपरिणामों की मौन उद्घोषणा कर रहे थे। दोनों नौकर कपड़े, बर्तन, अनाजों और मसालों की बोरियाँ, घी और तेल के टिन, आदि बक्सा-गाड़ियों में रख रहे थे। परम सिद्धेश्वरी सर्व त्यागेश्वरी से कुछ कह रही थी और उसका प्रसन्न चेहरा शुचिता के मूर्तरूप की तरह लग रहा था। मुझे देखते ही दिव्य ज्ञानेश्वरी उठकर मेरी तरफ बढ़ आई और बोली, "वत्स, तुमको लक्ष-लक्ष धन्यवाद। यह स्थान अत्यन्त मनोरम है। हमारा सारा मार्ग-क्लेश दूर हो गया। ईश्वर तुम्हारा कल्याण करेंगे।"

मैंने हाथ जोड़ते हुए कहा, "देवि, मुझे अत्यन्त प्रसन्नता है कि आपको यहाँ आराम मिला। हम संसारी जीव आपकी थोड़ी सेवा कर सकें, इससे बढ़कर हमारा सौभाग्य क्या हो सकता है?"

उसी समय धरीछन वहाँ पहुँचा और अत्यन्त कड़ी, उद्दंडता-भरी आवाज में साधुनियों के नौकरों से बोला, "अभी तुम लोग यहाँ पर ही हो—ऐं? अभी तक गए नहीं? मैंने घंटाभर पहले कहा था कि जल्दी से रास्ता नापो। लेकिन तुम लोग अभी तक लोटा-थाली ही ठीक कर रहे हो। मैं इन कमरों को साफ कब करूँगा—ऐं?"

मुझे धरीछन का व्यवहार बहुत बुरा लगा। लेकिन मैं उन लोगों के सामने कोई अशोभन दृश्य उपस्थित करना नहीं चाहता था। अतएव मैंने धरीछन के

अभद्र व्यवहार को हँसी में उड़ाते हुए कहा, "क्या हुआ, धरीछन? इतना गर्म होने की क्या बात है? लगता है, आज भाँग की गोली कुछ बड़ी हो गई। अरे भई, अभी बहुत समय है कमरों को साफ करने के लिए। जाओ, ठंडे पानी से सिर धो लो। गर्मी कम हो जाएगी।"

धरीछन ने कोई जवाब नहीं दिया और साधुनियों की तरफ क्रुद्ध भाव से देखता और कुछ बुदबुदाता हुआ वहाँ से चला गया।

उसके जाने के बाद दिव्य ज्ञानेश्वरी ने अत्यंत सहज भाव से, उसके उद्दंड व्यवहार से किसी तरह विचलित हुए बिना, कहा, "वत्स, नीच लोगों की बुद्धि भी नीच होती है। इस कारण सृष्टि-कर्त्ता ने ऊँच-नीच का विधान किया है। नीच यदि नीचता करता है तो इसमें आश्चर्य क्या है? आश्चर्य की बात तो तब है जब हम उसकी नीचता से विचलित हो जाएँ।"

मैंने कोई जवाब नहीं दिया। उनके नौकरों ने जल्दी-जल्दी सारी वस्तुएँ बक्सा गाड़ियों में रखीं और गीले कपड़ों को गाड़ियों के ऊपर बिछा दिया। साधुनियाँ तो तैयार थीं ही। दस मिनटों के अन्दर दल रवाना हो गया। मैंने साधुनियों को हाथ जोड़े। उत्तर में कुछ साधुनियों ने हाथ जोड़े, अन्य ने आशीर्वाद देते हुए मेरे दीर्घ जीवन की कामना की। कुछ दूर जाने के बाद परम सिद्धेश्वरी ने पीछे घूमकर मेरी तरफ देखा, और जब हमारी नजरें मिलीं तो मुस्कुरा दिया। मुझे लगा कि मैं बँध गया हूँ और मेरे नहीं चाहने पर भी मेरे कदम साधुनियों के पीछे-पीछे बढ़ जाएँगे। लेकिन मैंने इच्छा-शक्ति से अपने आप पर नियन्त्रण किया। मैं सभ्य समाज का एक सदस्य था और एक लक्ष्मण-रेखा के अन्दर कैद था।

साधुनियों के दल के जाने के दो मिनटों के बाद धरीछन आया। मैं उस पर बरस पड़ा, "यह क्या बदतमीजी है, धरीछन? साधुनियाँ पाँच मिनट बाद ही जातीं तो क्या बिगड़ जाता? शऊर सीखो, शऊर! स्कूल में नौकरी करते हो तो कम से कम उचित व्यवहार सीखो। जानते हो, वे कौन हैं? वे साधुनियाँ हैं, पवित्रात्मा। वे दुनिया के माया-जाल से ऊपर उठ चुकी हैं। हमें उनका आदर-सत्कार करना चाहिए।"

मेरी इस फटकार का धरीछन पर विचित्र असर हुआ। वह जोर-जोर से हँसने लगा। मैंने पूछा, "क्या बात है? क्यों हँस रहे हो?"

दो-तीन मिनटों के बाद जब उसकी हँसी थमी तो वह बोला, "मास्टर साहब, आप कहते हैं कि वे साधुनियाँ हैं, मायाजाल से ऊपर उठ चुकी हैं, लेकिन इनसे बड़ी रंडियाँ मैंने आज तक नहीं देखीं।"

"क्या बक रहे हो? क्या सचमुच भंग पी आए हो?" मैंने डाँटते हुए कहा।

"नहीं, मास्टर साहब, मैंने भंग नहीं पी है। इन साधुनियों की करतूत मैंने

खुद देखी और बिरजू को भी बुलाकर दिखाया। मेरा माथा तो तभी ठनका जब उस काली भैंस ने जो इनकी नेता है, रात के दस बजे मुझसे कहा, 'पहलवान, बगलवाला कमरा भी खोल देना। इसमें मेरे दोनों आदमी सोएँगे।' मैंने खोल दिया और घंटाभर बाद जब पहरे में निकला तो इधर भी आ गया कि देखूँ, सब ठीक है न। दोनों कमरों के दरवाजे और खिड़कियाँ बन्द थीं, लेकिन अन्दर रोशनी जल रही थी। मैंने सोचा–'यह सोने का समय है, इस समय रोशनी क्यों जल रही है? हो सकता है, साधुनियाँ धर्म और ज्ञान की किताबें पढ़ रही हैं। लेकिन ये नौकर रोशनी जलाकर क्यों सोए हैं?' मैंने दरवाजों और खिड़कियों की फाँकों से अन्दर देखा।''

धरीछन रुक गया। मैंने पूछा, ''क्या देखा?''

धरीछन सामने जमीन पर ताकता हुआ बोला, ''हुजूर, मैं क्या कहूँ कि क्या देखा? जो कमरा नौकरों के लिए खुलवाया था उसमें वह काली भैंस इन दो जवान साधुनियों के साथ थी। तीनों बिलकुल नंग-धड़ंग। वे शौहर-बीवी का खेल, खेल रही थीं। वह काली भैंस शौहर बनी थीं। मैंने कभी नहीं सोचा था कि औरतें भी आपस में ऐसा करती हैं। वह गोरी हथिनी, जो उसके पीछे-पीछे चलती है...हे ईश्वर! उसे लाज-शर्म तो है ही नहीं, घिन भी नहीं है। छीः! छीः! मैंने दूसरे कमरे में जाकर देखा। वहाँ भी रासलीला चल रही थी। दोनों नौकर कृष्ण बने हुए थे और पाँचों साधुनियाँ गोपियाँ। मैं जाकर बिरजू को बुला लाया। उसी ने रोक दिया नहीं तो मारते-मारते सबकी हड्डी-पसली एक कर देता।''

धरीछन कमरों को खोलने और साफ करने चला गया। लेकिन मुझे जैसे काठ मार गया। मैंने एक बार उधर देखा जिधर साधुनियाँ गई थीं। सड़क स्कूल के पीछे से थी, और वे मेरी आँखों से ओझल हो गई थीं। लेकिन मैं अपने मानस-पटल पर अंकित परम सिद्धेश्वरी का सुन्दर चेहरा स्पष्ट देख सकता था। मैं बार-बार 'नहीं! नहीं!' बुदबुदाने लगा, जैसे मैं अपने-आपको विश्वास दिलाना चाहता था कि कोई बात है, जो गलत है। लेकिन मैं समझ नहीं पा रहा था कि किस बात को गलत साबित करना चाहता था। उस दिन भी और उस दिन के बाद भी मेरी न जाने कितनी बार इच्छा हुई कि बिरजू से पूछूँ कि क्या धरीछन ने जो कहा था, वह सच है? लेकिन मेरी हिम्मत नहीं हुई और आज तक एक बड़ा प्रश्नचिह्न मेरे मस्तिष्क में पलता रहा है।

कृष्णावतार

उस दिन जब मैं गोपीनन्दन जी के घर से लौटा, मेरा सिर चकरा रहा था और एक अस्पष्ट प्रश्न, एक काली छाया की तरह, मेरे दिमाग में बार-बार घूम रहा था। मैंने न लालटेन जलाई, न कपड़े बदले और न बिछावन ठीक किया, और नंगी चौकी पर लेट रहा। किसुन ने आकर कहा, "मास्टर साहब, क्या खाना नहीं बनाएँगे? नौ बजने को हैं। चूल्हा कब से जल रहा है!"

मैं बोला, "नहीं किसुन। बाहर से खाकर आया हूँ। चूल्हा बुझा दो।"

किसुन ने पूछा, "अँधेरे में क्यों लेटे हैं? क्या तबियत ठीक नहीं है?"

मैंने उसे टालने के लिए जवाब दिया, "नहीं, नहीं। तबियत बिलकुल ठीक है। बहुत जगह से घूम-घामकर आया हूँ। इस कारण थक गया हूँ। थोड़ा आराम कर रहा हूँ।"

किसुन चला गया। मैं अपनी जगह से उठा नहीं और अपने उलझे विचारों को सुलझाने की कोशिश करने लगा। लेकिन मेरे सारे विचार उस आघात के बोझ के नीचे दब गए से लगते थे जो मुझे गोपीनन्दन जी के यहाँ लगा था। मस्तिष्क में एक वृहदाकार प्रश्न-चिह्न रह गया था जो अँधेरे में भूत की तरह चक्कर काट रहा था। मैंने उठने की कोशिश की कि बाहर थोड़ी देर घूम लूँ ताकि ठंडी हवा से दिमाग को कुछ शान्ति मिले। लेकिन ऐसा लगता था कि दिमाग और देह दो अलग-अलग व्यक्तियों के हैं और दिमाग का देह पर कोई नियन्त्रण नहीं है। इसी विचार-शून्यता की अवस्था में मैं न जाने कब तक पड़ा रहा, जब मुझे नींद आ गई।

जब मेरी नींद खुली तो मैं जाड़े से ठिठुर रहा था। मैंने बिछावन ठीक किया और जल्दी-जल्दी कम्बल लपेटकर फिर लेट रहा और जब देह में कुछ गर्मी आ गई तो उठा, दियासलाई जलाई और घड़ी देखी। बारह बजने जा रहे थे। मैं दो घंटों से ऊपर तक सोया रह गया था और फरवरी महीने के पूर्वार्द्ध में इतनी ठंडक थी कि बिना कुछ ओढ़े सोने से देह ठिठुरने लगी थी। मैंने कम्बल लपेट लिया

और कमरे के बाहर निकल आया। वकील साहब के बँगले की सारी बत्तियाँ बुझ चुकी थीं, सिर्फ फाटक पर एक बत्ती जल रही थी। बँगले के पीछे का बगीचा, जिसमें मैं, किसुन के साथ, प्रतिदिन घंटों बिताता था और जिसमें लगे आम, जामुन, अमरूद, नीबू, लीची और अन्य वृक्षों के साथ आत्मीयता हो गई थी, अँधेरे में लिपटा भयावह लग रहा था। बँगले और फाटक के बीच की फुलवारी, जिससे किसुन एक माली की तरह नहीं बल्कि प्रेमी की तरह जुड़ा था, प्रकाश और अन्धकार के साथ आँख-मिचौनी खेल रही थी।

मैं बाहर तीन-चार मिनटों तक ही खड़ा रहा था कि वकील साहब का एलसेशियन कुत्ता हिटलर, जो उस समय बगीचे में कहीं था, जोर-जोर से भूँकता हुआ मुझ पर टूटा। मैंने भयभीत स्वर में कहा—"हिटलर! हिटलर!" और कम्बल को झटके से सिर के ऊपर उठा लिया, मानो वही सारे खुराफात की जड़ हो। मेरे इस कदम का अच्छा परिणाम निकला, क्योंकि हिटलर मेरे ऊपर उछलने के बदले मुझसे दो कदम दूर खड़ा हो गया, और दो-तीन बार 'भूँ-भूँ' कर चुप हो गया। हिटलर के भूँकने की आवाज सुनकर वकील साहब का ड्राइवर मुनीलाल, जो फाटक की दूसरी तरफ के दो कमरों में अपने परिवार के साथ रहता था, बोला, "कौन है? कौन है?" किसुन, जो दिन में माली और रात में चौकीदार का काम करता था, लेकिन जो चौकीदारी के लिए हिटलर पर ही ज्यादा निर्भर करता था, अपने कमरे से चिल्लाया, "कौन है बे?" और भाला लिए कमरे के बाहर बरामदे में, जहाँ हम दोनों अपना खाना पकाते थे, आकर खड़ा हो गया। वह मुझे पहचानकर कुछ चिन्तामुक्त आवाज में बोला, "मास्टर साहब हैं!" फिर दूसरी तरफ मुँह कर मुन्नीलाल के लिए चिल्लाया, "हम हैं! मास्टर साहब और मैं। जाओ, सो रहो। घबड़ाओ मत।" उसने हिटलर को पुचकारा जो घूम-घूमकर ताकता हुआ धीरे-धीरे लौट गया, मानो वह हम लोगों की ईमानदारी के सम्बन्ध में पूरी तरह आश्वस्त नहीं हो पाया हो।

हिटलर के चले जाने के बाद किसुन ने कहा, "क्या बात है मास्टर साहब? आधी रात को हवा खाने निकले हैं! क्या कहीं किसी से नजर लग गई है कि नींद नहीं आ रही?"

मैंने हँसकर कहा, "नहीं किसुन। सिर में दर्द हो रहा था, इसी से बाहर आ गया। क्या जानता था कि यह यमदूत निकल आएगा और सबकी नींद खराब कर देगा?"

अपने कमरे की ओर जाता हुआ किसुन बोला, "यमदूत तो गया। अब क्या विचार है? सोइएगा या अभी तारे गिनिएगा?"

किसुन के प्रश्न का उत्तर देने की जरूरत नहीं थी। उसके जाने के कुछ

मिनटों के बाद मैं भी अपने कमरे में लौट गया। मैंने बिछावन ठीक किया, एक गिलास पानी पीया और कम्बल लपेटकर लेट रहा।

लेकिन मैंने सोने की कोशिश नहीं की, शायद करता भी तो सो नहीं पाता। शाम को गोपीनन्दनजी के यहाँ हुई घटना से मेरा मस्तिष्क इतना स्तम्भित था कि मैं कुछ भी सोच पाने में असमर्थ था। लेकिन इस समय कुछ मिनट पहले हुई हास्यास्पद घटना के कारण मेरा मस्तिष्क अपनी स्वाभाविक स्थिति में आ गया था और अब मेरा अपराध उतना भयावह नहीं लग रहा था जितना यह शाम को प्रतीत होता था।

मैंने बी.ए. पास किया और उसके साथ ही मेरा सपना क्षत-विक्षत हो गया था। मैंने सोचा था कि एम.ए. पढ़ूँगा और उसके बाद किसी कॉलेज में प्राध्यापक बनूँगा। लेकिन मेरे बी.ए. के अंक कुछ कम थे और एम.ए. में दाखिला नहीं हो सका। पिताजी ने कहा, "बेटा, जो हुआ सो हुआ। अब छोड़ यह चक्कर। चल मेरे साथ और खेती का काम सँभाल। तेरे तीन भाई और हैं। अब उन्हें ही पढ़ने का मौका दे।" मैंने पिताजी की बात नहीं मानी और शहर में चला आया। मैं जानता था कि अगर मैं गाँव में रह गया तो आगे पढ़ने की इच्छा को वहाँ पर ही दफनाना पड़ेगा और किताब-कॉपी के बदले हल और कुदाल मेरे साथी हो जाएँगे। शहर में आते समय आधा मन चावल लेता आया था और मैं उसी लॉज में रहने लगा जिसमें मैं उस समय रहता था, जब बी.ए. में पढ़ता था। दस-पन्द्रह दिनों के बाद मैंने पिताजी को पत्र लिखा कि कुछ पैसे भेज दें। मेरे पत्र लिखने के एक महीना बाद पिताजी का जवाब आया कि उन्हें अफसोस है कि रेट-मालगुजारी देने के बाद घर में कुछ नहीं बचा और घर का खर्च भी मुश्किल से चल पा रहा है। पिछले हफ्ते गोला बैल मर गया और दूसरा बैल खरीदने के लिए कम-से-कम एक हजार रुपए की जरूरत है। यदि हो सके तो मैं एक हजार रुपए का इन्तजाम करके जल्दी भेज दूँ ताकि अगले साल की खेती की कमर न टूट जाए।

मैं समझ गया कि मुझे घर से पैसे पाने की आशा नहीं करनी चाहिए। मेरे लिए अब एक ही रास्ता है कि कोई नौकरी कर लूँ। मैंने बहुत सोचा, यह जानने के लिए कि मैं किसकी मदद ले सकता हूँ। लेकिन गोपीनन्दनजी के सिवा अन्य किसी से शहर में मेरा परिचय नहीं था। इधर सालभर से उनकी बदली विश्वविद्यालय में हो गई थी और ओहदा भी कुछ ऊँचा हो गया था। लेकिन जिस साल मैं कॉलेज में भर्ती हुआ था, गोपीनन्दनजी अपने विभाग के वरीयतम

प्राध्यापकों में एक होते हुए भी करुणा के पात्र थे। अपनी नाटी थुलथुल काया, गर्दन रहित छोटा सिर, भीतर धँसी निरीह आँखें और अध्यापन के विचित्र अन्दाज के कारण वे विद्यार्थियों के बीच पूतना के नाम से विख्यात थे और न सिर्फ कक्षा के अन्दर, बल्कि कॉलेज के रास्तों और सड़कों पर भी उन्हें देखते ही 'पूतना! पूतना!' की आवाजें उठने लगती थीं। अपनी कक्षा में मैं ही एक ऐसा विद्यार्थी था जो गोपीनन्दनजी को उचित सम्मान देता था। मैं उनके घंटे में भी स्वेच्छा से अगली बेंच पर बैठता था, जबकि अन्य विद्यार्थी पीछे की बेंचों पर जगह नहीं रहने पर ही आगे की बेंचों पर बैठते थे और अक्सरहाँ उनके घंटे में उस बेंच पर बैठनेवाला अकेला विद्यार्थी होता था। मैं कक्षा के बाहर भी गम्भीर मुद्रा से उन्हें प्रणाम करता था और उन्हें देखकर कभी मुस्कुराता नहीं था, 'पूतना! पूतना!' की आवाज नहीं लगाता था। मेरी गुरुभक्ति का प्रभाव यह हुआ था कि गोपीनन्दनजी मेरे प्रति कृपा-भाव रखने लगे थे। वे मेरे प्रणाम का जवाब मुस्कुराकर देते थे और अक्सरहाँ पूछ लेते थे कि मेरी पढ़ाई कैसी चल रही है। मेरे कॉलेज में भर्ती होने के दूसरे साल गोपीनन्दनजी की बड़ी बेटी रीनू का विवाह हुआ जो उस समय एम. ए. की छात्रा थी। शादी के समय पाँच दिनों तक मैं उनके घर पर इस तरह खटता रहा था जिस तरह घर का नौकर भी नहीं खटेगा। तब से मैं उनके घर पर कभी-कभी जाने लगा था और हर बार वे मुझे शिक्षक के प्रति विद्यार्थी के कर्तव्य के सम्बन्ध में अच्छी-अच्छी बातें बताते थे और कभी-कभी एक-दो किताबें भी पढ़ने के लिए देते थे जिसे मैं निश्चित दिन को लौटा देता था।

इस कठिन समय में मैंने उनसे मदद माँगने का निश्चय किया। मैं जब उनके घर गया, शाम हो चुकी थी, लेकिन बाहर गोधूलि की बेला का प्रकाश था जिसमें आदमी एक-दूसरे को आसानी से पहचान सकता था। गोपीनन्दनजी का घर पन्द्रह कट्ठे के अहाते के बीच एक बँगला था, जिसमें उन्होंने किराएदार की हैसियत से प्रवेश किया था और पीछे, विधवा मकान-मालिक से झगड़ा होने पर, नाम-मात्र की कीमत पर खरीद लिया था। मैंने जैसे ही अहाते में प्रवेश किया, उनका पन्द्रहवर्षीय नौकर पलासू, जो बाहर खड़ा होकर ड्राइंगरूम की खिड़की के परदे के एक कोनें से अन्दर झाँक रहा था, मेरी तरफ बढ़ आया। मैंने उससे पूछा, "पलासू, प्रोफेसर साहब अन्दर हैं?"

उसने जवाब में ड्राइंगरूम की तरफ सिर हिला दिया। मैं बरामदे पर चढ़ा और दरवाजे पर बिना दस्तक दिए ड्राइंगरूम का परदा हटाकर अन्दर चला गया। मैंने अन्दर जो देखा, उससे एक क्षण तक भौचक्का होकर खड़ा रहा, फिर उलटे पाँव बाहर निकल आया। ड्राइंगरूम में एक सोफे पर चन्द्रशेखरजी बैठे थे, जिनकी गोद में चित लेटी हुई रीनू कोई पुस्तक पढ़ रही थी। रीनू की साड़ी कमर तक ऊपर

उठी थी और चन्द्रशेखरजी उस पर झुके हुए तन्मयता से किसी चीज पर गौर कर रहे थे। चन्द्रशेखरजी तीस-पैंतीस साल के एक सुदर्शन व्यक्ति थे जो शहर के एक अन्य कॉलेज में प्राध्यापक थे। वे गोपीनन्दनजी के मित्र थे और गोपीनन्दनजी की दोनों पुत्रियाँ रीनू और मीनू उन्हें चाचाजी कहती थीं। मैंने पहले-पहले उन्हें रीनू की शादी में देखा था, जब वे पूरी व्यस्तता से व्यवस्था का भार उठाए हुए थे। गोपीनन्दनजी के परिवार से उनका सम्बन्ध तब से था जब वे दस वर्ष पहले एक प्राध्यापक की हैसियत से इस शहर में नौकरी करने आए थे। गोपीनन्दन जी के सम्पर्क में आने के छह महीने बाद उन्होंने अपनी पत्नी को, जो एक अशिक्षित महिला थीं, देहात के घर भेज दिया था और तब से गोपीनन्दनजी के परिवार के एक सदस्य की तरह हो गए थे, यद्यपि उन्होंने अलग किराए का मकान ले लिया था और भोजन बनाने के लिए एक नौकर भी था।

मैं जैसे ही बरामदे में लौटा, गोपीनन्दनजी की पत्नी, जो रीनू की शादी के चार महीने बाद विक्षिप्त हो गई थीं, न जाने किधर से आकर मेरे सामने खड़ी हो गईं। उनकी आँखें एक दबी हँसी से चमक रही थीं और उन्होंने हँसी को रोकने के प्रयत्न में अपने होंठों को दबा रखा था। उन्होंने मुझे ऊपर से नीचे तक दो बार देखा, मानो जानना चाहती हों कि मैंने ड्राइंगरूम में जो दृश्य देखा था उससे कुछ सीख पाया हूँ या नहीं, फिर ठठाकर हँसती हुई बोलीं, "कुछ देखा? कुछ समझा—ऐं? हम लोग बड़े आदमी हैं—हाँ!"

उसी समय ड्राइंगरूम की बगल में स्थित कमरे का दरवाजा बरामदे में खुला और गोपीनन्दनजी बाहर निकलकर कड़कती आवाज में बोले, "क्या बात है—ऐं? क्या बात है?"

गोपीनन्दनजी को देखते ही उनकी पत्नी बरामदे से नीचे उतर अहाते के अँधेरे में लुप्त हो गयीं। रीनू और उसके पीछे-पीछे चन्द्रशेखरजी ड्राइंगरूम से बाहर आए और रीनू अपनी शान्त, स्थिर आवाज में बोली, "क्या बात है, पापा? ममी क्या बक रही थी? अभी चाचाजी पी-एच.डी. के रिसर्च में मेरी मदद कर रहे थे कि माँ की हँसी सुनकर हम लोग डिस्टर्ब्ड हो गए।" फिर मेरी तरफ इशारा कर पूछा, "ये सज्जन कौन हैं?"

गोपीनन्दनजी कुछ नर्म पड़ते हुए बोले, "मालूम नहीं, बेबी। न जाने कैसे-कैसे लोग मुझे परेशान करने के लिए समय-असमय आ जाते हैं।" फिर मुझसे बोले, "आप कौन हैं, महाशय?"

मैं हकलाता हुआ बोला, "सर, मैं विनय हूँ। कॉलेज में आपका विद्यार्थी था।"

"कौन विनय? आप किस कॉलेज में मेरे विद्यार्थी थे? मैं तो विश्वविद्यालय में हूँ। कॉलेज से मुझे क्या मतलब?" फिर मुझे पहचानते हुए बोले, "ओह, तुम

हो! जरा दुबले हो गए हो, इसी से पहचानने में दिक्कत हुई। कहो, क्या कर रहे हो आजकल?''

मैंने अपनी दुखगाथा उन्हें सुनाई और प्रार्थना की कि मुझे कहीं साठ-सत्तर रुपए की नौकरी दिला दें। गोपीनन्दनजी गम्भीरता से मेरी बातों को सुनते रहे और अन्त में बोले, ''देखो भई, इस जमाने में नौकरी पाना कितना कठिन है, तुम जानते ही हो। फिर, तुम नौकरी करने के उद्देश्य से शहर में रह नहीं रहे हो, तुम्हारा उद्देश्य तो एम.ए. पास करना है। इस हालत में तुम्हारे लिए सबसे अच्छा होगा, कहीं प्राइवेट ट्यूशन कर लेना। शाम-सवेरे लड़कों को पढ़ाओगे और दिनभर अपनी पढ़ाई करोगे। हाँ, मुझे याद आया। तुम्हारे लिए मेरे पास भी एक अच्छा काम है। दो महीने बाद भेंट करना। मैं तुम्हारी मदद करूँगा।''

मैं लौट गया। गोपीनन्दनजी की सलाह मुझे अच्छी लगी। मैं ट्यूशन की तलाश में बीस-पच्चीस दिनों तक घूमता रहा। अन्त में भाग्य ने मेरा साथ दिया और मुझे वकील साहब के छोटे लड़के टींकू को, जो आठवीं कक्षा का छात्र था, पढ़ाने का काम मिल गया। वकील साहब ने ट्यूशन के लिए मुझे पचीस रुपए मासिक देना स्वीकार किया और रहने के लिए अपने बँगले के आउट-हाउस में एक कमरा भी दे दिया। दस दिनों के अन्दर ही एक दूसरे परिवार में भी मुझे बीस रुपए प्रतिमाह का ट्यूशन मिल गया। मैं शाम-सवेरे ट्यूशन करता और दिन में अपनी किताबें पढ़ता। मेरी जिन्दगी की गाड़ी को लीक मिल गई थी।

दो महीने के बाद मैं गोपीनन्दनजी के यहाँ गया। मुझे नए ट्यूशन की जरूरत नहीं थी। मेरे पास जो दो ट्यूशन थे, उनसे मेरे भोजन और निवास की समस्या का समाधान हो गया था। मेरी अपनी पढ़ाई के लिए भी पर्याप्त समय मिल जाता था। लेकिन मैंने सोचा, 'गोपीनन्दनजी मेरे शुभचिन्तक हैं। मेरी भलाई के लिए ही मुझे बुलाया होगा। उनसे भेंट कर लेना चाहिए।'

उन्होंने मेरी बड़ी खातिर की और मुझसे इस तरह पेश आये जैसे मैं कोई बड़ा आदमी हूँ जिसकी कृपा के वे आकांक्षी हैं। मुझे ड्राइंगरूम में चन्द्रशेखरजी की बगल में सोफे पर बैठाया गया, पलासू ट्रे में चाय और नमकीन ले आया और रीनू और मीनू मेरे इर्द-गिर्द इस तरह चक्कर काटती रहीं जैसे मैं घर का नया दामाद हूँ।

जब मैं चाय पी चुका तो गोपीनन्दनजी भाव-विह्वल और गम्भीर वाणी में बोले, ''विनय, तुम मेरे लिए अपने बेटे के समान हो। माना कि मेरा कोई बेटा नहीं है, सिर्फ दो बेटियाँ हैं, लेकिन तुम लोगों के कारण मुझे बेटे का अभाव नहीं खलता। मैं जानता हूँ कि मेरी बेटियाँ मेरी जितनी अपनी हैं, उससे अधिक तुम

मेरे अपने हो। लेकिन इस दुनिया में एक प्राकृतिक नियम ऐसे मौलिक महत्त्व का है जिसके प्रभाव-क्षेत्र से कोई मुक्त नहीं। वह नियम है आदान-प्रदान का नियम। हम जितना दूसरे को देते हैं, उतना उससे पाने के अधिकारी हैं। तुम्हारे लिए मेरे दिमाग में बड़े-बड़े सपने हैं। तुम एम.ए. पास करोगे और हो सकता है कि हम अधिक समीप आ जाएँ।"

उन्होंने मीनू की तरफ देख एक अर्थपूर्ण ढंग से मुस्कुरा दिया और मीनू ने अपना सलज्ज चेहरा दूसरी तरफ फेरकर ऐसी मुद्रा बनाई जिससे स्पष्ट था कि पिता के प्रस्ताव से उसकी पूरी सहमति है। गोपीनन्दनजी ने अपना गोल चेहरा मेरी तरफ घुमाया और मटर के दानों की तरह गोल आँखों में इस तरह मुस्कुराए मानो उन्होंने अपना सर्वस्व मुझे समर्पित कर दिया हो और अब उसका बदला चुकाने की मेरी बारी थी। फिर बोले, "लेकिन भई, एक काम तुम्हें भी करना है। सात महीने बाद मीनू की मैट्रिक की परीक्षा है। मैं चाहता हूँ कि वह फर्स्ट डिविजन लावे। इस काम को तुम सँभालो। लेकिन ऐसा मत समझना कि फल पीछे मिलेगा, अभी सिर्फ मेहनत ही है। जिस दिन मीनू का रिजल्ट निकलेगा, मैं पाँच सौ रुपए तुम्हारे हाथ में रख दूँगा। इस बीच तुम कब पढ़ाते हो, कितना पढ़ाते हो, इसका कोई हिसाब नहीं होगा और न तुम्हारी तरफ से रुपए-पैसे की कोई चर्चा होगी। बोलो, मंजूर है?"

मुझे इस नए ट्यूशन की जरूरत नहीं थी, बल्कि इससे मेरी पढ़ाई में नुकसान होने की सम्भावना थी, जो हुआ भी, लेकिन मैं इस समय अपने-आपको ऐसी परिस्थिति में महसूस कर रहा था कि गोपीनन्दनजी के प्रस्ताव को ठुकराना एक अपराध होता। मुझे लगता था कि भाग्य ने मेरे लिए एक उज्ज्वल भविष्य का द्वार खोल दिया है और मुझे अवसर नहीं चूकना चाहिए।

गोपीनन्दनजी, चन्द्रशेखरजी, रीनू और मीनू ने मुझे इस आत्मीयता से विदा किया जैसे मैं एक साधारण ट्यूटर नहीं बल्कि परिवार का एक आदरणीय सदस्य हूँ। मैं कृतज्ञता की भावना से इतना अभिभूत था कि मेरी इच्छा हो रही थी कि गोपीनन्दनजी के चरण छू लूँ। मेरे मस्तिष्क में भविष्य के लिए अनेक योजनाएँ बन रही थीं। इसी मनःस्थिति में मैं गोपीनन्दनजी के बँगले के अहाते के फाटक के समीप पहुँचा कि उनकी पत्नी न जाने किधर से आकर मेरे सामने खड़ी हो गई। कुछ तो अँधेरे के कारण और कुछ अपने विचारों में खोए रहने के कारण, मैं तत्क्षण उन्हें पहचान नहीं सका और भयभीत होकर ठिठक गया। उन्होंने मुझे पागलपन से भरी आँखों से दो मिनटों तक देखा और हँसी दबाने के लिए मुँह पर हाथ रख आन्दोलित शरीर और अस्थिर कदमों से अहाते के अँधेरे में एक तरफ चली गई।

मैं इस तरह भयभीत हो गया, जैसे भूत देख लिया हो। मेरी इच्छा हुई कि मैं लौट जाऊँ और गोपीनन्दनजी से कह दूँ कि मुझे मीनू को पढ़ाने की जिम्मेदारी से मुक्त किया जाए। लेकिन मेरे कदम नहीं मुड़ पाए।

मेरे लिए कोई समय निश्चित नहीं था, लेकिन मैं गोपीनन्दनजी के यहाँ अक्सर शाम को जाता था क्योंकि मैं उसी समय घंटा-डेढ़ घंटा निकाल सकता था। मीनू के लिए पढ़ने का एक अलग कमरा था और उसी में मैं उसे पढ़ाता था। इसमें दो दरवाजे थे, एक बाहर के बरामदे में खुलता था जिसकी दूसरी तरफ ड्राइंगरूम था और दूसरा अन्दर के किसी कमरे में खुलता और हमेशा बन्द रहता था। दो खिड़कियाँ थीं जो बगीचे में खुलती थीं। कमरे के अन्दर दो कुर्सियाँ, एक मेज और एक चौकी थी। हम लोग कुर्सियों पर बैठकर अध्ययन कार्य करते लेकिन मीनू जब थक जाती, पाँव पसारकर चौकी पर बैठ जाती। यदि किसी दिन देर से पहुँचता तो रात के दस-साढ़े दस बजे तक पढ़ाता रहता और पढ़ाई में खलल पहुँचाने कोई नहीं आता। प्रारम्भ में दो-चार दिनों तक मैं बाहर का दरवाजा खुला छोड़ देता था, लेकिन गोपीनन्दनजी स्वयं आकर उसे उठंगा देते थे। इसके बाद मीनू ने यह काम सँभाल लिया, वह दरवाजे में भीतर से चिटकनी लगा देती थी ताकि वह शान्ति से घंटे-दो घंटे पढ़ सके।

मैं उसे पूरी लगन से पढ़ाने लगा। मैं यह काम पैसे के लिए उतना नहीं कर रहा था जितना इस आशा से कि विश्वविद्यालय में प्रवेश पाने में गोपीनन्दनजी मेरी मदद करेंगे। जब मैं मीनू की कॉपियों को सुधारता होता तो वह अक्सरहाँ मुझसे सटकर खड़ी हो जाती और इस तरह झुक जाती कि उसका वक्षस्थल मेरे कन्धे को छूता रहता और मैं उसकी गर्म साँसों को अपनी गर्दन पर या कपोल पर महसूस करता। कभी-कभी वह, जैसे अनजाने ही, अपने पैर मेरे पैरों पर रख देती। कभी वह मुझसे ऐसे ऊटपटांग प्रश्न करती जिनका पाठ्यक्रम से कोई सम्बन्ध नहीं था और फिर शरमाकर अपना चेहरा दोनों हाथों से ढक लेती। लेकिन मैंने हमेशा अपने ऊपर नियन्त्रण रखा और किसी कमजोरी का शिकार होने से अपने को बचाया। इसका मुख्य श्रेय भविष्य के प्रति मेरी सजगता को था, लेकिन यह आशंका कि बगीचे में खुलनेवाली खिड़कियों से दो तेज पागल आँखें हमें देख रही हैं, कमजोरी पर विजय पाने में मेरी कम सहायक नहीं हुईं।

चन्द्रशेखरजी रीनू को रिसर्च में मदद कर रहे थे। उनका कमरा अलग था जिसमें वे रीनू के साथ काम में लगे रहते थे। मैंने चार महीनों तक मीनू का ट्यूशन किया, लेकिन इस अवधि में न तो रीनू ससुराल गई और न उसका पति ही आया। यह शायद उचित ही था क्योंकि इससे उसके रिसर्च के काम में बाधा पहुँचती। उसका रंग निखरता जा रहा था, उसकी आँखों में सन्तोष की चमक थी

और होंठों पर प्रसन्नता की मुस्कुराहट। लेकिन जब कभी वह मेरे सामने होती, मेरी नजरें स्वयं झुक जातीं और मैं उससे आँखें नहीं मिला पाता। चन्द्रशेखरजी की जब कभी मुझसे मुलाकात होती, वे मुझसे अत्यन्त ऊँची आवाज में बातें करते, मानो मैं बहरा होऊँ। लेकिन मैंने अपनी तरफ से शिष्टाचार में कभी कमी नहीं होने दी।

गोपीनन्दनजी की पत्नी का पागलपन विचित्र किस्म का था। वे रोजमर्रा के सभी काम—स्नान, पूजा, नाश्ता, भोजन—पहले की तरह ही निश्चित समय पर करती थीं, गाली-गलौज या अशोभन व्यवहार अब भी उनसे उतने ही दूर थे, जितनी दूर पहले कभी थे। लेकिन मीनू ने बताया, उन्हें नींद बहुत कम आती थी और जब तक वे जगी रहतीं, अपनी दोनों बेटियों के इर्द-गिर्द मँडराती रहतीं, जैसे उनके पहरे पर हों। गोपीनन्दनजी को उनके इस व्यवहार से सख्त नफरत थी और इसके लिए उन्हें कई बार पीटा भी था। लेकिन पागलपन कहीं पीटने से दूर होता है!

मैंने मीनू को पढ़ाने तक ही गोपीनन्दनजी के परिवार से सम्बन्ध रखा, मेरे चारों तरफ जो हो रहा था, उससे मैंने आँखें मूँद ली थीं। मीनू ने मैट्रिक की परीक्षा दी और उसके डेढ़ महीने बाद परीक्षाफल निकला। मैंने अखबार में परीक्षाफल देखा और मेरी खुशी का ठिकाना नहीं रहा। वह प्रथम श्रेणी में उत्तीर्ण हो गई थी।

मैं शाम को गोपीनन्दनजी के यहाँ गया। मैं वहाँ अपनी फीस के लिए नहीं गया था, मेरा एकमात्र उद्देश्य मीनू को उसकी सफलता के लिए बधाई देना था। मैंने सोचा था कि गोपीनन्दनजी मुझे देखकर खुश होंगे, लेकिन न जाने क्यों मुझे देखते ही उनका चेहरा लटक गया। चन्द्रशेखरजी और रीनू मुझसे बोले भी नहीं। गोपीनन्दनजी ने मेरी बधाई के जवाब में रूखी आवाज में मीनू से कहा, "देखो बेटा, मास्टर साहब को चाय पिला दो। अच्छा?" और अन्दर चले गए।

लेकिन मीनू मुझे देखकर खुश थी। वह मुझे अपने पढ़ने के कमरे में ले गई और चौकी पर, जिस पर आज एक सस्ती कालीन बिछी थी, बिठाती हुई बोली, "मास्टर साहब, मैं हमेशा आपकी ऋणी रहूँगी।"

वह मेरे कन्धों पर हाथ रख मेरे सामने खड़ी हो गई और मेरे उत्तर की प्रतीक्षा करने लगी। मैंने उसकी मुस्कुराती आँखों में देखा और झेंप गया और जवाब में सिर्फ धन्यवाद कह सका। मीनू ने कहा, "पहले मैं चाय लाती हूँ। उसके बाद हम दिल खोलकर बातें करेंगे। ठीक है?"

वह चाय लाने चली गई। चार-पाँच मिनटों के बाद ही वह ट्रे में दो कप चाय और बिस्कुट लेकर आ गई। ट्रे को मेज पर रखने के बाद उसने दरवाजे को बन्द कर अन्दर से चिटकिनी लगा दी, दोनों खिड़कियाँ बन्द कर दीं और चौकी पर

मेरी बगल में बैठ गई। मुझे क्या हुआ पता नहीं और मैंने उसके कन्धे पर हाथ रख दिया। वह मेरी गोद में समर्पिता-सी लुढ़क गई। मैंने उसका चुम्बन लिया और उसने अपनी बाँहें मेरे गले में डाल दीं। मेरा आत्म-नियन्त्रण जाता रहा। मैंने उसे चौकी पर लिटा दिया और उसकी साड़ी अलग कर दी। उसने अपनी आँखें मूँद लीं और निश्चेष्ट लेटी हुई मेरी प्रतीक्षा करने लगी।

उसी समय कमरे के अन्दर का वह दरवाजा खुला जिसे खुला हुआ मैंने पहले कभी नहीं देखा था और गोपीनन्दनजी, चन्द्रशेखरजी और रीनू कमरे में दाखिल हो गए। मीनू उठकर साड़ी लपेटती हुई दीवाल की तरफ मुँह कर एक कोने में खड़ी हो गई। गोपीनन्दनजी का गोल चेहरा क्रोध से तमतमाया हुआ था और उनकी ठुड्डी काँप रही थी। बोले, "गुंडा! बदमाश! बेहया! क्या तू इसी के लिए मेरे घर आता था? निकल जा, अभी निकल जा! अपना मुँह फिर मत दिखाना। यदि यहाँ तू फिर आया तो तेरी हड्डी-हड्डी तुड़वा दूँगा।"

मेरी आँखों के सामने एक काली छाया आ गई थी और मुझे कुछ सूझ नहीं रहा था। लेकिन मेरे पैर रास्ते को पहचानते थे और इस कारण कुछ नहीं देख सकने पर भी अपने कमरे में पहुँच गया।

उस घटना के हुए बीस दिन बीत चुके हैं। आज मैं उसे याद करता हूँ तो मुझे कोई अपराध-भावना नहीं सताती, मुझे सिर्फ हँसी आती है। गोपीनन्दनजी के यहाँ जाने का और ट्यूशन के पाँच सौ रुपए माँगने का मेरा कोई इरादा नहीं है। तीन महीने बाद विश्वविद्यालय में नए एडमिशन होंगे। मुझे नहीं मालूम कि मैं इस वर्ष भी प्रवेश पा सकूँगा या नहीं। कम-से-कम गोपीनन्दनजी से इसमें मदद की कोई आशा नहीं है। लेकिन न जाने क्यों, मुझे अब उसकी उतनी चिन्ता नहीं जितनी पहली थी। इधर पूतना की कहानी पढ़ने की इच्छा दिनोंदिन तीव्रतर होती जा रही है। किसुन के यहाँ गीता प्रेस का 'कृष्ण सागर' है, मैं आज ही माँग लाऊँगा और पढ़ूँगा।

हमपेशा

मल्लू में सफल नेता के सारे गुण कूट-कूटकर भरे हुए थे। यद्यपि वह चार फीट दस इंच ही लम्बा था, उसकी तोंद का घेरा पाँच फीट दस इंच था और यद्यपि उसका सिर छोटा था, वह बन्दर की तरह गोल था। जब वह भाषण देने लगता तो उसकी तोंद उसकी छाती से दस इंच आगे निकल जाती, उसकी गोल आँखें आग्नेय हो जातीं, उसकी आवाज क्रुद्ध बन्दर की खों-खों में बदल जाती, उसके मुँह से निकलनेवाली झाग दो गज की दूरी पर बैठे या खड़े लोगों पर छींटें बरसाने लगती। लेकिन उनमें से कोई भी टस से मस होने की हिम्मत नहीं करता, क्योंकि उन्हें इस बात का भय रहता कि मल्लू उछलकर आक्रमण कर देगा और दाँतों से काटकर या नखों से नोचकर, उन्हें लहूलुहान कर देगा। उसकी तोंद के असामान्य विस्तार के बावजूद मल्लू में किसी नट के बन्दर से कम फुर्ती नहीं थी और उससे कमजोर विरोधियों पर आक्रमण के समय वह द्विगुणित हो जाती थी। लेकिन जब विरोधी उससे अधिक शक्तिशाली होता, मल्लू की आँखें मछली की आँखों की तरह भावरहित हो जातीं, उसका चेहरा बासी पावरोटी की तरह निर्जीव हो जाता और गर्दन कन्धे के मांस-पिंड में लुप्त हो जाती। झूठ और फरेब उसके अणु-अणु में उसी तरह समाहित थे जिस तरह विष्ठा में दुर्गन्ध रहती है और दूसरों की बुराई करने में उसे वैसा ही सन्तोष और आनन्द मिलता था जिस तरह का आनन्द घुन को अन्न की बरबादी से मिलता है। उसमें आक्रमण और पलायन दोनों की अद्भुत क्षमता थी और उसके समर्थक और विरोधी दोनों इस बात को जानते थे कि एक दिन वह राजनीति के आकाश में धूमकेतु की तरह चमकेगा।

मल्लू ने अपने अनुभव से जान लिया था कि राजनीतिक सत्ता के महल में प्रवेश के लिए अपराध-कर्मों का मार्ग सर्वोत्तम है। उसने सुदेश के प्रमुख राजनीतिक दलों की काया का अध्ययन किया और इस निष्कर्ष पर पहुँचा कि उनमें अपराधकर्मियों का जितना बड़ा जमावड़ा सामाजिक न्याय दल में है उतना

बड़ा अन्य किसी दल में नहीं। इस दल में अपराधकर्मियों के सिवा अन्य किसी का प्रवेश पाना कठिन था और जो जितना बड़ा अपराधकमि था, वह दल का उतना ही बड़ा नेता था। इस दल की स्थापना प्रसिद्ध विचारक ढोढेमल लोहानिया के समाज दर्शन को मूर्त रूप देने के लिए हुई थी। इस दर्शन का नाम सामाजिक न्याय था और इसका मूल सिद्धान्त यह था कि समाज में समानता लाने के लिए और सबको प्रगति का समान अवसर देने के लिए यह आवश्यक है कि पिछड़ी जातियों के लिए सभी तरह की नौकरियों में और शिक्षा संस्थाओं में शत-प्रतिशत सीटों का आरक्षण किया जाए और तत्पश्चात सुदेश के नाभिकीय स्थान का भी उनके लिए शत-प्रतिशत आरक्षण हो। सुदेश के उद्योगधन्धों, व्यापारिक प्रतिष्ठानों और कृषिजन्य सम्पत्ति पर पिछड़ी जातियों का पूर्ण अधिकार था, इस कारण न्याय की यही माँग थी कि नौकरियों पर और देश की हवा और पानी पर, उनका पूर्ण अधिकार हो। इसमें अनेक वैधानिक अड़चनें थीं, जिन्हें दूर करने के लिए संघर्ष की आवश्यकता थी और यह संघर्ष अपराधकर्मियों की फौज से ही सम्भव था। सौभाग्य से देश के अपराधकर्मियों की फौज इन्हीं जातियों में जन्म लेती थी, इस कारण अगड़ी जातियों का मूलोच्छेद करना कठिन नहीं था।

मल्लू गोप, जो एक जुझारू पिछड़ी जाति का था, सामाजिक न्याय दल में शामिल हो गया और अपनी असाधारण योग्यता के कारण धूमकेतु की गति से महानता की ओर अग्रसर होने लगा। इस दल के पुराने नेता, जो एक से एक अपराधकर्मी थे, मल्लू के सामने फीके पड़ते गए और सबने मन ही मन और प्रकट रूप से भी, स्वीकार किया कि उसमें अपराध-कर्म की जैसी प्रतिभा थी, वैसी अन्य किसी में नहीं थी और उसके नेतृत्व में सामाजिक न्याय दल सुदेश के अन्य सभी दलों को धकियाकर सत्ता पर अधिकार कर सकता था। इससे पिछड़ी जातियों को स्थायी लाभ था, लेकिन सर्वाधिक लाभ दल के नेताओं को था जिनके हर दुष्कर्म को सरकारी मान्यता मिलती और सत्ता की लाठी स्थायी रूप से उनके हाथ में रहती। स्थिति के हर पक्ष पर विचार कर मल्लू को जीवनभर के लिए सामाजिक न्याय दल का अध्यक्ष चुन लिया गया और उसे पूरा अधिकार दिया गया कि वह दल के लिए विभिन्न स्तर के ऐसे नेता चुने जो समाज में स्थायी रूप से अशान्ति फैलाए रहें।

दल का स्थायी अध्यक्ष चुने जाने के बाद मल्लू ने सुदेश में राजनीतिक स्तर पर अधिकार की एक वृहदाकार योजना बनाई। उसकी योजना सुदेश का प्रधानमन्त्री बनने की थी, लेकिन यहाँ तक पहुँचने के लिए सर्वश्रेष्ठ मार्ग कुसुमांचल के मुख्यमन्त्री की कुर्सी पर कब्जा था। इसके लिए उसने सामाजिक न्याय दल के अपराधकर्मियों की पूरी सेना को झोंक दिया और प्रान्त में

अपराधकर्मों का ऐसा तांडव नृत्य हुआ जैसा पहले किसी ने नहीं देखा था। मल्लू गोप हत्या, बलात्कार, लूट, आगजनी और अन्य तरह के कल्पित-अकल्पित अपराधों के माध्यम से कुसुमांचल का मुख्यमन्त्री बन बैठा।

मुख्यमन्त्री बनने के बाद मल्लू ने घोषणा की कि वह दलितों, गलितों, पिछड़ों और हिजड़ों के मान सम्मान की रक्षा के लिए कुसुमांचल का मुख्यमन्त्री आजीवन बना रहेगा, और आचार्य ढोढेमल लोहानिया के सामाजिक दर्शन के आदर्श को न सिर्फ कुसुमांचल में बल्कि पूरे सुदेश में स्थापित करेगा। अगड़ी जातियों का नामोनिशान मिट जाएगा और पूरे सुदेश में सिर्फ पिछड़ी जातियाँ ही रह जाएँगी। भैंस राष्ट्रीय जानवर के रूप में प्रतिष्ठित होगी और वह उसी की होगी जिसके हाथ में लाठी होगी। मल्लू ने यह भी घोषणा की कि चूँकि गोप लोग परम्परागत लाठीधारी थे और समाज के अधिकांश अपराधकर्मी उसी वर्ग से आते थे, अतएव सत्ता पर उनका स्थायी अधिकार रहेगा। इस समाज-दर्शन के अन्तर्गत सरकार में सभी बड़े पद गोपों को दिए गए। अन्य पिछड़ी जातियों के भी छोटे-मोटे पद मिले, लेकिन ये पानी के बुलबुलों की तरह अस्थायी महत्त्व के थे। मल्लू के मुख्यमन्त्री होने के कुछ महीनों के अन्दर ही कुसुमांचल में हिंसा का ऐसा दौर प्रारम्भ हुआ कि वायुमंडल जलते मांस की दुर्गन्ध और रोते-बिलखते लोगों के क्रन्दन और चीत्कार से भर गया। मल्लू को विश्वास हो गया कि उसकी योजना सुचारु रूप से प्रगति कर रही है और वह आजीवन कुसुमांचल का मुख्यमन्त्री रहकर निर्विघ्न राज करेगा।

मल्लू जिस दिन कुसुमांचल का मुख्यमन्त्री बना, उसी दिन एक विचित्र घटना घटी। रात को जब वह अपने शयन-कक्ष में विश्राम करने गया तो उसकी इच्छा हुई कि वह खिड़की के पास खड़े होकर मनोरम दृश्य को देखे। उसका मन उत्साहित था और उसे लग रहा था कि उसमें इन्द्र की गद्दी तक पहुँचने की और उस पर कब्जा करने की क्षमता है। मुख्यमन्त्री के आवास का विस्तृत अहाता बिजली की रंग-बिरंगी रोशनी से जगमगा रहा था और उसे ऐसा प्रतीत हुआ कि वह धरती पर नहीं बल्कि इन्द्रलोक में है और वह वहाँ का एकच्छत्र नृप है। अहाते के वृक्ष आकाश के चन्दोवे को सहारा दिए हुए थे और वृक्षों के बीच से झाँकते हुए तारे अहाते में जल रही बत्तियों से आँखें चुराते हुए जहाँ-तहाँ छिपने का प्रयास कर रहे थे। मल्लू के चेहरे पर विजय की मुस्कान फैल गई। उसने जो चाहा था वह प्राप्त कर लिया था और भविष्य में भी जो चाहेगा उसे प्राप्त कर लेगा। सफलता उसकी दासी है और उसके मनोनुकूल व्यवहार करने के लिए हमेशा तैयार रहेगी।

मल्लू ने आसमान के चन्दोवे को ऊपर उठाए पेड़ों पर एक बार फिर दृष्टिपात

किया और उसकी नजरें घूमते-घूमते अहाते के एक कोने में खड़े एक विशालकाय वृक्ष पर रुक गईं। उसने देखा कि पत्रों के अन्दर से रोशनी की दो समानान्तर रेखाएँ निकलकर सीधे उसके चेहरे की तरफ आ रही है, मानो कोई दो टॉर्च जलाकर उस पर प्रकाश डाल रहा हो। उसे आश्चर्य हुआ और उसने अपनी आँखों को प्रकाश से छिपाए हुए उस डाली की तरफ ध्यान से देखा जिसके अन्दर से प्रकाश की समानान्तर रेखाएँ आ रही थीं। उसने देखा कि वहाँ एक विशालकाय उल्लू बैठा है जिसकी गोल आँखों से शक्तिशाली टॉर्चों की रोशनी निकल रही है। मललू के रोंगटे खड़े हो गए। उसे लगा कि वह किसी भूतबँगले में है जहाँ से निकल भागने से ही उसकी जान बच सकती है।

उसने खिड़की से नजरें मोड़ लीं और कमरे में चारों तरफ सहायता के लिए दृष्टिपात किया। एक दीवाल पर आचार्य ढोढेमल लोहानिया का एक विशालकाय चित्र टँगा था जिसमें उनकी ठिंगनी काया कुसुमपुर की सड़कों के किनारे जहाँ-तहाँ बैठे कूड़े के ढेर की तरह पर्वताकार और भयावनी लग रही थी। उसने ढोढेमल की आँखों में देखा। चश्मे की मोटी, काली फ्रेम के पीछे से चमकती उनकी आँखों की आधिकारिक गम्भीरता के अन्दर से क्रूर व्यंग्य झाँक रहा था। मल्लू ने घबड़ाकर अपनी आँखें दूसरी तरफ फेर लीं जहाँ विदेशी शराब की बोतलों से भरी चाँदी की एक अलमारी थी। मल्लू को विदेशी शराब की आदत तब से लग गई थी जब से उसने सामाजिक न्याय दल के नेतृत्व की ऊँचाइयों को प्राप्त करने के लिए महानता की सीढ़ियों पर चढ़ना शुरू किया था। शराब की बोतल उसे अनेक चिन्ताओं से मुक्त रखती थी और उसके महान उद्‌देश्य की तरफ बढ़ने के लिए नयी शक्ति प्रदान करती थी। उसने तुरत उसका सहारा लिया और कई बोतलों को खाली कर बेसुध हो बिछावन पर लेट रहा।

कुछ ही दिनों में मल्लू कुसुमांचल का एकच्छत्र बन गया जिसकी झक पर शासन-तन्त्र काम करता था। लोग उसके नाम से थर्राते थे और अपने व्यवहार को उसी साँचे में ढालने की कोशिश करते थे जो उसे प्रिय था। कोई भी अपराधकर्मियों का विरोध करने का साहस नहीं करता था क्योंकि सभी जानते थे कि वे मल्लू की निजी सेना के प्रधान अंग हैं और उनके विरोध का परिणाम गम्भीर हो सकता है। जब मल्लू मुख्यमन्त्री निवास से, अपने एक सौ एक रथों के काफिले के साथ, निकलता तो सभी अपने-अपने घरों में दुबक जाते। अनियन्त्रित शक्ति के कारण उसका अहंकार इतना बढ़ा कि वह अपने आपको शक्ति का स्रोत समझने लगा और उसकी दृष्टि में अन्य लोगों का महत्त्व कीड़े-मकोड़ों से अधिक नहीं रह गया। वह अपने सभासदों से भी इस तरह ऊँची आवाज में बातें करता मानो वे प्राण-शक्ति और विचार-शक्ति से सम्पन्न मानव नहीं बल्कि

जानवर हों जिन्हें शब्दों से नहीं बल्कि आवाज और मुद्रा से संचालित किया जाता हो। उसके शब्दों में अर्थ कम होता था, लेकिन उसकी चीख और भाव-भंगिमा उसके अर्थ को अच्छी तरह अभिव्यक्त कर देती थीं और तत्क्षण उसके आदेश का पालन होता था।

लेकिन किसे मालूम था कि एक भय, मस्तिष्क के फोड़े की तरह उसके मन के किसी कोने में बैठा हुआ उसे दिन-रात असन्तुलित किए रहता है? यह उस उल्लू का भय था जो हर रात उसके शयन-कक्ष की खिड़की के बाहर किसी न किसी पेड़ पर बैठा हुआ उसकी तरफ एकटक देखा करता था। उसने सिपाहियों से अपने महल और बाग के चप्पे-चप्पे की तलाश कराई लेकिन उन्हें वहाँ कोई उल्लू नहीं मिला। इसके बावजूद मल्लू का भय बढ़ता गया और जब वह आँखें बन्द कर लेता तब भी उसे, अपने ऊपर आँखें गड़ाए, वह विशालकाय उल्लू दिखाई पड़ता। उसके चेहरे पर एक क्रूर मुस्कान थी जो उसे पैशाचिक भयानकता प्रदान करती थी। मल्लू को विश्वास था कि उल्लू उसकी कल्पना की उपज है, वास्तविक नहीं, लेकिन वह इतना वास्तविक था कि उसका खयाल करने से ही उसकी विचार-शक्ति लुप्त हो जाती थी और भय से मुक्ति पाने के लिए वह स्वयं को शराब के नशे में डुबो देता था। धीरे-धीरे यह भयानक उल्लू उसे दिन में भी घूरने लगा, और कभी-कभी जब वह अपने सभासदों से घिरा रहता तब भी वह प्रकट होकर उसे घूरने लगता। मल्लू की आँखें भय से फैल जातीं और वह पागल की तरह चीखने-चिल्लाने लगता। लेकिन लोग उसकी चीख और चिल्लाहट के इतने अभ्यस्त हो चुके थे कि वे इसे उसके स्वाभाविक व्यवहार का अंग समझते। मल्लू ने अपने भय से मुक्ति के लिए तन्त्र-मन्त्र का सहारा लिया। अतिमानवी शक्तियों से सम्पर्क रखनेवाले दर्जनों ओझा और गुणी लोगों की मदद ली, अँगूठियों और ताबीजों से उसके शरीर का अंग-अंग पट गया, लेकिन वह डरावना उल्लू अधिकाधिक दुराग्रह से उसका पीछा करने लगा, मानो वह उसके लहू का प्यासा हो, और वह तब तक उसका साथ नहीं छोड़ेगा जब तक उसकी इच्छा पूरी नहीं हो जाती। मल्लू उसका अस्तित्व भूलने के लिए दिन-रात शराब के नशे में डूबा रहने लगा और धीरे-धीरे उसके मुसाहबों को भी उसके मानसिक सन्तुलन पर सन्देह होने लगा।

□□□